ケース・スタディー

日本の企業家群像

法政大学イノベーション・
マネジメント研究センター ［編］

宇田川　勝

文眞堂

はしがき

　本書は，法政大学イノベーション・マネジメント研究センターに設置されている研究プロジェクト・企業家史研究会の「日本の企業家活動シリーズ」の第4ケース集である。企業家史研究会は，1997年11月に発足し，これまで第1ケース集（『ケースブック　日本の企業家活動』有斐閣，1999年3月），第2ケース集（『ケース・スタディー　日本の企業家史』文眞堂，2002年3月），第3ケース集（『ケース・スタディー　戦後日本の企業家活動』文眞堂，2004年3月），の3冊を刊行してきた。

　今回の第4ケース集も日本経営史上の主要なテーマに即して2人の代表的な企業家を取り上げ，両者の企業家活動の対比を通じて，テーマとケースについて究明と解説を行うという，第1ケース集以来の編集方法と執筆スタイルを踏襲している。

　第4ケース集の編集に当たっては，当然取り上げるべき日本経営史上の重要なテーマとケースでありながら，構成上のバランスや紙面の制約によって，これまでのケース集に収録できなかった10のテーマと，それを最もよく体現・リードした20名の企業家を取り上げている。第4ケース集の刊行によって，総計46テーマ・92名の企業家を登場させることができた。目標とした50テーマ・100名のケースには届かなかったが，この「日本の企業家活動シリーズ」のケース集が企図した，日本経営史上の主要なテーマをできるだけ多くカバーし，それを主導的に担った企業家活動のケースに光を当てるという，当初の目的はかなり実現できたと自負している。もちろん，解明すべき日本経営史上のテーマとケースは多数あり，「ケース集」作りはエンドレスの仕事でもある。私たちは，今後とも企業家史研究会として，また，各自の仕事として，テーマとケースの発掘・検証を行い，その編集作業に取り組むつもりである。と同時に，私たちは企業家史研究会の活動範囲を拡げたいと考えている。

今回，その手始めとして，法政大学イノベーション・マネジメント研究センターと同エクステンション・カレッジの共催で，2007年度後期に「日本の企業家史―戦前編」（12回）の公開講座を開いた。2008年度には同戦後編の開催を予定している。この公開講座によって，企業家史研究会の研究成果が社会に発信され，日本経営史とそれを担った企業家活動への関心が深まることを期待している。

　最後に，企業家史研究会の発足以来，研究活動を全面的にサポートし，各ケース集の刊行を助成していただいている法政大学イノベーション・マネジメント研究センター（前身の産業情報センターを含む）とそのスタッフの皆さん，出版に際して適切なアドバイスと支援を賜った前野隆氏を始めとする文眞堂の皆さんに感謝の意を表します。

2008年2月
執筆者を代表して
宇田川　　勝

目　　次

はしがき

1　企業勃興を牽引した「冒険的」銀行家 ………………………………… 1
　　はじめに ……………………………………………………………………… 2
　松本重太郎 ……………………………………………………………………… 3
　　―第1-2次企業勃興期の冒険的銀行家
　　　1．生い立ち ……………………………………………………………… 4
　　　2．第百三十国立銀行設立とその経営 ………………………………… 5
　　　3．銀行設立と百三十銀行 ……………………………………………… 6
　　　4．企業設立と百三十銀行 ……………………………………………… 7
　　　5．百三十銀行の破綻 …………………………………………………… 13
　岩下清周 ………………………………………………………………………… 15
　　―第3次企業勃興期の冒険的銀行家
　　　1．生い立ち ……………………………………………………………… 16
　　　2．三井物産時代 ………………………………………………………… 16
　　　3．自営事業と三井銀行時代 …………………………………………… 17
　　　4．北浜銀行の設立と岩下の企業家活動 ……………………………… 19
　　　5．北浜銀行の破綻 ……………………………………………………… 24
　　おわりに ……………………………………………………………………… 26

2　保険業界における革新者 ………………………………………………… 29
　　はじめに ……………………………………………………………………… 30
　各務鎌吉 ………………………………………………………………………… 31
　　―近代的会計手法による損害保険事業の改革者
　　　1．東京海上保険入社まで ……………………………………………… 32

2. 東京海上保険の経営危機と再生への途 ………………………… 33
　　　3. 各務鎌吉の経営思想 …………………………………………… 40
　矢野恒太 ……………………………………………………………………… 42
　　──相互主義による生命保険事業の確立者
　　　1. 日本生命への入社まで ………………………………………… 43
　　　2. 日本生命の保険医時代 ………………………………………… 43
　　　3. 第一生命相互会社設立への途 ………………………………… 44
　　　4. 矢野恒太の経営思想 …………………………………………… 50
　おわりに …………………………………………………………………… 52

3　民間鉄鋼企業を先導した企業家活動 …………………………………… 57

　はじめに …………………………………………………………………… 58
　白石元治郎 ………………………………………………………………… 59
　　──日本鋼管の創業者
　　　1. 日本鋼管の創業と白石 ………………………………………… 60
　　　2. 第一次大戦期の事業拡大と戦後不況 ………………………… 63
　　　3. 戦間期の合理化と事業基盤確立 ……………………………… 65
　田宮嘉右衛門 ……………………………………………………………… 68
　　──神戸製鋼所の建設者
　　　1. 創業期の神戸製鋼所と田宮 …………………………………… 69
　　　2. 第一次世界大戦期の多角化と戦後不況 ……………………… 71
　　　3. 戦間期の多角的経営確立 ……………………………………… 73
　おわりに …………………………………………………………………… 76

4　発明家の企業家活動 ……………………………………………………… 79

　はじめに …………………………………………………………………… 80
　高峰譲吉 …………………………………………………………………… 81
　　──バイオサイエンスから知財ビジネスへ
　　　1. 応用化学者への途 ……………………………………………… 82
　　　2. 官僚から企業家へ ……………………………………………… 84

3. 米国での研究開発と企業家活動 ………………………………… 85
　　　4. 後半生の活動 ………………………………………………………… 89
　豊田佐吉 …………………………………………………………………………… 92
　　—トヨタグループ創業者
　　　1. 研究開発型企業家への途 …………………………………………… 93
　　　2. 動力織機の開発 ……………………………………………………… 95
　　　3. 豊田式織機の設立と挫折 …………………………………………… 98
　　　4. 自動織機の完成 ……………………………………………………… 99
　おわりに …………………………………………………………………………… 101

5　財閥の改革者 …………………………………………………………… 105

　はじめに …………………………………………………………………………… 106
　結城豊太郎 ………………………………………………………………………… 107
　　—安田財閥の改革者
　　　1. 安田財閥の拡大と苦悩 ……………………………………………… 108
　　　2. 安田財閥の改革 ……………………………………………………… 110
　　　3. 安田同族と専門経営者 ……………………………………………… 115
　池田成彬 …………………………………………………………………………… 117
　　—三井財閥の改革者
　　　1. 三井財閥の拡大と苦悩 ……………………………………………… 118
　　　2. 三井財閥の「転向」………………………………………………… 120
　　　3. 三井同族と専門経営者 ……………………………………………… 125
　おわりに …………………………………………………………………………… 127

6　マス・メディア産業の革新者 …………………………………… 131

　はじめに …………………………………………………………………………… 132
　正力松太郎 ………………………………………………………………………… 133
　　—読売新聞の経営改革と大衆文化の演出
　　　1. 新聞経営への参入と経営改革 ……………………………………… 134
　　　2. 戦後期の新聞経営と大衆文化の事業化 …………………………… 139

3. 正力松太郎の企業家活動の特徴 …………………………… 143
　吉田秀雄 ……………………………………………………………… 145
　　―電通の経営改革と広告ビジネスの革新
　　　1. 広告ビジネスの改革と吉田秀雄 ……………………………… 146
　　　2. 電通の経営革新と企業成長 …………………………………… 149
　　　3. 吉田秀雄の企業家活動の特徴 ………………………………… 154
　おわりに ……………………………………………………………… 157

7　財界リーダーの企業家活動 ……………………………………… 161

　はじめに ……………………………………………………………… 162
　石坂泰三 ……………………………………………………………… 163
　　―高度経済成長期の財界リーダー
　　　1. 専門経営者への道程 …………………………………………… 164
　　　2. 東芝の社長として ……………………………………………… 167
　　　3. 「財界総理」 ……………………………………………………… 169
　土光敏夫 ……………………………………………………………… 173
　　―石油危機後の財界の先導者
　　　1. 専門経営者への道程 …………………………………………… 174
　　　2. 東芝の社長として ……………………………………………… 179
　　　3. 「メザシの土光さん」 …………………………………………… 181
　おわりに ……………………………………………………………… 183

8　在来産業の改革者 ………………………………………………… 187

　はじめに ……………………………………………………………… 188
　2代茂木啓三郎 ……………………………………………………… 189
　　―キッコーマンの中興の祖
　　　1. 野田醤油の成立 ………………………………………………… 190
　　　2. 2代茂木啓三郎を襲名 ………………………………………… 191
　　　3. キッコーマン醤油の経営革新 ………………………………… 194
　　　4. 2代啓三郎から10代茂木佐平治へ …………………………… 199

        7代中埜又左エ門 …………………………………………………… 201
            ―中埜酢店の中興の祖
            1. 中埜家と食酢事業 ………………………………………… 202
            2. 社長就任まで …………………………………………… 204
            3. 中埜酢店の経営革新 ……………………………………… 205
            4. 7代又左エ門から8代又左エ門へ ……………………… 211
        おわりに ……………………………………………………………… 212

9　補佐役の企業家活動 ………………………………………………… 215
        はじめに ……………………………………………………………… 216
        盛田昭夫 ……………………………………………………………… 217
            ―ソニー・ビジネスの体現者
            1. テープレコーダーの開発とトランジスタの実用化 ……… 218
            2. マーケットの教育と販路の開拓 ………………………… 219
            3. リスク・テイキングな差別化投資 ……………………… 222
            4. 海外志向とブランドの確立 ……………………………… 223
            5. 盛田昭夫の企業家活動 …………………………………… 226
        藤沢武夫 ……………………………………………………………… 228
            ―もう一人の創業者
            1. ドリーム号とN360 ……………………………………… 229
            2. 自社流通網の形成 ………………………………………… 231
            3. リスク・テイキングな大型設備投資 …………………… 232
            4. 海外志向とブランド・イメージの確立 ………………… 234
            5. 藤沢武夫の企業家活動 …………………………………… 234
        おわりに ……………………………………………………………… 237

10　パソコン黎明期のベンチャー・ビジネス ……………………… 241
        はじめに ……………………………………………………………… 242
        椎名堯慶 ……………………………………………………………… 243
            ―国産パソコンの先駆者

1. 創業まで …………………………………………………… 244
　2. パソコン事業の展開 ………………………………………… 246
　3. 東芝の傘下へ ………………………………………………… 251

西和彦 …………………………………………………………… 257
　―パソコン・ソフトウェアビジネスの先駆者
　1. アスキーの設立 ……………………………………………… 258
　2. マイクロソフト事業の展開 ………………………………… 261
　3. アスキーの失速 ……………………………………………… 266
　おわりに ………………………………………………………… 270

肖像写真の典拠・提供先一覧

1　（　3頁）　松本重太郎：　　　　『雙軒松本重太郎翁傳』
　　（ 15頁）　岩下清周：　　　　　『岩下清周傳』
2　（ 31頁）　各務鎌吉：　　　　　『各務鎌吉伝・加藤武男伝』
　　（ 42頁）　矢野恒太：　　　　　『矢野恒太伝』
3　（ 59頁）　白石元治郎：　　　　『日本鋼管株式会社五十年史』
　　（ 68頁）　田宮嘉右衛門：　　　『神戸製鋼八十年』
4　（ 81頁）　高峰譲吉：　　　　　『三共八十年史』
　　（ 92頁）　豊田佐吉：　　　　　『トヨタ自動車20年史』
5　（107頁）　結城豊太郎：　　　　『南陽市立　結城豊太郎記念館』
　　（118頁）　池田成彬：　　　　　『三井銀行八十年史』
6　（133頁）　正力松太郎：　　　　『読売新聞発展史』
　　（145頁）　吉田秀雄：　　　　　『電通100年史』
7　（163頁）　石坂泰三：　　　　　『東芝百年史』
　　（173頁）　土光敏夫：　　　　　『東芝百年史』
8　（189頁）　2代茂木啓三郎：　　　『キッコーマン株式会社八十年史』
　　（201頁）　7代中埜又左エ門：　『尾州半田発　限りない品質向上を目指して』
9　（217頁）　盛田昭夫：　　　　　ソニー株式会社
　　（228頁）　藤沢武夫：　　　　　『ホンダの歩み〈追補版〉』
10（243頁）　椎名堯慶：　　　　　『日経ビジネス』1984年8月20月号
　　（257頁）　西和彦：　　　　　　『日経ビジネス』1986年8月4月号

企業勃興を牽引した「冒険的」銀行家 　1

松本重太郎と岩下清周

はじめに

　1880（明治13）年代後半，松方デフレが収束し，最初の企業勃興運動が生じた。鉄道業に始まった企業熱は株式投機を助長し，ブームを形成しながら，明治政府の殖産興業政策の重要な一環である機械制綿糸紡績業の成立へと移っていった。日本における工業化の始まり，産業革命である。企業勃興は，この後約10年ごとの反動恐慌を繰り返しながら，日清戦争直後，日露戦争終了後と2つの高波を形成した。この間，1882年の日本銀行設立により中央銀行制度が整備されて，のちに普通銀行に転換する国立銀行をはじめ，大小の銀行が設立された。三井，三菱といった財閥の流通・生産部門は自己金融を軸に発展を遂げたが，それ以外の多くの産業企業を生み出し，その発展を支えていたのはそうした銀行による活発な資金供給であった。

　本章で取り上げる2人の銀行家，松本重太郎と岩下清周はそれぞれ百三十銀行，北浜銀行の頭取であった。この2名は自身の経営する銀行を企業設立列車の機関車のごとくに位置づけ，牽引される客車や貨車を次々と繋ぐように，多数の会社企業の設立に関与していった。

　松本と岩下は，「……鉄道事業に於ける起業の火は次で紡績業に移り，その火勢更に鉱山事業に移り，各種の工業商業会社続々設立せられ，…（中略）…甚だしきは利益の有無さえ調査せずして先ず会社を創立し，……」（滝沢［1912］）と描写される時代にあって，リスクを度外視したその冒険的な投資行動がしばしば批判の対象となった。松本と岩下が企業勃興の牽引車と言うべき銀行家であったのか，それともいわゆる「会社屋」「虚業家」と評された通りの人物であったのかと問えば，後者の評価が多数である。

　もとより，本章の目的は松本・岩下の両者が「虚業家」であったか否かを判断することにあるのではない。むしろ，これら2人の銀行家の銀行経営と産業企業への関わり方を中心とした足跡をたどることを通して，かれらの時代に果たした役割，経営者としてのそれぞれの特徴を比較しつつ，その経営史的な意味を考える手がかりを見出そうというものである。

松本重太郎

―第1-2次企業勃興期の冒険的銀行家

松本重太郎　略年譜

1844(弘化元)年	0歳	丹後国竹野郡間人（たいざ）村（現京都府竹野郡間人町）の農家松岡亀右衛門の二男として生まれる
1853(嘉永6)年	9歳	単身京都に出，五条通呉服商菱屋勘助方に身を寄せる
1870(明治3)年	6歳	大阪東区心斎橋筋に洋反物ならびに雑貨商「丹重」を開店
1878(明治11)年	34歳	第百三十国立銀行を創立し，取締役兼支配人となる（明治13年頭取）
1884(明治17)年	40歳	阪堺鉄道敷設を計画（明治19年開通）
1886(明治19)年	42歳	山陽鉄道敷設計画の発起人（明治25年社長）
1887(明治20)年	43歳	浪花財界有志と大阪共立銀行を設立
1893(明治26)年	49歳	大阪興業銀行創設
1895(明治28)年	51歳	南海鉄道株式会社創立，取締役社長に就任
1898(明治31)年	54歳	第百三十国立銀行を株式会社百三十銀行と改称
1899(明治32)年	55歳	南海鉄道全線開通，取締役社長に
1904(明治37)年	60歳	百三十銀行休業，安田善次郎による整理を経て同年7月営業再開
1913(大正2)年	69歳	癌腫のため死去

(年齢＝満年齢)

1. 生い立ち

　松本重太郎は，1844（弘化元）年，丹後国竹野郡間人（たいざ）村（現京都府竹野郡丹後町間人）の農家松岡亀右衛門の次男として生まれた。幼名は亀蔵と言った。数えで10歳（以後の年齢表記は全て数え）の時に京都に出て，五条通の呉服商菱屋勘助方で丁稚奉公を始めた。このままこの店に留っても将来に希望を持てないと判断した亀蔵は，3年後にはここを出て，大阪天満の呉服商綿屋利八方に移り，10年余り太物問屋の商売を学んだ。この間，店の近所にある小田篤陽（てんよう）という儒者の塾に通い，薫陶を受けている。小田は亀蔵の独立に際して綿屋との交渉を引き受け，円満に同家を去れるよう尽力してくれもした。

　亀蔵は24歳で独立すると松本重太郎と名乗り，洋反物の行商による卸を始めた。その得意先より資金を用立ててもらい，1870（明治3）年，舶来物商「丹重」（丹後屋重太郎）を心斎橋筋の平野町に開店した。舶来物商を選んだのは，実績も伝手も十分にない松本にとって，国産の伝統ある商品を扱う商人らと競合しても勝算はないとの判断からであった。このころ大阪では，稲田左七郎，伊藤九兵衛，平野平兵衛らの洋反物商が，急速に商売を拡大していた。

　明治4, 5年頃，京都に断髪令が出るという噂に，帽子と襟巻きが売れると予想した松本は，急ぎ長崎に向う外国船に乗り，帽子や襟巻きを仕入れてきた。松本の予想は的中した。荷が平野町の店に到着すると，京都の商人らは競ってこの品物を買い尽くした。その後各地の開港場を往来し，失敗もあったが，機を見て大量に買い占めては高値で品物を売りさばく松本の活躍はめざましいものであった。西南戦争に際しては軍服用の羅紗を買い占め，戦役拡大とともにそれを官軍に売りつけ数万円の利得を得た。そうして，洋反物商「丹重」は大阪において確固たる地位を築いていったのである。

2. 第百三十国立銀行設立とその経営

　1875（明治8）年，これまで米で支給していた武家への家禄を金禄制に切り替えることにした明治政府は，翌1876年，金禄公債証書の発行によって華士族の禄制を廃止した。同じ年，国立銀行条例の改正があり，政府は国立銀行券の正貨兌換を停止するとともに，金禄公債を資本金とする国立銀行の設立を認めた。国立銀行は，この改正前にはわずかに4行が設立されたにすぎなかったが，これ以降1879年末までに，158行が免許を申請し，143の新国立銀行が設立された。

　1878年，松本は大阪第百三十国立銀行の設立免許を取得し，翌年2月に同行を開業した。丹後国の豪農出身で徳島藩士となった小室信夫と組んで，宮津や福知山の旧藩士から金禄公債による出資を仰いだ。資本金50万円の国立銀行の設立を計画していたが，認可されたのは25万円であった。

　同行の発起人は，士族小室信夫，大阪府平民松本重太郎の他に，同平民大谷嘉平，渋谷庄三郎，森岡忠兵衛，京都府平民村上治兵衛の6名。出資者の方は，1882年末の株主名簿によれば，大阪4区で65名，7万8500株，大阪府以外が372名，17万1500株という配置で，地方とりわけ京都府下の士族が重要な位置を占めていた。そのためか，開業当初の本店は京都府下宮津におかれた。だが，松本の説得により，まもなく高麗橋3丁目の大阪支店が本店となった。頭取には小室信夫の父親の小室佐喜蔵が，取締役には大阪の綿花商渋谷庄三郎，大阪の洋反物商稲田左七郎，宮津株主総代の松本誠直がそれぞれ就任し，松本重太郎は支配人兼取締役ということになった。

　開業の年1879年の8月には福知山に出張所を置いた。また，翌年8月，京都に西京支店，滋賀に長浜出張所を開設した。この年，頭取の小室佐喜蔵が西京支店勤務を希望して頭取を辞したため，松本重太郎が頭取となり，松本誠直が取締役兼支配人となった。この後，松本重太郎と松本誠直を中心とする体制は，1904年の百三十銀行休業の年まで続くことになる。

　同行の預金および貸出は順調に拡大した。開業当初11万6000円だった諸預金は，10年後の1889年末には85万5000円と7倍以上，諸貸出につい

ても開業当初23万6000円であったものが1889（明治22）年末には110万4000円と5倍近い増加である．預金額・貸出額だけを見れば，当時在阪銀行のトップである住友銀行に肩を並べ，それを追い越す勢いであった．

　これまでに何らの銀行経営も経験してこなかった松本らが，大銀行がしのぎを削る大阪の地で，どのようにしてこのように順調な成績を収めることができたのであろうか．創業間もない頃の同行の取締役会議事録には，得意先サービスのために，土曜日の全日営業，日曜も当直員を増員して対応するなどの方針が記されている．一方では，新聞広告を通じて，送金手数料の引き下げや無料化，他行と比較して高い預金金利などの施策を宣伝しながら，預金者や利用者を増やす努力をするとともに，他方，貸出は人物本位の方針とし，「人物堅実」「手腕ト技倆ト共ニ優秀」であれば「担保品ノ有無ハ敢テ甚ダシク問ウ所ナシ」として，新規事業の設立などに対する積極的な貸し出し政策をとっていた．

　そうした経営方針が功を奏して顧客を増やし，業績に貢献していたことは間違いあるまいが，急速な業容拡大の要因は他にあった．松本が「商工業の基礎は先ず銀行，ついで鉄道を経営することだ．そのあとで，紡績など他の事業を盛んにすることだ」と会う人ごとに言っていたとおり，頭取でありながら，多数の企業の新設に関わっていた．第百三十国立銀行はこれらの企業に資金を貸し出すばかりでなく，松本が関係する企業への株式払込金や，それらの企業の決算報告に記載された「銀行預金」の相当程度が同行へ預けられ，同行の預金額を押し上げていたのだった．

3. 銀行設立と百三十銀行

　松本重太郎は，第百三十国立銀行以外にも数々の銀行設立に関与した．1887（明治20）年設立の共立銀行，1893年の大阪興業銀行，翌年の日本貯金銀行，1896年の明治銀行がこれである．共立銀行は倉庫内の貨物を抵当に貸付をする金融機関として，在阪の商人とともに設立したものである．設立後，松本は取締役や監査役として同行に関与していた．設立当初は上記のような貸付手法を採用する銀行が他にはなく，それなりの意味を持ちえた

が，その手法が一般化してくると存立の意義を終えて，1900（明治33）年には浪速銀行に合併することとなった。同様に在阪の商人と設立したのが日本貯金銀行で，松本は10年間にわたって取締役を務めた。

　大阪興業銀行は，大阪安治川へ搬入される九州炭への荷為替金融を開く目的で，1893年に松本が設立し，自ら頭取となった銀行である。安治川の本店以外に，福岡県若松，飯塚，博多に支店を置いた。それらの支店は後の合併先である百三十銀行の九州地方への支店展開の足がかりとなった。

　明治銀行は，名古屋在住の実業家から出資を募って1896年に設立した，資本金300万円の大銀行である。短期間ではあったが，松本は同行頭取を務めた。1886年以来同地で営業してきた百三十国立銀行名古屋支店は，1898年明治銀行に合併し閉店することになった。

　こうして，大阪金融界における指導的地位にまで伸し上がった松本重太郎は，1899年10月から1901年2月まで，大阪銀行集会所委員長を務めることになった。また，1896年には大阪手形交換所の組織改正があり，第四十二国立銀行頭取田中市兵衛委員長の下，松本は三井銀行大阪支店長岩下清周とともに委員となった。さらに，1901年1月には同交換所の委員長となり，百三十銀行の破綻に至るまで在任した。

　この間，第百三十国立銀行は，1898年に20年の国立銀行営業満期を迎え，普通銀行へと転換して百三十銀行となった。同行は，1898年に第百三十六国立銀行（資本金35万円，頭取井上安二郎），大阪興業銀行（資本金50万円，頭取松本重太郎），小西銀行（資本金30万円，頭取小西半兵衛）を，1899年には京都の西陣銀行（資本金50万円，頭取新実八郎兵衛）を，1902年には福知山銀行（資本金15万円，頭取吉田三右衛門），八十七銀行（資本金25万円，頭取高瀬九三治）を次々と合併し，同年資本金325万円の大銀行となった。

4. 企業設立と百三十銀行

　松本重太郎が設立に参画した企業は，表1に示した主なものだけでも30を数える。さらに，『雙軒松本重太郎翁傳』には，経営や整理に関わった会

表1　松本重太郎の関与した会社一覧

会社名	創立年	払込資本金	役職名
(金融)			
第百三十国立銀行	1878	25	頭取
大阪興業銀行	1894	17	頭取
明治銀行	1896	75	頭取
大阪共立銀行	1887	60	監査役
日本貯金銀行	1895	12	取締役
日本教育保険	1896	7	社長
日本火災保険	1892	20	取締役
日本海陸保険	1893	75	監査役
明治生命保険	1881	10	取締役
(繊維)			
大阪紡績	1882	120	社長
日本紡織	1896	55	社長
毛斯綸紡織	1896	25	社長
京都製糸（資）	1887	3	業務担当社員
内外綿	1887	25	取締役
大阪毛糸	1891	25	取締役
(鉄道・海運)			
山陽鉄道	1888	1,074	社長
豊州鉄道	1894	300	社長
南海鉄道	1896	140	社長
阪堺鉄道	1885	40	社長
阪鶴鉄道	1896	72	監査役
太湖汽船	1882	30	監査役
内国海運	1872	100	評議員
(その他)			
日本精糖	1896	37	社長
大阪麦酒	1887	40	監査役
堺酒造	1888	10	監査役
大阪盛業	1888	10	監査役
大阪アルカリ	1879	100	取締役
汽車製造（資）	1896	69	業務担当社員
明治炭坑	1896	25	監査役

備考：(資)は合資会社，無印は株式会社，資本金は単位万円。
出所：石井［1998］5頁。

社が相当数挙げられているから，関係した企業は，まさに枚挙にいとまのないほどの数であったということになる。松本がどのようにしてこのように多数の会社の設立や経営などに中心的に関与し得たのかを見ていくことにしよ

う。

　鉄道業界の起業ブームが始まったのは，1881（明治13）年設立の日本鉄道会社が1割配当を実施した1883～84年頃である。1880年秋に始まる松方蔵相の紙幣整理の過程で現れた諸物価の大幅な下落，輸出の増加と輸入の減少，金利の低下などのデフレ現象は，1884年ごろを底に景気回復へと転じる兆しを見せていた。不況下での遊休資金は証券市場へと流れた。株価は払込額を上回って急騰し，そこへさらなる投機的資金が流れ込み会社設立熱をいっそう呼び起こすことになった。1878年には東京と大阪に株式取引所が設置され，このブームを後押しした。こうして，鉄道事業から紡績業に，紡績業から鉱山業に，そして商工業のあらゆる事業へと会社設立熱が伝播していった。

　松本の事業熱は旺盛であった。松本には，商工業の発達を助成するものはなんといっても交通機関の整備であるという考えがあった。第百三十国立銀行の豊富な資金は，松本の多角的な投資活動と多数の産業企業経営を支えていた。

　1884年，日本で初めての純然たる私鉄，阪堺鉄道が計画され，1886年に難波－大和川北岸間の開通を見た。阪堺鉄道の計画に当たって，松本は難波と住吉を結ぶ街道筋に立ち，交通量の調査をして採算の見通しをたてたという有名なエピソードがある。阪堺鉄道の発起人19人のうち12人は堺の有力資産家であった。資本金は25万円で，松本が社長に選ばれた。松本の持株数は全2500株（1株100円）中の200株で，筆頭株主藤田伝三郎の250株に次ぐものであった。阪堺鉄道は開業2年後の1888年春には堺吾妻橋まで路線を延長した。さらに，1892年春には難波－住吉間の複線化を実現するまでになった。同社の経営は順調で，株主配当は開業当初7.3％であったものが，1898年には32.7％に達するという状況であった。この成功を受けて，松本は和歌山方面への鉄道の伸長を企図した。他の新設路線との間に競合問題が発生したが，松方正義の裁定により解決を見，1898年南海鉄道が発足した。松本は取締役社長となった。阪堺鉄道は同社に営業を譲渡した。

　松本は，1886年の山陽鉄道敷設計画においても発起人として参画した。山陽鉄道は，神戸姫路間35マイルの敷設許可を受けて発足したものだが，

1892（明治25）年4月には三原までの40マイルの開通を実現していた。程なく社長の中上川彦次郎が辞任したため，松本が後を襲った。折からの不況で同社は経営困難の中にあったが，同年8月，松本は多数の役員の反対を押し切って，三原以西下関にいたる区間の開通工事に取りかかることを臨時株主総会に諮った。多数の区間延長消極論のなか，途中の広島までの区間ではあったが，ようやく同意を取り付けて，資金の調達にとりかかった。株価が低迷している中での増資は難しく，工事資金は200万円の社債発行をもってまかなうことにした。1894年6月に広島までの敷設工事が完成し，突如起こった日清戦争のための軍事輸送に奇しくも間にあった。広島は第五師団の所在地である。この地の軍隊と軍需品の輸送に貢献することで，松本の持論である鉄道の存在意義をアピールすることもできた。さらに，1901年5月には下関までの延長線路敷設を完成し，山陽鉄道の全線開通が成ったのである。

　松本重太郎は鉄道会社だけをとってみても，阪堺，山陽以外に多数の鉄道の開設及び事業に関係した。鉄道業は投資額が巨額であり，一銀行がその資金調達全般を支えることはありえない。第百三十国立銀行がどんな大銀行であっても，松本個人の経験や勘，縁故者との付き合いなどから設立された企業群への融資が，順調に回収されるとは限らない。それどころか，こうしたやり方が同行のポートフォリオの不健全化の原因となり，銀行経営全体を危うくするものとなったのである。阪鶴鉄道の開設と経営は百三十銀行を揺るがす事案の一つであった。

　阪鶴鉄道は，松本が大阪から神崎を経由して舞鶴にいたる路線を計画し，住友吉左衛門，藤田伝三郎，田中市兵衛，広瀬宰平，金澤仁兵衛らを説いて発足にこぎつけたものである。この計画によって，同地域に競合する京都鉄道（京都－舞鶴間），摂丹鉄道（大阪－舞鶴間）の2路線計画との対立が生じ，関西財界・政界を巻き込んだ派閥の対立にまで発展してしまった。難工事が予想され，開通には相当な資金投入が必要と予想されていたから，このような対立が資金調達の範囲を限定的なものにする危険も伴っていた。

　1893年7月に出願した京都鉄道は，1895年11月に免許を取得し，1899年8月までに京都－薗部間を開通させた。しかし，過大な施設の建設や山間

路線の難工事で投資額が増大したため，資金的に行き詰ってしまった。結局薗部以西の免許を返上して工事終了とした。また，もう一つの競合路線，摂丹鉄道開設も不許可となり，競合は消えた。

　阪鶴は1893（明治26）年8月に出願し，再三にわたる計画路線の変更を余儀なくされたが，1895年10月に会社設立，翌年4月に免許を得た。発起人のうち取締役となった戸井道夫らと監査役となった松本重太郎や田中市兵衛らは，1500株〜2000株をそれぞれ引き受けた。大阪梅田－神崎間は官線乗り入れ，神崎－池田間は摂津鉄道を買収・改軌という方式で梅田－池田間を繋ぎ，1897年2月，阪鶴鉄道は開業の運びとなった。同年12月には池田－宝塚間が開通した。さらに，順次延長し，1899年7月までに神崎－福知山間を全面開通させた。福知山から先は官鉄の福知山－舞鶴間を借り受ける方式をとって，1901年には阪神－舞鶴間の直通運転が実現した。阪鶴鉄道は開業当初より経営難が続き，株価は半額近くまで下落し，「半額」鉄道と揶揄されるほどであった。資金繰りはきわめて厳しく，国有化される1907年までに5回におよぶ社債の発行をもって，工事及び営業資金の調達を図らざるを得ないような状態であった。

　起債には，松本重太郎が開発した「新方式」が採られた。すなわち，阪鶴鉄道の発起関係者である松本重太郎，金澤仁兵衛，住友吉左衛門，藤田伝三郎らの関係する第百三十国立銀行，大阪共立銀行，住友銀行，北浜銀行（当時いわゆる「阪鶴派」）の4行のみによる社債の全額引受という方式で，社債発行の全リスクはこの4行が負担する構造であった。経営難と資金難は阪鶴鉄道の評価を落としていた。社債の売れ行きが悪ければ，同系企業を総動員してそれらを背負い込む，借入金の返済や社債償還への対応にも，上記4行とその同系企業が全てのリスクを引き受けるという危険なやりかたを繰り返した。

　阪鶴鉄道は地の利が悪く，経営難と資金難に耐えず苦しめられていたが，1906年鉄道国有法が成立し，国有化されることになった。清算において百三十銀行も債務弁済のための負担を余儀なくされたが，最後に残った323万7000円の高利借入金は政府に引き継がれることになった。

　この他に松本の企業活動が同銀行の経営に大きな負担を強いることになっ

たものとして，日本紡織がある。紡績業と松本の関わりは，1882年設立の大阪紡績に始まる。大阪紡績会社は当初資本金が28万円，五千錘の小規模のものであったが，大阪織布の吸収合併により，資本金160万円五万六千錘の大紡績会社となった。松本は設立当初は取締役として同社に関与しているにすぎなかったが，1887（明治20）年から97年までは社長として経営のトップに座り，以後相談役となった。また，1887年，営業難に陥っていた堂島紡績所の権利を継承した。堂島紡績は当初二千錘であったが，1889年までに一万錘，資本金25万円とし，1895年日本紡織会社が松本の手により設立されると，同社に合併された。

日本紡織は資本金55万（払込13万7500）円で設立され，社長に松本重太郎，取締役に佐伯勢一郎，小西半兵衛，和泉萬輔，原正次郎，支配人に佐々木勇太郎，監査役に木谷七平，井上保次郎，藤本清七という陣容で開始した。1897年に松本の養子松本枩蔵が加わり，1898年には社長に就任している。石井寛治氏（「百三十銀行と松本重太郎」）は，日本紡織を堂島紡績の資金繰りを改善するために設立された会社だったとみている。合併直後，堂島工場は失火により全焼した。このとき西宮の新工場はまだ創業に至ってなかったから，日本紡織は設立早々に休業ということになった。まだ，西宮工場への投資が72万9000円と払込資本金額を遙かに上回っているという状態であったから，休業は日本紡織にとって相当な痛手であったはずである。

日本紡織の生産する綿糸・綿布は品質においても価格においても競争力を持ちえず，経営難を打開することは難しかったようである。前掲石井論文は，日本紡織の財務諸表が架空の利益を計上し続け，いわゆるタコ足配当をしていたと指摘している。この会社に対して百三十銀行は銀行規律を無視した多額の当座貸越を継続し，同社の延命を支え続けた。同社の苦境を減資や社債募集により乗り切ろうという松本の試みも失敗に終わった。結局，日本紡織は解散し，1905年内外綿株式会社に売却された。百三十銀行は，同社に対する債権残高120万円余を同年上半期に損失として処理した。

5. 百三十銀行の破綻

　1904（明治37）年6月，百三十銀行は破綻した。破綻の主な原因は日本紡織への貸し込みとその不良債権化，松本の個人事業である松本商店に関わる融資，阪鶴鉄道をはじめとするその他の企業への松本の個人保証や融通手形による融資の不良債権化といったものである。日本紡織や阪鶴の場合は事業縮小（撤退）ないし整理の遅延が，松本商店の場合は無謀な拡大路線の失敗がそれぞれ百三十銀行への負担を大きくした。それは松本自身の事業継続の成否を見極める能力のなさがもたらしたものといえよう。松本自身は，百三十銀行ばかりでなく他の諸銀行からも多額の借金をしており，諸事業はコントロール能力を越えて野放図に伸び，その規律や統制を喪失せざるを得ない状況が作り出されていた。

　百三十銀行は安田善次郎の手で整理されることになった。上記の不良債権以外にも，各支店においては松本同様の放漫な融資が行われ，それらの支店も本店同様かなりの損失を出していたことが判明した。

　大蔵省の検査報告は，この破綻を以下のように総括している。すなわち，百三十銀行破綻の真の原因は，①頭取松本が自分の金融機関として同行を利用したこと，②行員もまた忠実ではなかったこと，③一時の弥縫策によって失敗を拡大してしまったこと，④取引を急ぐあまり，その精査を欠き放漫取引を生んでしまった点にある，と。

　松本が銀行創設時に唱えた「対人本位」の融資の方針は，同行がベンチャーキャピタル的な役割を果たそうというものである。だが，銀行資本が融資という形でこうしたリスクを直接的にとることは難しい。景気が順調に推移した1890年代半ばまではリスクが表面化しなかったから，松本は確かに企業勃興の牽引車であった。表1に見られるような多くの企業は松本の手によって初めてこの世に生を受けることができたのだろう。だが，1890年代末以降の松本は，個人として関わった企業の拡大に力を注ぎすぎた。百三十銀行という大銀行の看板があるが故に，リスクに対して無防備になったのかも知れない。これを前掲石井論文は「起業家としては当然撤退の判断

を成すべき時に，半身が銀行家であったために，関係事業に救済資金を注ぎ込み続けたあげく，再起不能の事態を招いた」と評している。たしかに後年の松本はリスク管理能力の欠如した銀行経営者であったと結論せざるをえない。企業の経営者としての能力も確かなものであったかどうか疑問な点も多い。しかし，起業家としては別の評価ができるのではないか。起業の芽を見つけ，事業としての成算のあるなしを見分ける能力なしに，今日に続く大企業を含むこれほど多くの企業を設立することはできなかったろう。

岩下清周

―第3次企業勃興期の冒険的銀行家

岩下清周　略年譜

1857(安政4)年	0歳	信州松代藩士岩下左源太の二男として出生
1859(安政6)年	2歳	実父死亡，叔父章五郎の養子となるも1873年養父死亡
1876(明治9)年	19歳	東京商法講習所に入り，商業学を学ぶ
1878(明治11)年	21歳	三井物産本社員に，米仏の勤務を経て，1888年に退社
1889(明治22)年	32歳	品川電灯会社創立。関東石材会社取締役，米穀取引所の肝煎
1891(明治24)年	34歳	中上川彦次郎の勧誘で三井銀行副支配人
1897(明治30)年	40歳	三井銀行退職。藤田伝三郎，磯野小右衛門らと北浜銀行創立
1903(明治36)年	46歳	北浜銀行頭取
1908(明治41)年	51歳	大阪より衆議院議員に当選，箕面有馬電鉄社長
1914(大正3)年	57歳	北浜銀行，大阪日々新聞による暴露記事で前後2回の取付。日銀救済貸出，岩下の私財提供も回復ならず，頭取辞任
1915(大正4)年	58歳	背任横領罪等で起訴，北銀は整理後摂陽銀行と改称，のちに三十四銀行に合併
1924(大正13)年	67歳	懲役3年の刑確定し，受刑。10カ月後，恩赦で出獄。出獄後，富士裾野御殿場口に不二農園を営む
1928(昭和3)年	71歳	3月19日，病死

(年齢＝満年齢)

1. 生い立ち

　岩下清周は1857（安政4）年5月，信州松代藩士岩下左源太の次男として生まれた。3歳の時実父を亡くし，叔父章五郎の養子となった。しかし，この養父も岩下が17歳の時に亡くなっている。松代は真田幸村，佐久間象山，勝海舟らを輩出した土地柄である。岩下は藩の士官学校の生徒となり，練兵術やフランス語を学んだ。

　1874（明治7）年，18歳の時上京し，築地英学塾に入学して，英国人宣教師ウィリアムスから英語を学んだ。さらに，1876年東京商法講習所が開設されると，岩下は同所に入学し商業学を学ぶことになった。同講習所の初代所長は矢野二郎であった。『岩下清周傳』によれば，東京商法講習所の看板を発見し，そこに他府県人からは東京在籍者より授業料を高く取ると書いてある。それはどのような理由からかと，自ら同所を訪ねたことがきっかけで，矢野二郎の知遇を得たとある。岩下は，矢野の全面的な援助により，商法講習所に入学することになった。翌年，三菱商学校が開校すると，商法講習所の卒業を待たず転校，矢野の下を去った。しかし，三菱商学校を修了後一時母校の英語教師につくなど，三井物産入社まで引き続き矢野の世話を受けていた。

2. 三井物産時代

　岩下は1878年三井物産に入社した。当時の物産は益田孝社長の下，政商的な商売から近代的商社への改革を進めているところであった。海外貿易の発展のため，学卒者の採用と従業員研修制度の充実に力を入れていた。入社後約1年半の国内勤務を経験した後，1880年6月岩下はニューヨーク支店勤務となった。同支店の主たる機能は海外荷為替取扱業務であった。しかし，同年横浜正金銀行が設立され，荷為替取扱業務が同行に継承されると，ニューヨーク支店の存在意義は低下し，翌年以降は開店休業状態となった。岩下は，1882年春突然帰国し，貿易拡張の必要性を本社に説くという行動

に出た。重役らの同情は得たものの会社の方針として採用されるところとはならず，岩下が再渡米してまもなく同支店は閉鎖となった。

　このあと岩下はパリ支店に移り，1883（明治16）年春支店長となった。パリ支店の営業状態もニューヨークと同様のものであった。だが，岩下はパリの地で多くの日本人と接触することになった。とりわけ，当時のパリ支店長宅はあたかも日本人クラブのようで，岩下は後に創設される日本人会（会長原敬）の役員になったりもしていたという。岩下はここで，伊藤博文，山県有朋，西郷従道，品川弥二郎，西園寺公望，桂太郎，寺内正毅，山本権兵衛，斉藤實ら時の政界の実力者と面識を得た。

　普仏戦争におけるフランスの敗因が兵器の不足にあったのを知った岩下は，兵器の自国生産を持論とするようになっていた。1885年春突然帰国した岩下は，陸海軍省に兵器自国生産を進言した。当時の日本の技術力や軍関係の資金力では実現は難しいとしてこの進言は却下された。落胆のうちにパリに戻った岩下は，シンジケート団による外資の導入などを盛り込んだ計画を策定し，再び帰国して軍当局に進言したが，これも容れられることはなかった。岩下は再度の渡仏を断り，しばらくして，三井物産を退職した。1888年，パリ支店は閉鎖となった。

　国も会社も岩下の理想と考える工業化推進策や新しい産業金融政策の支援者とはならなかった。

3. 自営事業と三井銀行時代

　三井物産を辞した岩下は，物産社長の益田孝や矢野二郎の支援を受けて，1889年品川電灯を創立した。益田は電灯事業の将来性を買っていた。同社の資本金は5万円，益田孝，平林平九郎，鳥山利定らが株主となった。しかし，開業後まもなく原因不明の出火，これが経営に大きな打撃となり，同社は東京電灯に合併されることになった。

　1890年，桂太郎の実弟桂二郎と杉村二郎が創立した関東石材会社が経営難に陥るなか，経営の建て直しを期待されて，岩下は同社の取締役に就任した。技術面，営業面で相当の工夫と努力をしたが，経営難は解消できず，

1891年の秋，同社を辞することになった。

　その同じ年，岩下は矢野二郎の勧めで三井銀行に入行した。三井銀行は松方正義の幣制改革の下で多額の不良債権を発生させ，整理が進まぬまま明治23年不況によってさらなる経営難に呻吟していた。抜本改革を決意した同行は，井上馨の進言を得て外部から人材を導入し改革を進めることになった。この改革を強力に進める人材として，福沢諭吉の甥で，山陽鉄道の社長をしていた中上川彦次郎を招いた。岩下が入行したのは，中上川の改革が進められている最中であった。中上川は不良債権の整理や銀行業務の近代化，三井資本の工業化・事業の多角化を推進した。さらに，この改革の推進のため，専門経営者となるべき慶應義塾出身者をはじめとする学卒者を多数採用した。岩下は，その中の一人であった。

　中上川の改革が進められるなか，三井改革の一環として大阪支店長の高橋義雄が三井呉服店のてこ入れのため異動することになった。空席となった同ポストには東京本社の岩下清周が就任することになった。1895（明治28）年のことである。当時は日清戦後の企業勃興期であり，産業界の資金需要旺盛な時期であった。岩下は積極的な貸出方針を採った。すなわち，川崎造船所の松方幸次郎，その取引先の津田勝五郎，藤田組の藤田伝三郎などへ積極的に融資した。北浜の株式市場，堂島の米穀取引所への金融なども始めた。以上はいずれも大阪支店の分限をはるかに超えたものであった。岩下の行う証券・商品取引所関係への融資は，工業会社のみが同行の貸出の対象と考えていた中上川の方針に実質的に違背するものであった。

　中上川は，この時，三井内部において益田孝や井上馨らと改革方針を巡って激しく対立していた。そのさなか岩下によって実施された，井上側の藤田伝三郎やその紹介による株式所関係者への破格の融資は，中上川と岩下の対立を決定的なものにしていった。

　岩下は大阪支店長から横浜支店長への転任を命じられた。岩下はこれを断って，当時大阪財界の巨頭であった藤田伝三郎の後援で新銀行設立に動くことになった。

4. 北浜銀行の設立と岩下の企業家活動

　北浜銀行は1897（明治30）年3月営業を開始した。頭取には藤田伝三郎の実兄で藤田組役員の久原庄三郎，取締役には平野紡績社長金沢仁兵衛，川崎造船所社長松方幸次郎，西成鉄道監査役鷲尾久太郎らが就き，岩下は常務取締役として出発した。また，監査役には大阪株式取引所（以下「大株」という）監査役の阿部彦太郎（旧米穀問屋），大株理事坂上真二郎（株式仲買人），大株理事の磯野小右衛門（大阪米会所初代頭取）ら3名が就任した。役員は藤田伝三郎関係の大阪財界人および大株関係者など，いずれも岩下の三井銀行時代の取引先およびその関係者である。北浜銀行は資本金300万円，筆頭株主は1790株を保有する藤田伝三郎で，1000株以上保有者2名，500株以上保有者6名など100株以上保有者142名で，以上が全6万株中の53%，99株以下保有者が1354人で全体の47%を占めるという具合で，経営権を左右するような決定的大株主あるいは勢力は存在していなかった。これが岩下のリスク受容度を越えた奔放な融資活動に，ブレーキがかからなかった要因の一つとなっていく。

　1903年1月，岩下清周は北浜銀行の頭取に就任した。これ以降，表1に示す多数の企業と，融資活動，企業設立，役員就任などを通じて関係を深めていくわけだが，主な業種は電気鉄道，ガス，電気で，それ以外の製造業は少数である。表1にある企業と岩下との関係を『岩下清周傳』などにより簡単に見ていこう。

　西成鉄道とは，北浜銀行第2位の株主鷲尾久太郎が西成鉄道株の思惑買に失敗した折，決済資金を用立てるためにその株を買い取り，以後岩下が同社の社長として経営に参加したという関係である。

　箕面有馬電気鉄道は，阪鶴鉄道の株主を中心として設立計画が持ち上がったものだが，日露戦後恐慌により半数近くの株式の払込みがなく失権となった。そのため会社の設立が危うくなったところへ，箕面有馬の専務小林一三が，岩下の友人という関係で北浜銀行が失権株を引受け，岩下が社長に就任したというものである。

大阪電気軌道は，岩下が設立に関係した企業である。同社は奈良までの鉄道敷設時に発生した事故や難工事による工事費用の増加が原因で，資金難に陥っていた。そこで初代社長の広岡敬三が辞任し，岩下が社長に就任することになったのである。

広島瓦斯と広島電気軌道は広島の地方資本家と，大林芳五郎（大林組創業者），島徳造などの岩下グループ（大阪系資本家）とが共同出資により設立した会社である。

大阪瓦斯は，1901（明治34）年頃，経営拡大のために外資を導入する計画を立てていた。同時に実施した新株募集をめぐって大阪市との間に報償契約問題が生じたため，増資は難航した。岩下は原敬などとともに同社と大阪市との紛争に介入し，紛争の解決と増資の成功に協力した。これがきっかけとなって同社監査役となった。

豊田式織機は，豊田佐吉の発明を製品化するために三井物産などによって設立された会社であるが，岩下の友人の谷口房蔵（のちに東洋紡に合併する大阪合同紡績社長）が社長となったため，岩下も取締役に就任したものである。

和泉紡績は岸和田の旧家宇野家が紡織業進出のために設立した企業である。泉州出身の谷口房蔵が設立に当たって尽力した関係で同社社長となり，岩下も取締役に入った。

日本醤油醸造は，氷砂糖の発明者で元日本精製糖社長の鈴木藤三郎が，醤油促成醸造法企業化のために設立した会社である。岩下は創立時より取締役を務めている。

日本興業は，1912年に破綻した才賀電気商会の前後処理のために設立した会社である。岩下は才賀商会救済を請われて，同社の会長に就任した。

電気信託も上記の才賀商会救済の機関である。岩下の企画により設立されたもので，自身が会長となっている。

岩下の各社への関与の経緯を概観すると，いくつかに分類される。その中でもっとも注目すべきは，① 経営難を理由に関与を深め，株式や資産を取得するというやり方と，② 大林などの大阪財界の実力者と組んで関与するケースである。北浜銀行の事業会社へ関与のほとんどは，岩下の縁故者等と

表1 北浜銀行創設以降の岩下清周関係企業

企業名	役職名	役職就任年	備考
（銀行保険）			
北浜銀行	頭取	1903	1896年開業
帝国商業銀行	取締役	1911	1894年設立
万歳生命保険	取締役	1906	1905年設立
（鉄道）			
西成鉄道	社長	1904	1898年創業
南満州鉄道	監事	1905	1906年設立
阪神電気鉄道	取締役	1907	1899年設立免許
箕面有馬電気軌道	取締役	1908	1906年設立免許
阪堺電気軌道	監査役	1909	1909年創立
広島電気軌道	取締役	1910	1910年設立
大阪電気軌道	取締役	1910	1910年創立
大阪電気軌道	社長	1912	1910年創立
（電気・ガス）			
営口水道電気	社長	1906	1908年供給開始
鬼怒川水力電気	取締役	1910	1910年設立
大阪瓦斯	監査役	1906	1897年設立
広島瓦斯	取締役	1909	1909年設立
（製造業）			
豊田式織機	取締役	1907	1906年設立
和泉紡績	取締役	1912	1913年操業開始
日本醤油醸造	取締役	1907	1907年設立
（その他）			
電気信託	会長	1912	1912年創立
日本興業	会長	1913	1913年創立
東亜興業	取締役	1909	

出所：故岩下清周君傳記編纂會編（1931），他。

の人的関係が先行して進められた事業活動という共通性ももっていた。

　その岩下の事業活動を取り巻く人的なネットワークを見ると，原敬や片岡直温らの三井物産時代からの友人，山本丈太郎や飯田義一らの三井物産時代の同僚，三井銀行時代の知己である藤田伝三郎，松方幸次郎，速水太郎らの名が挙げられる。そして，岩下を含むこれらのネットワークは政界財界の大物である井上馨や益田孝を頂点に戴く人間関係を形成していたものと見られる。

　そもそも，北浜銀行の創立が，「大阪株式取引所の仲買人たちの取引のための『機関銀行』設立を目的とする」というもので，藤田伝三郎の存在なし

にはあり得なかったものである。頭取は藤田の実兄，役員の多くが大株関係者という陣容であった。岩下の地位という観点から企業創設活動を分類すると，まず井上・益田らのリーダーシップの下にあるケースでは西成鉄道，日本醬油醸造，豊田式織機があげられる。同僚と同等の地位で関与しているのは大阪瓦斯や広島瓦斯・広島電気軌道である。また，岩下が相対的に優位な立場にあるものとしては箕面有馬電気軌道，大阪電気軌道，電気信託，日本興業，和泉紡績がある。表 1 にある関係会社を見ると，岩下が多くの企業に対して設立当初から関与していることがわかる。岩下と関係する事業会社とは，当初より，株式保有や設立関係者への資金供与によって強い結びつきを持ち，北浜銀行はそれらの企業への長期固定的な融資や，社債発行への保証などの形でのハイリスクな信用供与を行っていた。

西成鉄道との関係は「① 経営難を理由に関与を深め，……」のケースである。西成鉄道は，1893（明治 26）年，大阪府西成郡商人江川常太郎らによって計画された臨港鉄道計画であった。1898 年に国鉄大阪駅から大阪湾の安治川口まで，1905 年には安治川口から天保山まで路線延長されたが，東海道線と大阪港とを結ぶ小貨物鉄道であった。政府は敷設当初より，軍事的重要性を指摘し，同鉄道の国有化をほのめかしていた。同社監査役には鷲尾久太郎がいたが，北浜銀行の取締役，第 2 位株主でもあった。

その鷲尾が，国有化の噂を聞きつけ，親戚や株式仲買人らと諮り，大阪株式所を舞台に同社株の思惑買いに出た。西成鉄道の資本金は 1897 年に 55 万円の増資をして 165 万円となり，1899 年までに全額払い込みが終わっていた。同年 11 月開幕の第 14 議会において，私設鉄道国有法案や私設鉄道買収法案が提出されたが成立には至らなかった。国有化期待から，1900 年 2 月には 70 円まで上昇した西成株も，法案成立が望み薄となるやたちまち大暴落し，同年中に 33.5 円まで下がった。1899 年 11 月以来株を買い占めていた鷲尾の購入株数は 1 万株を超えていたが，払込期限までに資金のやり繰りがつかず，北浜銀行に救済を求めてきた。北浜銀行の役員らは鷲尾救済を決め，鷲尾家所有の動産不動産全部を抵当として多額の融資を実施した。その額約 84 万円に上り，1902 年頃，その貸金の整理のため西成株 1 万 5 千を北浜銀行が保有することになった。

もし西成株と鷲尾家の動産不動産が貸金84万円の抵当として減価著しいとなれば，この貸付は北浜銀行に多額の不良債権を発生させることになる。減価が取るに足らないものであったとすれば，北浜銀行にとっては，いずれは国有化されるという見通しのある同社株式を大量に保有することは，悪い話ではなかったかも知れない。

　北浜銀行はその後も西成株を買い増ししており，鷲尾の西成鉄道乗っ取りを阻止したとの当時の評判とはちがって，乗っ取りを利用したとも考えられる行動である。北浜銀行は，他の国有化見込みの鉄道株も買い入れており，むしろ同行が鷲尾の持つ西成株の買入れに積極的であった可能性が高い。もしそうだとすれば，株式購入を目的としたリスクの高い資金を融資したうえ，株の仕手戦の末席に陣取るというような一連の行動は，通常銀行がとるとは考えられない異常なものということになろう。

　岩下の表1に見る広範な事業会社への関与を支えた，北浜銀行の資金の源泉・経営的基盤はどのようなものであったのだろうか。

　北浜銀行の資金の大部分は資本金であるが，その他に借入金も高い比重を占めていた。営業報告書により財務状況を検討すると，1909（明治42）年以降，資金的にかなりの窮境にあったものと見られ，定期預金が急増し，「他店より借」の比重が異常に高まっている。これはなりふり構わずに集めた高利資金と，為替尻の大幅な借越を利用して，資金的な逼迫を打開しようとしたことを裏付ける。資金繰りはかなり困難であったのだろう。1907年には，公称資本金の1000万円への増資を決定している。しかし，払い込みが進まず，大量の失権株を生じ，偽装払い込みを行なわざるを得なくなった。『岩下清周傳』では，このことが北浜銀行の破綻の原因の一つとなったとある。払い込みは第2回，第3回と引き続き実施されたが，毎回失権株を生じていた。

　資金源泉が逼迫しているにもかかわらず，北浜銀行の貸出金は増え続けた。これは，岩下の関係会社への貸付の不良債権化とその累積を示すものである。そのうえ同行の貸付金・当座預金貸越の担保品構成は，1906年6月期以降，株券の比重が急増し，その他の項目の比重が低下している。とりわけ，国債や不動産の比重の低下が著しい。このような経営難のなかにあって

も，北浜銀行は証券業務，とりわけ公社債の募集・引受・受託業務を継続していた。

5. 北浜銀行の破綻

1914（大正3）年3月，新聞が北浜銀行の内情を暴露した。預金者らは同行に殺到し取付騒ぎとなった。地方の銀行は為替尻の回収に急ぎだし，大口預金者の取付も始まった。同行は，所有株券や公債類を担保に日本銀行より融通を受けつつ，その場その場を切り抜けて来たが，ついに収拾かなわず破綻した。経営責任をとって岩下清周は頭取を辞任した。破綻の直接の引き金は才賀電気商会の救済及び大阪電気軌道優先株発行の失敗にあった。

さきに，日本興業と電気信託とは才賀電気商会の救済のために設立された会社だということを述べた。才賀電気商会は，80社を超える電力・電鉄事業を支配して，電気王といわれた才賀藤吉の経営する企業である。

岩下は福沢桃介とともに電力事業への投資をもくろむインベストメント・トラストのような企業の設立を企画していた。北浜銀行の口座貸越担保中株券の割合が7割を占め，他店借りが180万円を超えてピークに達した時期である。北浜自身の資金繰りも非常に厳しい状態にあった。才賀電気商会は明治43年恐慌のあおりを受け，1912（明治45）年9月，1000万円の負債を抱えて倒産の危機にあった。福沢が電気信託から手を引いたため，岩下は自らが社長となり，専務の速水太郎に大林芳五郎，郷誠之助，志方勢七，山本丈太郎，松方幸次郎らを加えて開業した。業務はもっぱら才賀商会の救済にあった。才賀に対する融資の大部分は株式担保によるもであった。融資実施後も才賀の経営はいっこうに改善しなかった。この才賀に対する救済融資は，次第に電気信託の能力を越えるものとなっていった。

大林芳五郎の判断によれば，事態は，「才賀商会の窮境が導火線となって北銀に波及する」というところまで来ていた。1913（大正2）年，電気信託の仕事を引き継ぐため日本興業が設立された。同社の経営陣は社長が岩下，速水が専務でその他の陣容も電気信託と同様のものであった。同社は，才賀電気商会の営業及び資産・負債を引き継ぐことになり，「株金は発起人にお

いて一時取替払込」を行い，別途社債を発行することになった。債権者には日本興業の株券か社債を交付して，それに応じない場合担保品を処分して支払うことにした。また，大口債務に対しては2年間の据え置き後5年以内に償還することにした。岩下は，才賀商会の破綻が北浜銀行の破綻へと波及するかも知れないとの予見をもっていた。それゆえ，才賀の経営危機は岩下にとって放置できるものではなく，岩下グループにとっても最重要事項であった。しかし，才賀救済の努力は北浜銀行が先に破綻したことで終止符が打たれた。

　北浜銀行破綻時の負債額は，総計765万円を超えるものであった。これまで見てきたように，不良債権が累積した原因は，岩下の放漫な貸出政策にあった。

　北浜銀行の破綻直前の株主は，第1位は7000株の藤田組と大林芳五郎，次に5300株の谷口房蔵，第4位が岩下清周の4720株という状況であった。北浜銀行は取引所の「機関銀行」として設立され，取引所関係の預金取り扱いや決済資金の提供をしてきた。しかし，それらの役割は少しずつ後退して，破綻直前には，岩下の関係企業や北浜銀行大株主の経営する事業会社への大口融資が大部分となり，それらがまた不良債権化し，同行の体力を弱めることとなったのである。

　北浜銀行は片岡直輝，永田仁介，土井道夫らの手で整理が進められ，1914（大正3）年12月営業再開した。整理の過程で，岩下のリスク管理能力の欠如や決算操作・各種粉飾を重ねる乱脈経営などが明らかとなった。

　岩下は，大株仲買人らの投機筋と親密な結びつきを持ち，北浜銀行を舞台に，彼らの思惑に先導された投融資を重ねた。それらのハイリスク投資が不良債権化しても，損切りができずハイリターンをねらってどこまでも救済にこだわるという，投機家的思想が岩下を支配していたように思われる。そう考えると，北浜銀行が行った大阪電気軌道や箕面有馬電気軌道などへの融資が，この投機的発想から出たものだということになり，岩下の企業家的側面の評価をいっそう否定的なものにしている。

おわりに

　松本重太郎と岩下清周はともに，松方デフレ後，日清戦後，日露戦後の企業勃興期に活躍した銀行家であり，外形的にはまさに「企業勃興の牽引車」であった。

　松本が設立に関わり社長も務めた大阪紡績は後の三重紡績との大合併を経て東洋紡績となり，今日に至っている。また，「アサヒビール」の大阪麦酒も松本が設立に力を注いだ企業で，後に日本麦酒，札幌麦酒との3社合併を経て大日本麦酒となったが，戦後分割されて朝日麦酒と日本麦酒となった。現在の朝日麦酒株式会社とサッポロビール株式会社である。この他，設立や経営に関わった多くの鉄道のなかには，山陽鉄道のように国有化されて日本の大動脈を形成したもの，関西を代表する私鉄となった南海鉄道がある。

　岩下が設立や経営に関与した企業にも，近畿鉄道の前身大阪電気軌道や阪急電鉄の前身箕面有馬電気軌道をはじめとする鉄道企業や，ガス会社の大阪ガス，広島ガスなど今日，大企業となって残っている企業が多数ある。

　松本の百三十銀行と岩下の北浜銀行は，これら企業の設立とその後の経営に深い関わりを持ったが，それら企業が両行に対して資本的支配（銀行を「機関」として利用した）を持つような地位にあったわけではない。そうした意味で，百三十銀行や北浜銀行は特定の資本や企業の機関銀行であったことはなかった。松本や岩下の企業活動のために利用された「機関銀行」という性格がより濃厚である。

　彼らの行動を観察すると，同一人のなかに銀行家と起業家，銀行家と投機家という，ときには相反する判断が必要な2つの異なる性格が同居し，様々な矛盾を生み出していったように映る。その最たるものが，リスク管理の判断がほとんどできない，あるいは混乱しきっていた点に反映されている。それが，経営する銀行を破綻に追い込み，関係先に多大な被害を及ぼす結果をもたらし，2人の評価を著しく下げる要因ともなったのである。

　松本と岩下に共通する問題点は，①自らが頭取を務める銀行を自分の企業活動に徹底的に利用し，②取引にあたっても十分な精査が行われていた

とは言い難く，むしろ人間関係の情実が先行した放漫取引を繰り返し，③関係企業の経営難に対処する場合でも，企業家として改革や事業縮小・撤退を考えるのではなく，弥縫策を重ねながら失敗を拡大して，④最終的には行員の規律も緩み，銀行破綻を早めてしまった点にあると言えよう。

虚業家研究に詳しい小川功論文［2002］によれば，破綻資本家等に共通してみられる一般的な性向や行動パターンとして，①企業・金融機関等への支配欲，②投機的性向，③資金固定化性向，④行主・オーナーの虚飾性・虚業家的性向，⑤不良債権発生の蓋然性，⑥結果としての資金調達の困難化・資金繰り逼迫などに集約・類型化できるのではないかという。こうした性向や行動パターンのほとんどが松本や岩下にも当てはまると思われるが，当時の企業家といわれる人々の多くにこのような性向や行動パターンのいくつかを発見することは難しくない。松本と岩下に特徴的なのは，これら全ての点が当てはまるということ，さらに，彼らが支配した銀行が，大阪を代表する銀行であったことだろう。それゆえ，彼らの成功も失敗も，功も罪も日本資本主義の発展過程のなかに位置づけられ，大きく取り上げられてきた。見方を変えれば，松本重太郎や岩下清周の活動は，当時の人々の，日本資本主義の発展を切り開いていこうとする時代の息吹のようなものを間近に感じさせる好例でもある。

本章は，日本資本主義の初期に彗星のごとく登場した2人の銀行家が今日まで続く大企業を生み出しながらも，否定的な評価ばかりが残ってしまった背景をたどるものであった。全体としての評価を大きく変えることはないとしても，彼らの果たした役割をより明らかにするには，新たな分析視角や新発見を交えたさらなる考察が加えられる必要があるだろう。

参考文献
○ テーマについて
　石井寛治［1998］『日本の産業革命』朝日選書。
　小川　功［2002］『企業破綻と金融破綻 ―負の連鎖とリスク増幅のメカニズム』九州大学出版会。
　小川　功［2005］「企業家と虚業家」企業家研究フォーラム『企業家研究』第2号。
　加藤俊彦［1983］『日本金融論の史的研究』東京大学出版会。
　高村直助［1992］『企業勃興：日本資本主義の形成』ミネルヴァ書房。
　滝沢直七［1912］『稿本日本金融史論』有斐閣。

宮本又郎・阿部武司編［1996］『日本経営史　2　経営革新と工業化』岩波書店。
宮本又次［1960-63］『大阪商人太平記』創元社。
高村直助［1992］『企業勃興：日本資本主義の形成』ミネルヴァ書房。

○松本重太郎について

瀬川光行編［1893］『商海英傑傳』大倉書店。
松本翁銅像建設会［1922］『雙軒松本重太郎翁傳』同会発行。
石井寛治［1998］「第百三十銀行と松本重太郎」東京大学経済学会『経済学論集』63巻4号。
小川　功［1992］「明治期の私設鉄道金融と鉄道資本家」『追手門経済論集』第27巻1号。
小川　功［1991］「明治期に於ける社債発行と保険金融」生命保険文化研究所『文研論集』第97号。
祖田浩一［1999］「一代で興亡を体験した実業家松本重太郎」『歴史と旅』第26巻15号，秋田書店。
城山三郎［2000］『気張る男』文芸春秋。

○岩下清周について

故岩下清周君傳記編纂會編［1931］『岩下清周傳』。
伊牟田敏充［1868］「岩下清周と北浜銀行」同著『明治期金融構造分析序説』法政大学出版会。
西藤二郎［1981］「岩下清周の経営理念をめぐって」『京都学園大論集』10⑴。
西藤二郎［1982］「岩下清周と北浜銀行」『京都学園大論集』10⑵。
小川　功［1998］「明治30年代に於ける北浜銀行の融資基盤と西成・唐津鉄道への大口融資」『滋賀大学経済学部研究年報』第5巻。
小川　功［2003］「『企業家』と『虚業家』の境界」『彦根論叢』第342号。
海原　卓［1997］『世評正しからず：銀行家・岩下清周の闘い』東洋経済新報社。

2 保険業界における革新者

各務鎌吉と矢野恒太

はじめに

われわれは，さまざまなリスクに取り囲まれて，日々の生活を営んでいる。社会経済システムのグローバル化によって，リスクの内容は複雑化し影響範囲も拡大する傾向にある。

こうしたリスクに対処する仕組みが保険である。保険は生命保険と損害保険に大別されるが，生命保険は実際の損害額に関係なく，保険契約によって事前に決められている金額を保険金として受け取ることができる「定額払い」方式を採っているのに対し，損害保険は実際に生じた損害に見合う金額を補償する「実損払い」方式によって保険金が支払われるシステムとなっている。

わが国における生命保険は，1880（明治13）年に安田善次郎によって組織された共済五百名社（安田生命の前身）を起源としている。翌1881年に日本最初の生命保険会社として明治生命（現・明治安田生命）が設立された。その後，1902年，相互会社としては日本で最初の保険会社となる第一生命が矢野恒太によって設立された。

一方，損害保険は，1879年に海上保険会社として東京海上（現・東京海上日動火災保険）設立され，1887年には，火災保険会社として東京火災保険（安田火災の前身，現・損害保険ジャパン）が設立された。わが国の損害保険は，海上保険と火災保険を中心に発展してきたが，戦後のモータリゼーションを契機に，現在では自動車・自賠責保険が主力商品となっている。

本章の目的は，経営危機に陥った東京海上の再建を通じて損害保険事業の改革と近代的経営手法の導入を推進した各務鎌吉と，今日の生命保険会社では一般的な会社形態となっている相互会社による生命保険事業を推進した矢野恒太の企業家活動を通じて，損害保険および生命保険の特質とその発展の要因を比較・検討することにある。

各 務 鎌 吉
―近代的会計手法による損害保険事業の改革者

各務鎌吉　略年譜

1868(明治元)年	0歳	岐阜県方県(かたがた)郡蘆鋪(あじき)村(現岐阜市安食)に農家の次男として生まれる
1884(明治17)年	16歳	東京府中学校卒業,高等商業学校(現在の一橋大学)へ進学
1888(明治21)年	20歳	高等商業学校(後に東京高等商業学校へ改称)を首席で卒業,京都府立商業学校教師として赴任
1890(明治23)年	22歳	大阪府立商品陳列所監事
1891(明治24)年	23歳	東京海上保険会社入社
1894(明治27)年	26歳	英国における保険事業立て直しのためロンドンへ赴任
1896(明治29)年	28歳	「英国代理店営業報告及意見書」を作成
1899(明治32)年	31歳	営業部長,「会社営業ノ改革ニ関スル意見書」を作成
1906(明治39)年	38歳	総支配人
1917(大正6)年	49歳	専務取締役
1925(大正14)年	57歳	東京海上火災保険取締役会長に就任
1929(昭和4)年	61歳	日本郵船取締役社長に就任
1930(昭和5)年	62歳	貴族院議員
1939(昭和14)年	71歳	死去

(年齢=満年齢)

1. 東京海上保険入社まで

　1868（明治元年），各務鎌吉は岐阜県方県（かたがた）郡蘆鋪（あじき）村（現岐阜市安食）に農家の次男として生まれた。西南戦争の勃発した1877年，父省三が駅逓寮の下級官吏として勤務していた関係で上京し，芝の小学校に転校した。その後，東京府立中学校（後の東京府立第一中学校）に入学し，1884年，優秀な成績で卒業した。

　鎌吉が中学4年生の時，父省三は駅逓寮を辞め，京橋で葉茶屋を営むようになったが，士族の出身である省三の素人商いは，早々と行き詰まってしまった。省三は，極めて貧しい生活をしていたが子供の教育には熱心であり，兄幸一郎と鎌吉の学業を途中でやめさせるようなことはしなかった。しかし，家計の逼迫は如何ともし難く，幸一郎・鎌吉兄弟は家計を助けるため，帰宅後，茶箱を担いで近隣の家々に茶の御用伺いに回っていた。

　家計は依然として厳しい状況にあったが，中学校を卒業した鎌吉は進学する意思が固く，母も学資は出せないが，鎌吉の希望を叶えたいと考えていた。当時，学費が不要な官立学校として，海軍兵学校，陸軍士官学校，高等商業学校（一橋大学の前身）があった。鎌吉は，進学先として高等商業学校を選んだが，その理由は中学時代に英語と算術が最も得意だったからである。

　高等商業学校では，鎌吉の晩年までかかわりを持つことになる，平生釟三郎（東京海上保険専務取締役），水島鉄也（神戸高等商業校長），下野直太郎（東京商科大学教授・簿記会計学）らと出会うことになる。

　1888年，高等商業学校を首席で卒業した鎌吉は，先輩の推薦によって，京都府立商業学校の教師として赴任し，簿記，商業算術等を担当した。当時，高等商業学校の卒業生で企業や銀行に入社しない者は，地方学校の教師として就職するのが一般的であった。

　教師としての鎌吉の評判は良く，そのまま教師の道を歩めば，将来は校長への道も開かれたことに違いない。しかし，教師としての生活に物足りなさを感じていた鎌吉は，1890年，大坂府立商品陳列所（現在の大阪工業技術試験所）に監事として入社した。

同所は，外国人バイヤーに対して商品展示や国内企業の紹介を業務としていたが，各務の英語力が評判となり，彼を目当てに訪問する外国人バイヤーも多かったようである。事実，各務の才能を見込んだ住友財閥の伊庭貞剛から，住友への入社を打診されている。

各務自身は，仕事に満足していたわけではなかったが住友からの誘いを断り，同所が所蔵する欧米の財政経済に関する原書を貪るように読破し，将来は貿易関係の仕事に就きたいと考えるようになっていた。

2. 東京海上保険の経営危機と再生への途

(1) 黎明期の損害保険

損害保険の歴史は，イギリスを中心とする海運業の世界的な隆盛にともない海上保険ビジネスとして発展した。18世紀初頭，ロンドンではロイズ・コーヒーハウスが誕生し，ここを拠点に個人的な海上保険の引き受けが行われるようになった。19世紀に入るとイギリス以外の欧米諸国でも海上保険会社が数多く設立されるようになった。

わが国では，江戸時代に海上保険に類似した取引が行われていた。当時，廻船問屋が考案した海上請負なるシステムは，海難で積み荷に損害が生じたときに廻船問屋が自ら損害を負担するというものであり，廻船問屋が荷主の損害の補償料を運賃に上乗せする運送契約であった。

わが国における本格的な海上保険の歴史は，1879（明治12）年に設立された東京海上保険会社から始まるが，それに先立つ1866（慶応2）年，福沢諭吉は『西洋事情』で火災請負および海上請負について言及し，慶応義塾においても西洋の請合制度として，欧米の保険制度についての講義を行っている。福沢の影響もあって学校教育に保険が取り入れられたのも意外に早く，1878年には三菱商業学校で保険が専門科目として採用され，1879年には東京大学で海上保険法の講義が始まっている。

明治政府は，資本主義後発国である日本が少しでも早く欧米先進国に追いつくために，官営模範工場を設立して積極的に殖産興業政策を推し進めた。わが国における損害保険の発展も，殖産興業政策抜きに語ることはできな

い。特に産業化の進展に伴う物流の活発化は海運業の成長を促し、その結果として海上保険の必要性が大きく高まったのである。

明治初期、わが国の国際的な海上物流は、アメリカの海運会社に独占されていた。これに対抗するため、1870年に廻漕会社、1872年に日本郵便蒸気船会社が設立されたものの、いずれも外国海運会社との競争に敗れてしまった。明治政府は、外国海運会社を排除するために岩崎弥太郎の率いる三菱会社を保護し、日本近海における航権を与え、外国海運会社の排除に成功した。

当初、海上保険の必要性に対する岩崎の認識は低かったが、外国人荷主との取引が拡大するにつれて、その必要性を強く感じるようになる。1876年には、明治政府に対して、保険会社の設立を建白するとともに自社に保険営業を許可するよう申請を行ったが、大隈重信大蔵卿らの反対に合い、岩崎の申請は却下されてしまう。

1878年、華族の出資を中心とする東京海上保険会社(現・東京海上日動火災保険株式会社)の設立計画が固まるが、その実質的リーダーだった渋沢栄一は、岩崎が率いる三菱会社に対して、新たに設立される保険会社への出資要請を行った。但し、渋沢は新会社が三菱の支配下に置かれることを避けるため、出資比率を三分の一にとどめることと、役員の選定は渋沢に一任することを条件とした。明治政府から保険営業を却下されたものの、保険事業の必要性を強く認識していた岩崎は、渋沢の条件を受け入れ、出資を決断したのであった。こうして、わが国損害保険業界のリーディング・カンパニーである東京海上保険の歴史が始まったのである。

(2) 東京海上保険への入社

各務鎌吉が、大阪府立商品陳列所に就職し、欧米の財政経済の研究を黙々と続けていた頃、東京海上はイギリスにおける保険事業の収支悪化、国内での競争会社の出現によって経営状態が著しく悪化していた。

当時の東京海上は、三菱出身の荘田平五郎が取締役として、また、三井物産の益田孝の実弟である益田克徳が支配人として経営の実権を握っていた。益田克徳は、商業学校時代に海上保険を学んだ経験を持ち、当時としては損

害保険事業に最も詳しいとして渋沢が推挙した人物であったが，保険会社の経営については必ずしも十全な知識を有しているわけではなかった。そのため，経営危機に陥った東京海上を再建するために，有能な人材を外部から獲得することが急務となっていたのである。

このような折，各務のもとへ母校である東京商業学校校長の矢野二郎から東京海上への入社勧誘があった。矢野の妹栄子が益田克徳の実兄孝の妻であった関係から，益田が矢野へ人材紹介を依頼したものであると考えられている。

1891（明治24）年10月，鎌吉は矢野の申し出を受け入れ，東京海上の入社試験を受けた。受験者は3名だったが，試験の結果は全員が不合格となった。但し，各務については，その抜群の英語力が試験委員の目に留まり，再選考の結果，書記として入社を許可されたのである。入社後は，得意先回り，帳簿係，ロンドンへの電報係などを担当し，保険業務に関する実務経験を積み重ねていったが，3年後の1894年には，社運をかけた特命業務のために単身ロンドンへ赴任することになった。

(3) 損害保険会計の改革

損害保険経理の特色として，はじめに認識しておかなければならないのが，保険契約の期間と期間損益算定上の会計期間が必ずしも一致していないことである。保険会社は，通常，4月1日～3月31日を会計年度として年1回の決算を行う。例えば，2月1日を始期とする1年間の保険契約の場合，当該年度の決算日（3月31日）には，10カ月の未経過期間を残していることになる。12万円の保険料収入があったと仮定すると，2万円分を当該年度の保険料収入として計上し，残り10万円は次年度の保険料収入として繰り越す必要がある。

実際の損害保険会計では，期間損益を適正に計算するとともに，次年度以降も継続する保険契約上の担保責任を確保するために責任準備金を積み立てることとされている。責任準備金としては，普通責任準備金，異常責任準備金などがあるが，その算定基準については保険業法等で規定されている。

設立当時の東京海上が採用した損益算定の考え方は，現計計算方式といわ

れる方法である。1880（明治13）年の株主総会で，支配人益田克徳によって提案された損益の決算ならびに利益処分の方法は，すべての収入を保険料収入と資本収入とに分け，保険料収入から経費等を差し引いた営業利益を役員賞与と積立金とし，資本収入は株主への配当に充当するというものであった。

現計計算方式の欠陥は，単年度内の収入保険料から営業費用および当該年度に発生した保険損失のみを差し引き，翌年度の未経過期間に対する責任準備金を全く想定していない点にあり，保険会社の特殊性を無視した不合理な損益算定方法であった。また，営業収入の如何にかかわらず株主配当を実施するため，資本収入を当初から別建てにするという考え方も経営安全性の観点からみて問題が多かったのである。ロンドンにおける海外営業の大赤字と国内での競争激化による保険料収入の鈍化によって1895（明治28）年下季に無配となるが，1891年下季〜1894年上季の配当率は16％と極めて高率であり，経営実態とはかけ離れた株主配当が行われていたのである。

東京海上の決算方法について，政府もなんら疑問を呈することなく，むしろ高い配当率を維持することを歓迎していた節がある。こうした杜撰な利益処分が許されたのは，ひとえに保険経営に対する知識不足によるものであり，1994年以降，同社は存続さえも危ぶまれる経営危機に見舞われることになるのである。

(4) ロンドンにおける保険事業の建て直し

1982年頃からイギリスのリバプール代理店（1980年代理店委嘱 I.H. Talbot）からの逆為替の依頼が急増し，東京海上の経営を圧迫するようになった。それまで，保険経営の本質的理解を欠いたまま，漫然とマネジメントを行っていた経営陣も，事の重大性を認識するようになった。事態を重視した渋沢は，各務をロンドンに派遣し，原因の究明と対策の立案にあたらせることを提案した。渋沢の提案に取締役荘田平五郎と総支配人益田克徳も同意し，1984（明治17）年5月の取締役会で各務の派遣が正式に決定された。本来ならば，役員クラスが派遣されても不思議ではないが，益田以外は保険経営について素人同然であり，英語力と実務能力を買われての大抜擢で

あった。

　取締役会の決定を受けて，当時27歳の各務は単身ロンドンへ派遣されることになった。その後，彼は通算6年間をロンドンで過ごすことになる。渋沢をはじめ，当時の東京海上経営陣が各務に対して，果たしてどのような期待を抱いていたのかは定かではないが，日本における数少ない優良企業であった東京海上の将来は，わずか入社4年目の青年社員の双肩に託されたのだった。

　この時，各務の後任として東京海上に採用されたのが平生釟三郎である。各務と同じく，東京高等商業学校の出身で，当時は神戸商業学校の校長をしていた人物である。この二人は，1917（大正6）年，同時に東京海上の専務取締役に就任し，同社の屋台骨を支えていくことになるのである。

　ロンドンに赴任した各務は，損害率が極めて悪化していたリバプール代理店の実態究明から着手した。彼は，単に計算上より成績を眺めているだけでは，原因究明が難しいことを認識し，ロンドンにおける1890年からの引受内容を船舶と貨物とに区別して，非常に詳細な調査研究を行った。その結果，ロンドンにおけるアンダーライティング（保険契約の引受）実態が明確となったと手記で述べている。

　調査の結果，リバプール代理店のアンダーライティング能力の欠如が判明した。各務は，リバプール代理店の独断による保険引受を禁止し，ロンドン代理店のアンダーライティングによって引受の取捨選択を行う方法へ変更した。しかしながら，代理店の引受方法を変更しただけでは，イギリスにおける業績改善を達成することは難しかった。

　次に各務は，かつてロンドン代理店を委嘱していたゲラトリー商会から1890年以降の資料を借り受け，その内容を詳細に分析していった。ゲラトリー商会は，東京海上と同様，期間損益を算定する方法として現計計算方式を採用していた。各務は，ゲラトリー社の現計計算方式を年度別計算方式に変更して再作成したところ，営業開始初年度から既に損失が発生していたことが明らかになったのである。

　各務は，現計計算方式の持つ構造的欠陥を改めて認識し，年度別計算方式への変更を本社経営陣に対して強く進言していった。その結果，東京海上は

1899（明治32）年から年度別計算方式へ移行することとなったのである。年度別計算方式は，欧米諸国では既に広く普及していた会計方法であり，専門家の間では目新しいものではなかった。

　各務はロンドン滞在中に目にしたFairplay誌の記事について語っているが，それは，日本の保険会社は望ましくない計算方法を用いて，奇異なバランスシートを作成しており，保険料収入はすべて利益とし，損失は別のreserve（準備積立金）から支出している。このような計算方法を用いてイギリスにおいて営業を行った保険会社はいずれも失敗しており，日本の保険会社もこの轍を踏むであろうというものだった。当時，日本国内においても，保険会社が高配当政策を実現するために現計計算方式を採用しているという批判があったようである。

　1895年，支配人益田克徳と取締役荘田兵五郎が相次いで渡英し，各務は自ら作成した「英国保険視察報告書」に基づいて詳細な報告を行った。1896年には荘田平五郎が取締役会長に就任し，経営危機に陥った東京海上は三菱グループの一員としての色彩が濃くなっていくのである。

　この頃，保険会社に対する監督行政にも変化の兆しが見えはじめた。わが国の保険法規は，もともと商法に規定されていたが，政府部内には商法と別に単独の立法によって保険事業を監督すべきであるという意見も根強かった。1896年，法典調査会は次に示す三点について決議を行っている。(1)保険会社に関する特別法は，商法中保険に関する規定を議決した後，これを起草する。(2)特別法が制定されるまで，保険会社は相互会社を除くほか，株式会社たることを要する。(3)相互会社といえども政府の免許を必要とする。

　1898年，明治政府は共済生命支配人矢野恒太を農商務省に採用し，保険業法の作成に着手した。保険業法は1899年6月に施行されたが，従来の現計計算方式の廃止と保険契約準備金の積立制度の導入が規定され，保険会社の経営基盤強化にとって極めて有効であった。

　東京海上では，各務から提言もあり，保険業法施行に先立って年度別計算方式へ移行していたが，日本海陸保険（日本生命副社長片岡直温らによって1893年設立）のように，計算方法の改正による損失金の増加によって解散

に追い込まれた事例もあった。

　各務は，イギリスにおいて保険営業が成功する要因として，⑴会社自身の資力信用，⑵会社の有する縁故および後援者，⑶人材の三点をあげている。東京海上がロンドンでの保険営業に失敗した最大の要因は，保険引受業務を委嘱すべき代理店の選択を誤ったことにほかならないが，その理由を突き詰めれば，リバプール代理店のようなアンダーライティング能力の劣る代理店をパートナーとして選択した会社自身の責任であった。つまり，東京海上には，アンダーライティング能力のある人材が乏しかったことを意味している。

　各務は，1898（明治31）年4月に一旦帰国し，同年8月に再び渡英する。二度目の渡英目的は，東京海上ロンドン支店を閉鎖し，同社の保険営業を委嘱する有力な代理店を見出すことであった。1899年，各務は「会社営業ノ改革ニ関スル意見書」を提出し，ウィリス・フェーバー商会への代理店委嘱を提言した。同商会は，広汎なリスクを取り扱うなど保険業に関して豊かな経験があり，保険料取扱高は全英第一を誇る堅実な海上保険ブローカーだった。ロイズにも加入し，ロンドンの保険業界にも顔が広く，手数料目当てに高リスクの保険契約を引き受けるような危険性は全くなかった。

　幸いにして，同商会は東京海上との代理店契約を受諾したが，同商会とは，さらに重要な契約が締結された。それは，貨物保険の包括再保険契約である。当時，日本の損害保険会社は，包括再保険契約を持たず，外国保険会社に対して個別契約ごとに再保険を依頼しなければならない状況だった。

　保険金額の高額な契約を引き受けている場合，ひとたび事故が起こると高額の保険金を支払う可能性が生じる。損害保険は発生するか否か不確実な災害や事故に対する補償であるため，保険会社はこのような事業成績を不安定にする要因を常に抱えている。そこで，高額の保険金支払いに見舞われた場合に，どの程度までの損害であれば経営に影響がないかを判断したうえで，引き受けた保険契約上の責任の一部または全部を他の保険会社に引き受けてもらうことが必要となる。この保険契約が再保険であり，再保険は保険会社が安定した経営を行っていくうえで，大きな役割を果たしているのである。海上保険の中心地であるロンドンで再保険ルートを確保したことが，この

後，東京海上が飛躍する礎となったのである。

3. 各務鎌吉の経営思想

　1917（大正6）年，専務取締役に就任した各務は，1922年明治火災保険会長，1925年三菱海上火災保険会長，東京海上火災保険会長，1927（昭和元）年三菱信託初代会長，1929年日本郵船社長，1935年日本郵船会長など三菱財閥企業の経営トップを歴任した。

　また，1930年には勅撰で貴族院議員となり，大蔵大臣井上準之助が進めていた金解禁には反対の立場を取った。その後，日本銀行参与・大蔵省顧問などを歴任して財界の第一人者として活躍した。

　1939（昭和14）年5月，各務は東京海上取締役会長として71歳の生涯を閉じる。1891年の入社以来，48年の長きにわたり東京海上の歴史と共に歩んできた各務の生涯は，わが国損害保険の歴史そのものであると言っても過言ではない。東京海上を退社後，その活動領域を政財界へと拡大していった平生釟三郎とは極めて対照的に，あくまで東京海上一筋の企業家人生を歩んだのである。

　福地桃介は各務について，俗人受けは悪いが，会社のため株主のためにはまたとない忠実な公僕であると評している。各務は，何の縁故もなく東京海上に入社し，一社員から会長までに登りつめた典型的なサラリーマン重役である。その意味では，実務の人，実力主義の人と言ってもよいであろう。各務の訃報がロンドンに伝わると，「ザ・タイムズ」紙はその死を悼み記事（1939年6月2日）を掲載した。その大意は以下のとおりである。

　「各務鎌吉氏は，稀に見る判断，先見の明，知力に絶大なる努力，勇気，忍耐が統合され，いずれの国にあっても，また，人生のいずれの場合においても，誠に卓越した人物であった。各務氏は5年間におよぶロンドン滞在を通して，ロンドンの保険市場における保険者の高い道徳性，慎重な行動から深く影響を受け，以来，東京海上保険会社のアンダーライターとして，顕著な成功をおさめた。各務氏は，一生を通じて清廉・公正・深慮という行動理念と如何なる取引においても双方に満足を与えるとう経営理念を堅持した。」

各務は,「ザ・タイムズ」紙が紙上でその死を伝えた唯一の日本人であり,戦前は東郷平八郎と昭和天皇に次いで,アメリカの「TIME」誌の表紙を飾った人物でもあった。これらの事実からも,海外における各務に対する評価の高さを窺い知ることができる。

　東京海上における人材育成において,各務は「信用」の重要性を説いている。各務は信用が保険会社の事業の基礎であり,信用は会社の資産の多寡によるものではなく,社員の人格および行動に多大の関係があると述べている。また,商業上の信用は無形財産であるが,有形財産の蓄積は無形財産から生み出された結果であり,経営者は社会からの信用を獲得するために,最上の努力をすべきであると主張している。最近,保険金不払いなど,損害保険会社を巡る不祥事が後を絶たないが,経営者は各務の言葉をいま一度よく噛み締め,保険事業の原点に立ち戻る必要があるのではなかろうか。

表1　東京海上の業績

(単位:円)

期　間		総保険料	正味収支残	利益金	株主配当率	次季繰越金
1879年	8〜12月	9,777	7,006	21,252	6.0%	277
1882年	1〜6月	28,214	9,864	51,719	11.0%	1,684
	7〜12月	42,346	▲50,351	67,404	10.0%	429
1885年	1〜6月	28,872	▲32,637	49,672	9.0%	37
	7〜12月	44,262	19,285	57,307	9.0%	51
1888年	1〜6月	40,208	32,816	62,526	10.0%	3,083
	7〜12月	56,444	28,263	78,234	11.0%	4,188
1891年	1〜6月	155,410	101,034	172,620	15.0%	19,926
	7〜12月	254,297	97,277	265,705	16.0%	27,933
1894年	1〜6月	643,421	▲185,512	307,035	16.0%	247,465
	7〜12月	637,248	53,642	92,195	12.0%	50,895
1895年	1〜6月	554,042	▲221,885	50,430	10.0%	16,630
	7〜12月	569,704	▲78,561	10,212	−	7,212
1896年	1〜6月	512,747	▲136,424	▲30,273	−	−
	7〜12月	413,000	▲212,465	▲81,212	−	−
1897年	1〜6月	663,595	63,313	0	−	−
	7〜12月	760,597	112,827	18,414	−	13,975
1898年	1〜6月	1,883,302	▲53,875	138,764 [74,402]	−	128,914 [74,402]
	7〜12月					
1899年	1〜12月	1,422,163	82,113	[58,379]	−	[50,879]
1900年	1〜12月	1,160,917	▲22,239	55,103	10.0%	7,721
1902年	1〜12月	1,502,774	317,744	106,172	12.0%	49,884
1904年	1〜12月	2,452,217	925,923	170,800	15.0%	98,912
1906年	1〜12月	3,091,237	871,394	303,072	24.0%	16,197
1908年	1〜12月	2,482,153	400,049	447,282	40.0%	40,782
1910年	1〜12月	2,707,139	759,801	1,027,755	40.0%	222,339

注:1898年および1899年は利益処分せず。
出所:日本経営史研究所編［1979］より作成。

矢 野 恒 太
—相互主義による生命保険事業の確立者

矢野恒太　略年譜

1865(慶応元)年	0歳	岡山県上道郡角山村竹原（現在の岡山市）で生まれる
1878(明治11)年	13歳	岡山医学教場（現岡山大学医学部）入学
1880(明治13)年	15歳	東京帝国大学医学部予備科へ編入
1883(明治16)年	18歳	岡山県医学校（岡山医学教場から改称）再入学
1889(明治22)年	24歳	第三高等中学校医学部卒業，日本生命保険会社入社
1892(明治25)年	27歳	日本生命退社
1893(明治26)年	28歳	「非射利主義生命保険会社設立を望む」発表
1894(明治27)年	29歳	安田善次郎の要請で共済生命合資会社支配人に就任
1898(明治31)年	33歳	共済生命を退社し，農商務省にて保険業法を起草
1902(明治35)年	37歳	第一生命設立，専務取締役に就任
1915(大正4)年	50歳	第一生命社長に就任
1938(昭和13)年	73歳	第一生命会長に就任
1951(昭和26)年	86歳	死去

(年齢＝満年齢)

1. 日本生命への入社まで

　わが国最初の相互会社方式による生命保険会社を設立する矢野恒太は，1865（慶応元）年，岡山県上道郡上道町（現在の岡山市）の貧しい開業医矢野三益の一人息子として生まれる。

　1873（明治6）年，近隣に設立された小学校に就学し，前年に出版された福沢諭吉の『学問のすすめ』の素読を学んだ。また，小学校に通うかたわら，1876年から星島良平塾にて漢文を学んでいる。後年，矢野は『ポケット論語』を出版するが，漢文の素養は幼年時代に養われた。

　小学校卒業後，しばらく小学校の助教をつとめていたが，1878年，12歳で家業を継ぐべく岡山医学教場（岡山大学医学部の前身）へ入学した。1880年，矢野は学校や両親にも了解をえることなく無断で上京し同教場を退学してしまう。退学理由について，矢野は終生，その真相を語ることはなかった。

　上京した矢野は，郷里の先輩の世話になりながら受験勉強のため東京独乙語学校に入学した。半年後，無事，東京帝国大学医学部予科に合格することができた。しかし，折角入学したのも束の間，東京帝国大学を中途退学して帰郷し，1883年，再び郷里の岡山県医学校（岡山医学教場から独立）に入学した。矢野の在学中，同校は第三高等中学校の医学部へ編入・改組された。1889年12月，24歳の矢野はようやく同校を卒業し，医者としてのスタートラインに立ったのである。

2. 日本生命の保険医時代

　1889年，第三高等中学校医学部（岡山県医学校が改組）を卒業した矢野は，恩師である清野勇を頼って大阪に上った。矢野は，数年間，他郷において医者としての修行を積む決心をしていた。清野は，大阪府医学校長に在職のまま，日本生命の顧問医を勤めていた。

　当時，日本生命は社医の募集を行っていたが，清野の勧めもあって，矢野

は日本生命への入社を決意した。日本生命へ入社するまで，保険医はもとより，生命保険に関する知識はほとんど持っていなかった。

探究心豊かな矢野は，保険医として職務に精励する傍ら，保険制度の研究を始めている。また，営業社員との同行も積極的にこなし，生命保険の仕組みや顧客ニーズについて精通していった。

入社3年目の1892（明治25）年，矢野は本支社医員総代として契約高500万円記念祝典において祝辞を述べるまでになった。一方で，保険医は社内で冷遇されており，保険医のストライキが発生しかねないという状況に直面した。

矢野は，保険医代表として待遇改善を求めて，日本生命副社長の片岡直温と交渉を行った。会社も待遇改善を約束し事態は収束へ向かったが，矢野は保険医の職を辞する覚悟を固めていた。会社からの再三にわたる慰留があったものの，矢野の決意は変わらなかった。

しかし，1892年12月，会社は態度を翻し，矢野に対して解職辞令と退職金手当を送付してきた。もともと会社を辞するつもりであったが，片岡から解雇同然の扱いを受けたことに対し，矢野は大いに憤慨した。

片岡のへの感情的反発は激しく，矢野は帰郷して家業を継ぐことを捨て，ひたすら保険事業の研究へ専心する決意を固めた。日本生命を退職した翌年，矢野は在職中の研究成果をまとめて『新案生命保険規則』を出版している。

3. 第一生命相互会社設立への途

(1) 黎明期の生命保険

わが国における本格的な生命保険会社の歴史は，1881年に設立された有限明治生命保険会社（明治安田生命相互会社の前身）から始まる。近代的保険制度を日本に伝えたのは福沢諭吉である。1867（慶応3）年，福沢は著書『西洋旅案内』において火災保険，海上保険とともに生命保険について紹介している。慶応義塾においても保険に関する講義は早くから取り入れられ，福沢門下を中心に生命保険会社設立の機運が高まっていった。その中には，

東京海上の取締役として活躍した荘田平五郎も含まれていた。

1880年，荘田平五郎は，福沢門下の小泉信吉や阿部泰蔵らの強力を得て，東京生命保険会社創起見込書を起草している。この構想がベースとなって，阿部泰蔵を頭取とする株式会社組織の明治生命保険会社が設立されたのであった。このように，わが国の近代的生命保険会社は相互会社ではなく株式会社として誕生したのである。

明治生命が設立される2年前の1879年，相互会社による生命保険会社の設立が計画されていたことは，今日あまり知られていない。わが国で相互会社による生命保険会社は，1902年，矢野によって設立された第一生命を嚆矢とするが，第一生命設立の約20年前に，若山儀一によって計画された日東保生会社があった。

若山儀一は，1840（天保11）年に医師の子として江戸に生まれた。緒方洪庵の下で学んだあと，岩倉遣外使節に随行した後，欧米にとどまって財政問題の研究を続けた。帰国後いったん大蔵省に勤務するが，1877（明治10）年大蔵省を辞して，日東保生会社の設立を目指したのであった。

日東保生会社は，若山が岩倉遣外使節に随行した際に知ったアメリカの相互保険会社をモデルとしたもので，1880年9月に認可を受けている。若山は，安田善次郎に対して，株式会社の資本金にあたる基金への出資を要請したが，安田が相互会社をよく理解出来なかったことが災いして出資を拒絶されている。そのため，当初から資金難に見舞われ，さらに開業までに獲得する予定であった社員（契約者）100名の募集にも失敗して，結局開業に至らないまま解散したのだった。

明治20年代になると，帝国生命（朝日生命の前身）と日本生命が相次いで設立された。これらも明治生命と同じく株式会社組織を採っており，この3社が日本における黎明期の生命保険業界をリードしていくことになる。

(2) 相互主義との出会い

日本生命を退社した矢野は，1893年に生命保険に関する論文16編を執筆している。その中でも特に注目すべきは，「相互生命保険会社」（日本商業雑誌1893年8月），「本邦生命保険事業の欠点」（東京経済雑誌1893年7〜10

月），「非射利主義生命保険会社設立を望む」（自費出版1893年11月）の3編である。

「相互生命保険会社」では，相互会社が誕生してから外国の株式生命保険会社はすべて混合組織となったが，国民に対して保険事業の何たるかを知らしめたのは相互会社の賜物であるとし，株式会社および相互会社を通じて最良の保険会社はドイツのゴータ生命保険相互会社であると述べている。矢野は，後にゴータ相互会社に留学し，相互主義に基づく生命保険経営の実際を学ぶことになる。

「本邦生命保険事業の欠点」は田口卯吉が主宰する東京経済雑誌に掲載された論文であり，その中で当時保険料の算出根拠データとして使用されていた死亡表の欠点を指摘するとともに，非射利主義の保険会社がないことを指摘している。

そして，一連の論文の集大成として執筆された「非射利主義生命保険会社設立を望む」では，わが国で設立された生命保険会社は悉く射利主義によって組織された株式会社であり，株主が利益を得るために人々から生命保険を請け負うものであるが，非射利主義による相互会社は，その営業方法が少しも株式会社と異ならないにもかかわらず，株主への配当が不要なため保険料を低廉に抑えることができ，破産の恐れもほとんど無いと，相互会社による生命保険経営の優位性を主張している。

矢野の論文は，当時，共済五百名社（1880年創設）を経営していた安田善次郎の注目するところとなった。矢野は相互主義に基づく保険事業の実施を提案した。安田が矢野の説く相互主義をどこまで理解したのかについては疑問が残るが，1894（明治27）年，矢野の進言を受け入れて共済五百名社を解散し，共済生命保険合資会社へと改組している。矢野は同社の支配人に就任し，営業部門を統括することとなった。

1893年，安田は国内初の火災保険会社である東京火災（安田火災の前身，現在の損害保険ジャパン）を傘下に収め，また，新たに帝国海上を設立していた。当時の安田は資本家経営者として，当然ながら営利主義による損害保険会社と生命保険会社の経営によって，新たなビジネスチャンスの獲得を企図していた。そのため，あくまで非営利の相互会社形態にこだわる矢野との

間には相容れない部分が存在していたことも事実である。

1895年，矢野は安田の了解を得て外遊している。目的はドイツのゴータ生命保険相互会社であった。同社は，ドイツにおける最初の生命保険会社であり，指導的な生命保険会社として，国内外の信用は絶大なものがあった。同社の考える相互主義の利点とは次のような内容であった。

相互会社が社員（＝保険契約者）に対して，すべての剰余金を分配するということは，競争を通じて契約者に利益金の大部分を支払うことを余儀なくされる過程で，ある程度までは株式会社に模倣されてきた。しかし，相互会社においては，契約者と利益配権者との利害対立がないこと，すなわち，相互会社の社員（＝保険契約者）は排他的にすべての剰余金を受け取る権利があるが，その一点において相互会社は株式会社よりも優れているのである。1895年12月から約1年間にわたるゴータで留学生活は，相互主義による生命保険経営に対する確信をますます深めるものとなった。

さらに，帰国の途中に立ち寄ったイギリスでは，1762年に設立されたエクィタブル社（Equitable Life Assurance Society）の営業方針に魅了されている。同社は保険募集に必要不可欠と考えられていた代理店を一切置かない方針を採っており，その結果，代理店に支払う募集手数料が不要となるため経費率は低い水準にとどまっていたのであった。

同社の経営方針から強い影響を受けた矢野は，営業手段としての代理店を置かず，保険契約を引き受ける際のアンダーライティングを厳重にする方向へと考え方を改めた。帰国後，矢野は共済生命において相互主義を実践するための施策を立案していくが，保険事業で得た利益を契約者に還元するよりも安田財閥の事業へ充当すべきであると考える幹部との間に齟齬が生じ，1898（明治31）年6月，共済生命を退社したのであった。

(3) 保険業法の起草

1893〜97年に設立された生命保険会社は30社を超え，さらに，生命保険類似会社や組合が全国的に数多く誕生し，まさに生命保険乱立時代の様相を呈していた。しかし，その多くは明治生命や日本生命の成功に刺激された人々によって設立されたもので，実態は非科学的手法に基づく弱体企業で

あった。

　これらの泡沫保険会社が生命保険事業の発達に少なからぬ弊害をもたらしたのも事実であり，明治政府も保険会社を監督する必要性を認識し，1898年8月，農商務省令を公布して取り締まりを強化した。

　共済生命を退職した矢野は，ドイツ留学時代に知己を得た東京帝国大学法科教授の岡野敬次郎に就職の斡旋を依頼していた。当時，岡野は農商務省参事官を兼務し，保険業法の法案起草を担当していた。矢野は岡野の推薦で同省に採用され，商工課に籍をおいて保険業法起草業務に従事することとなった。

　1899年，法典調査会補助委員を命じられ，前述の岡野をはじめ，梅謙次郎，田部芳両博士らと法案策定に取り組んだ。矢野は，実務家の立場から保険経営や実務知識に関する意見具申を行った。

　矢野らが起草した保険業法では，① 生命保険会社を経営するためには主務官庁の免許が必要，② 保険会社は株式会社または相互会社に限る，③ 保険会社は他の事業を兼営できないと規定されていた。

　保険業法は，1900年7月に公布され，生命保険会社に対する監督が強化されるとともに，経営基盤の脆弱な保険会社の整理や生命保険類似会社の取締りが進んだ。

　矢野は保険業法が成立した時点で退官し，相互主義に基づく生命保険会社を設立しようと秘かに決意していた。しかし，保険実務に通じた人材が少なかったことから，そのまま同省に残ることとなり，初代保険課長（1900年7月〜1901年12月）を命じられた。保険課長就任後の1年間，彼は全国の生命保険会社および損害保険会社の検査を行い，検査結果の芳しくない会社に対しては，新契約の停止や財産の整理命令を下した。

　矢野が実施した一連の検査によって，かつて矢野を解雇同然の形で追放した日本生命の片岡直温が社長を努める日本海陸保険会社の経営不良が発覚した。矢野の指摘を受け，同社は解散に追い込まれることとなった。

　保険業法の施行によって，相互会社形態による生命保険会社の設立が可能となったものの，新会社はなかなか現れなかった。かつて，矢野が係わった安田善次郎の経営する共済生命合資会社は，相互会社への転換が有力視され

ていたにもかかわらず，保険業法の施行によって相互会社への転換が可能となった年に株式会社組織へ改組された。矢野の唱えた相互主義の理念は，安田には十分理解されていなかったのである。

株式会社は会社が存続し，業績が安定していれば株主配当の受け取りを長期的に期待することができ，場合によっては増資というメリットもある。一方，相互会社の基金への出資は，基金配当率が事前に決められていることや株式会社のような増資メリットもないこと，さらには剰余金によって出資金が逐次償還されることなどから，資本家の立場からみると株式会社に比べて相互会社は相対的な魅力に欠けると考えられていたのであった。

(4) 第一生命相互会社の設立

農商務省を退官した矢野は，1901（明治34）年，中外商業新報に「相互保険会社首唱之辞」を発表して相互主義による生命保険会社の設立に本格的に着手した。社名は，わが国で最初の相互会社であることから，第一生命相互会社と名付けられた。新会社の基金は20万円（払込は4分の1の5万円）とし，保険業法の基準である予定社員100名の勧誘を行った。

当初，相互会社の理念がなかなか理解されず，出資者を獲得することは困難を極めた。矢野の苦境をみかねた岡野は，第百銀行取締役支配人の池田謙三を紹介する。池田は矢野の申し出を受諾し，池田の紹介によって原六郎（横浜正金銀行頭取），森村市左衛門（森村財閥創始者），服部金太郎（服部時計店創業者），住友吉左衛門（住友家当主）が出資者に加わったことによって第一生命に対する信用が一気に高まったのである。

1902年9月，創立総会が開催され，社長に柳沢保恵伯爵（柳沢吉保の末裔で，貴族院議員，東京市会議長などを歴任し当時を代表する知識人の一人），専務取締役に矢野が就任した。ついに矢野は，相互主義に代表される自身の保険思想を実践する場を得たのである。創立総会後，10月から本格的に営業活動を開始した同社の募集方法も他の生命保険会社とは大きく異なっていた。当時は，代理店や外務員を媒介とする保険募集が一般的であった。地方の名士に代理店を委嘱し，その名士を通じて村々の人々に生命保険を斡旋するという方式が採られていた。

代理店には，手数料として生命保険料の5％程度が支払われていた。また，地方の名士に代理店を委嘱したため，代理店に対する接待等の営業経費の負担も少なくなかった。勿論，こうした手数料や営業経費は，加入者が支払う保険料に上乗せされる訳であるが，矢野は，如何なる場合でも加入者に保険料以外の負担をさせないという方針を持ち，それを第一生命の特長の一つに取り入れたのである。

　矢野は契約募集のための経費を極力節約するために，代理店や外務員を用いない方針を固めた。つまり，成功報酬や紹介手数料で新契約を獲得しないことを明瞭に示したのである。こうした矢野の営業方針によって，第一生命の業績の進展は極めて遅々としていた。同社の保険契約が1000万円に達したのは，創立7年後の1909（明治42）年である。これとは対照的だったのが，第一生命の2年後に設立された千代田生命であった。同社は代理店制度を積極的に取り入れ，開業2年後の1906年には保有契約が1000万円に達し，さらに1908年には2000万円を突破していた。

　保険募集の高コスト体質からの脱却と効率経営に向けた矢野の努力の結果，第一生命は，第1回目の決算から僅かではあるが剰余金を出すことができた。さらに，1906年には第1回目の社員配当金として既払込保険料に対して3分の配当を実施している。同社の定款第42条は「社員配当は会社において其総額を保管し3年の後尚社員たる者にのみ配当す」と規定されていたが，矢野はこの約束を充実に履行したのであった。業界では，第一生命に対抗するため，株式会社組織の生命保険会社であっても利益金の配当を実施する動きが常態化していったのである。

4．矢野恒太の経営思想

　1915（大正4）年，柳沢保恵社長の辞任により，矢野は第二代社長に就任し，名実ともに同社の経営者となる。また，同年9月，逓信省為替郵貯局課長をつとめていた石坂泰三（後の第三代社長，経団連会長）が秘書役として入社した。矢野は，重役への人材登用について独特な考え方を持っており，1930（昭和5）年，東洋経済新報に掲載された「我社の経営方針」において

も，使用人は役員に登用しないと明言していた。

　矢野は，銀行や他の保険会社が使用人から役員を抜擢していることについて，それは人材登用ではなく年功序列による論功行賞として役員になっているに過ぎないと批判し，生命保険会社は，人的信用が事業の基盤をなすものであり，社外から絶対の信用を置かれるような人材でなければ，役員たる資格がないと主張している。

　役員に関しては年功序列的人事を排除し，徹底した能力主義を採る矢野の厳しさの背景には，相互主義を標榜し契約者に最大の満足感を提供すること，さらに，わが国最初の相互会社を決して失敗させないという固い信念が秘められていたと考えられる。

　1938（昭和13）年，石坂は第一生命社長に就任し同社を中堅生保から大規模生保に成長させたが，第二次世界大戦後，改正公職追放令施行前に矢野とともに同社を去った。その後，石坂は東京芝浦電気社長，経団連第二代会長を歴任するが，このことからも矢野の人物評価が確かであったことを窺い知ることができる。石坂の退任後，第一生命社長に就任したのは，矢野の長男一郎である。

　矢野は，保険事業のみならず統計や社会教育などにも積極的に取り組み，『金利精覧』，『ポケット論語』，『日本国勢図会』ほか多くの著作を残している。特に1927年に著した『日本国勢図会』は，矢野の青少年教育への思いを具体化したものである。初版序文には「編者が若し教育家であって，幾人かの青年を預かったなら，本書に書いたことだけは何科の生徒にでも教えたいと思うことである」と記している。同書は，1927年の創刊以来，学校関係者や一般社会人を中心に産業経済の現況を知るための得がたいデータ集として広く利用されている。

　安田善次郎に請われて入社した共済生命保険においても，日本人の死亡率を基礎にした死亡表（矢野氏第一表）を自ら作成するなど，矢野は数字や統計に対する強い関心を持っていた。第一生命の決算報告書も詳細を極めていたが，これも経営の実態を数字によってすべて開示するという矢野の信念から生まれたものであった。統計的な分析に基づく合理的な経営と相互主義を基盤とした顧客第一主義が矢野の生命保険事業の根幹を支えていたといえよ

う。
　矢野は企業経営に成功するための要素として，「事業計画の科学的妥当性」と「信用の重要性」をあげている。日本人は，事業を興すにあたって成功を急ぎすぎる傾向が強いと批判し，事業計画があらゆる状況を包含した緻密な計算の上に立案されているか否かが重要であると指摘している。一方，信用については，第一生命が社会から信用を獲得するのに十数年の歳月を要した経験を踏まえ，企業家は事業の根本である信用を獲得するまでに一定期間を要することを念頭において，事業を進めなければならないと述べている。
　第一生命会長職を退いた5年後の1951年，矢野は家族に見守られながら87歳の生涯を閉じた。

表2　大正期・主要生命保険会社の業績

(単位：万円)

年度	第一生命 順位	第一生命 保有契約高	1位 会社名	1位 保有契約高	2位 会社名	2位 保有契約高	3位 会社名	3位 保有契約高	4位 会社名	4位 保有契約高
1912年	12位	2,276	日本生命	11,259	明治生命	9,489	帝国生命	9,245	千代田生命	5,233
1913年	14位	2,778	日本生命	13,219	帝国生命	10,567	明治生命	10,432	千代田生命	6,058
1914年	13位	3,101	日本生命	14,158	明治生命	11,043	帝国生命	11,030	千代田生命	6,426
1915年	13位	3,213	日本生命	14,324	明治生命	10,923	帝国生命	10,155	千代田生命	6,457
1916年	12位	3,527	日本生命	15,221	明治生命	11,343	帝国生命	10,906	千代田生命	7,059
1917年	11位	4,134	日本生命	16,986	帝国生命	12,908	明治生命	12,887	千代田生命	8,594
1918年	11位	5,162	日本生命	20,938	帝国生命	15,604	明治生命	14,338	千代田生命	11,001
1919年	9位	7,059	日本生命	27,420	帝国生命	20,267	明治生命	16,724	千代田生命	13,866
1920年	9位	9,724	日本生命	32,280	帝国生命	22,903	明治生命	19,016	千代田生命	16,564
1921年	7位	12,560	日本生命	36,522	帝国生命	24,686	明治生命	21,083	千代田生命	19,285
1922年	5位	15,989	日本生命	41,206	帝国生命	26,802	明治生命	25,317	千代田生命	23,030
1923年	5位	19,513	日本生命	45,782	明治生命	29,552	帝国生命	28,680	千代田生命	26,471
1924年	5位	23,454	日本生命	51,636	明治生命	35,085	帝国生命	31,293	千代田生命	60,411
1925年	5位	29,755	日本生命	56,232	明治生命	41,355	千代田生命	37,226	帝国生命	34,813
1926年	5位	36,770	日本生命	60,054	明治生命	48,009	千代田生命	45,246	帝国生命	36,900

出所：第一生命保険［1987］より作成。

おわりに

　本章では，損害保険と生命保険それぞれのフィールドで，わが国の保険事業の基盤を築いた各務鎌吉と矢野恒太のケースを検討してきた。両者に共通

するのは，①データ（数字）に基づいた客観的・合理的な意思決定，②利益の追求ではなく保険事業の社会的責任を基盤とした事業活動，③企業活動の根本理念としての信用重視の三点である。

各務は，過去の保険引受および保険金支払データを綿密に分析することによって，経営不振の原因を究明し，近代的な会計方式の導入によって東京海上を経営危機から救った。彼にとって，データから読み取れる事実こそが経営判断の拠りどころであった。一方，矢野も当時としては一般的だった外国の死亡表に基づく保険料の算出を避け，自ら作成した日本人の死亡表に基づく保険料体系を構築し，『日本国勢図会』の出版にみられるように，統計データの整備にも心血を注いでいる。

保険事業の社会的責任についての認識は，各務の場合はアンダーライティングの姿勢に端的に現れていた。リスクとそこから予想される損害の分析が不十分であれば，顧客から過大な保険料を徴収してしまったり，その反対に顧客の被る損害に対して不十分な補償しかできない事態が発生する危険性がある。彼は損害保険事業が社会経済システムと極めて密接に結びついていると考え，共同救済機関としての責務は，適正なアンダーライティングによってのみ果たされることを強く認識していた。

矢野の場合は，相互主義による保険会社の運営こそが保険事業者としての社会的責任を果たすことであった。矢野は，株式会社も相互会社と同様に保険契約者は大切であるが，経営者は資本金の出資者である株主の利益を第一に考える傾向が強いという株式会社が宿命的に持っている要素を指摘し，顧客の立場からみた相互会社の優位性を主張している。

今日，企業の社会的責任（CSR : Corporate Social Responsibility）に関心が集まっているが，その中心的論点は，企業は誰のためのものであるかという点である。議論の流れは，過度に収益を追求する株主中心主義によって，さまざまな企業不祥事が発生したことへの反省を踏まえて，企業はあらゆる利害関係者のために存在しているというステークホルダー主義へと移りつつある。株式会社の持つ構造的要因を危惧した矢野が選択した相互主義思想は，このステークホルダー主義に近い考え方であるといえよう。

最後に信用についてであるが，各務と矢野は信用こそが保険事業の根本で

あると述べている。一般社会からの信用を獲得するには多大の時間を要するが，両者とも信用という無形財産の上に収益という有形財産が築かれることを説いている。信用の基盤は経営者および社員の行動から生み出されるものであり，保険会社としての信用を獲得するためには最大の努力を惜しんではならないのである。

2005（平成17）年に発覚した保険会社の保険金不払い問題は，依然として解決の目処が立っていない。第一生命の保険金不払い額の合計は100億円を超える見通しである。一方，東京海上は2005年度からの保険金の不払い等を理由に，2007年3月14日付で，金融庁より一部業務停止命令を受けている。

各務と矢野は今日の保険業界の不祥事について，どのような感想を抱いたであろうか。保険事業に携わる者は，各務や矢野が示した保険事業の原点に立ち返り，失われた信用を回復するために最大限の努力を傾注すべきであろう。

1970（昭和45）年，日本の保険事業の発展を牽引した各務と矢野は，奇しくも同時に国際保険殿堂入りを果たす。国際保険殿堂は保険事業の発展に顕著な貢献をした者の栄誉を讃えることを目的としているが，日本人の殿堂入りは両者が初めてだった。

参考文献

○テーマについて
 日本保険新聞社編［1968］『日本保険業史』日本保険新聞社。
 保険評論社編［1973］『日本保険名鑑』日本保険評論社。
 保険研究所編［1982］『日本保険業史（総説編）（会社編上・下）』保険研究所。
 小林惟司［1991］『保険思想家列伝』保険毎日新聞社。
 日本経済新聞社編［2001］『20世紀　日本の経済人Ⅱ』（日経ビジネス文庫）日本経済新聞社。
 小林惟司［2005］『保険思想と経営理念』千倉書房。
 保険研究所編『インシュアランス損害保険統計号』（各年度）。
 保険研究所編『インシュアランス生命保険統計号』（各年度）。

○各務鎌吉について
 宇野木忠［1940］『各務鎌吉』昭和書房。
 鈴木祥枝［1949］『各務鎌吉君を偲ぶ』各務記念財団。
 各務鎌吉述，稲垣末三郎編［1951］「各務氏の手記」と「滞英中の報告及び意見書」東京海上火災保険。

岩井良太郎［1955］『各務鎌吉伝　加藤武男伝』（日本財界人物伝全集第九巻）東洋書館。
日本経営史研究所編［1979］『東京海上火災保険株式会社百年史』東京海上火災保険。
小島直記［1987］『東京海上ロンドン支店』（小島直記伝記文学全集第 8 巻）中央公論社。
福地桃介［1990］『財界人物我観』（経済人叢書）図書出版社。
TIME 編集部［1997］『TIME でみる日本の素顔』洋販出版。
小島英記［2006］「十一話　各務鎌吉」『男の晩節』日本経済新聞社。

○矢野恒太について
矢野恒太記念会編［1957］『矢野恒太伝』矢野恒太記念会。
稲宮又吉［1962］『矢野恒太』（一人一業伝）時事通信社。
矢野恒太［1965］『一言集』矢野恒太記念会。
第一生命編［1982］『相互主義の由来記（附ゴータ物語）』第一生命相互社。
山下友信監修［1988］『相互会社法の現代的課題』矢野恒太記念会。
第一生命保険相互会社編・刊［1987］『第一生命八十五年史』。

3 民間鉄鋼企業を先導した企業家活動

白石元治郎と田宮嘉右衛門

はじめに

　日本は明治維新以後，欧米諸国に遅れて，本格的な工業化を開始した。そして綿業・絹業などの軽工業部門では多くの企業家が欧米の技術を取り入れ，あるいはこれに様々な工夫をこらして明治末年までには，国内市場において輸入品に勝利し，さらに海外市場にまで進出していた。しかし，鉄鋼業などの重工業部門では輸入品に対抗することは困難であった。

　鉄鋼業は典型的な装置産業でスケールメリットが発揮される産業である。欧米先進諸国ではすでに19世紀末に大規模な銑鋼一貫生産による大量生産体制が発達していたから，低コスト，高品質の鋼材を大量に世界中に輸出していた。価格・品質両面でこれと対抗するためには，銑鋼一貫生産体制による大量生産の製鉄所を建設することが必要であった。しかしこのためには巨額の資本と高度な技術が必要であり，また大量生産された鋼材を消費する国内市場が必要であったが，当時の日本ではこれらはいずれも貧弱であったため，民間における鉄鋼産業が未成熟なままだった。

　しかし，やがて日本でも産業化が進んで，鉄鋼需要がしだいに増大した。また軍事上の必要から鉄鋼自給の要請もあって，明治政府は，国家の財政力をもって銑鋼一貫製鉄所である官営八幡製鉄所を建設し，1901（明治34）年に操業を開始した。またこれ以前から陸海軍の軍工廠でも鋳鍛鋼品を中心とする鋼材生産は開始されていた。

　そしてやがて，明治末年から大正初年にかけて，民間でもこの困難な事業にリスクを覚悟で挑戦する企業家たちが現れはじめた。本章ではこの中から，日本鋼管（現在は川崎製鉄と合併してJFEスチール）と神戸製鋼所の創立から第二次世界大戦の終結時まで，その先頭に立ってきた白石元治郎と田宮嘉右衛門に焦点をあてる。彼らがいかにして，貧弱な資本力，未熟な技術，狭い市場といった上記の制約条件を克服して民間鉄鋼企業を確立したのかを明らかにしたい。

白石元治郎
—日本鋼管の創業者

白石元治郎　略年譜

年	年齢	事項
1867(慶応3)年	0歳	榊原藩の下級武士・前山孫九郎次男として出生
1882(明治15)年	15歳	伯父・白石武兵衛の養子として入籍
1892(明治25)年	25歳	東京帝国大学法科大学校英法科卒業，浅野商店入社
1895(明治28)年	28歳	浅野総一郎次女萬子と結婚
1896(明治29)年	29歳	浅野が東洋汽船創設，白石は支配人に就任
1903(明治36)年	36歳	東洋汽船取締役（常勤）就任
1910(明治43)年	43歳	東洋汽船非常勤に
1912(明治45)年	45歳	日本鋼管創設，社長就任
1921(大正10)年	54歳	日本鋼管副社長に，社長に大川平三郎就任
1933(昭和8)年	66歳	日本製鉄不参加を表明，高炉建設認可申請書を提出
1936(昭和11)年	69歳	トーマス転炉建設を決定
1937(昭和12)年	70歳	日本鋼管社長に就任
1940(昭和15)年	73歳	鶴見製鉄造船を合併
1942(昭和17)年	75歳	日本鋼管会長に就任，社長に浅野良三（総一郎次男）就任
1945(昭和20)年	78歳	死去

（年齢＝満年齢）

1. 日本鋼管の創業と白石

(1) 浅野商店，東洋汽船時代の白石

　白石元治郎は 1867（慶応 3）年，越後榊原藩の下層武士・前山孫九郎の次男として生まれ，82（明治 15）年に伯父・白石武兵衛の養子となった。実父，養父ともに事業に失敗したため白石は学費にも困るが，当時在籍していた共立学舎の教師であった高橋是清らに助けられて，東京帝国大学法科大学英法科に進学，92 年に卒業した。少年期からの希望であった実業界入りを志し，穂積陳重教授，渋沢栄一を通して，浅野総一郎に紹介され，同年 8 月，浅野商店初の学卒者として入社した。

　白石は浅野の信頼を得て，入社 1 年半の 1894 年に浅野商店石油部支配人となった。また，翌年には浅野の次女萬子との縁談が渋沢を通じてもちこまれた。白石は「富豪の付馬となるのは好まない」と意地を見せたが，学生時代の恩師・高橋是清に結婚は本人どうしの問題だと説得されて結婚した。

　浅野は 1896 年に，海外航路進出を意図して渋沢や大倉喜八郎，安田善次郎らの協力を得て，東洋汽船株式会社を設立した。浅野が社長となり，白石が当初は支配人，1903 年からは常勤の取締役兼支配人となり，積極的に事業を展開した。浅野と白石は北米航路開設に成功したが，白石は同航路の競争会社・米パシフィック・メール社に負けない 1 万 3 千トン級の巨船建造を浅野に提言し，巨額の建造費に逡巡する浅野を説得して建造させた。また，白石の発案により南米航路にも乗り出した。

　しかし巨船建造費の負担は大きかった。南米航路も様々な困難にあって経営を圧迫した。1909 年は上期，下期ともに赤字を出し，優先株まで無配となった。長期的に見ればともに同社の発展に貢献するが，短期的には経営を危機に追い込んだのである。10 年 3 月の株主総会で株主の追求に対し，浅野は私財を投じてでも業績を回復させると約束した。そして，副社長の塚原周造は退任，白石は常勤を降り，大川平三郎が副社長に，井坂孝が常勤の取締役に就任した。

(2) 日本鋼管の創立

　1908（明治41）年，政商的企業家として多くの事業を手がけていた大倉喜八郎が鋼管製造会社の設立を構想した。1901年に操業を開始した官営八幡製鉄所は多くの圧延鋼材品種を製造していたが，鋼管の製造は行っていなかった。当時，増大しつつあった鋼管需要はすべて輸入に依存していたため，大倉は新規参入の可能性を見出したのである。

　大倉は八幡製鉄所に協力を求め，今泉嘉一郎が技術面で協力することとなった。今泉は東京帝国大学で冶金学を学び，農商務省に入って八幡製鉄所の創立に参画し，製鋼部長として製鋼工場のスムーズな立ち上げを実現した人物である。かねてから鉄鋼業が民間において発達しなければならないというのが今泉の主張であった。今泉は1910年4月に八幡製鉄所を退官して大倉組顧問に就任した。

　大倉は今泉の協力を得て，資本，原料，販路などの確保に奔走したがいずれも難航した。特に販路については，海軍省に何度も足を運び注文の約束を求めたが，「品物をみなければ何ともいえない」という返事しか得られなかった。当時日本製鋼所，住友鋳鋼場，神戸製鋼所など有力な民間鉄鋼会社はいずれも海軍・鉄道省などの軍需・官需に依存しており，大倉も海軍需要が見込めない限り事業の成功は無理と判断して鉄鋼業進出を断念した。

　今泉はその後も，大阪の貿易商である岸本吉右衛門と事業化の準備を進め，製鋼原料としての銑鉄を確保するため高炉の建設まで検討していた。一方，そんな今泉の動きとは別に，白石は1911年にインドに出張し，たまたま見つけたインド銑鉄を商品サンプルとして持ち帰った。そしてこの銑鉄の販路を見出すべく，同年6月，旧友である今泉を訪ねた。こうして今泉は，高炉を建設しなくても銑鉄を確保することができたのである。

　鉄鋼業の生産過程は，① 高炉によって銑鉄を生産する製銑工程，② 平炉などによって銑鉄を精錬して鋼をつくる製鋼工程，③ 鋼を鋼材にする圧延工程，あるいは鋳鋼・鍛鋼工程の3工程に分かれる。圧延工程とは，鋼を圧し延ばして製品にする作業で，比較的単純な形の鋼材を大量生産するのに適している。鋳鋼工程は，溶解した鋼を鋳型に流し込んで製品にする作業，鍛鋼工程はプレス機やハンマーによって鋼を鍛錬して製品にする作業で，とも

に注文品の生産が主である。

　大量生産に最も適した生産体制は，製銑－製鋼－圧延工程を連続して行う銑鋼一貫生産であるが，この建設のためには巨額の資金を必要とする。とりわけ高炉は，建設費が大きいだけでなく，いったん火をいれると操業の中断ができないため，不況期の生産調整がむずかしく，在庫が増大してコストが大きくなる。

　日本鋼管は上記のように，①の製銑工程を自ら建設せず，インド銑鉄を用いて，②と③の工程を行う製鋼－圧延企業として出発した。高炉の建設が不要なので，資本が乏しい当時の日本企業にとっては合理的な形態だった。

　今泉は，白石にこの鋼管製造会社の経営を依頼した。前述のように，白石は前年に東洋汽船の第一線を退いており，また，かねて浅野から独立した自らの事業を持ちたいと望んでいた。そして東洋汽船時代の見聞から，欧米先進国の繁栄は鉄鋼業の発展が基礎にあり，日本においても鉄鋼業が伸びることが必要だと考えていたので，事業化に意欲を燃やした。

　先に大倉は海軍需要を確保することにこだわったが，白石と今泉は当時増加しつつあった民間産業の需要に着目した。当時，都市化の進展に伴うガス管，建築用材として，あるいは石油採掘用の油井管として鋼管の需要は増加していたことを白石は知っていたのである。白石が一時支配人をしていた浅野商店石油部は新潟の宝田石油が生産する石油の一手販売を手がける一方，自ら越後油田において製油事業を営んでおり，また，浅野総一郎は東京瓦斯の経営にもかかわっていたからである。

　白石はこの鋼管製造会社の設立計画について浅野総一郎と渋沢栄一に相談したが，当初は2人とも鉄鋼業は困難な仕事であるとして賛成しなかった。しかし白石は，自分が失敗しても誰か後継者が出てくればいい。「犠牲者になる積りでやってみます」（白石の回想・小島［1942］）と固い決意を示し，2人の賛成を得た。それでも浅野は「君は日頃独立で仕事をやってみたいと言って居ったから」多額の出資はしないと釘をさした（同上）。浅野は，多額の資金を投ずるにはリスクが大きすぎると考えたのかもしれない。白石はやむなく東洋汽船時代に面識のあった財界人に協力を依頼して歩き，さらに

自分でも借金をして出資して合計347名の出資を得て創業にこぎつけた。

2. 第一次大戦期の事業拡大と戦後不況

(1) 第一次大戦期の事業拡大

　白石たちは社名を日本鋼管とし，川崎の埋立地を工場用地と決めた。1912 (明治45) 年6月着工し，14 (大正3) 年1月，鋼管製造を開始した。しかし製造した鋼管は偏肉が多くて流体の流れが悪く，需要家から「タケノコ管」と酷評される有様で，輸入品に対抗して経営を軌道に乗せるにはまだ相当の年月を要すると思われた。

　しかし同年8月，第一次世界大戦が勃発し，欧州の交戦国からの鋼管輸入は激減した。これに伴って日本鋼管の出荷量が増加し，価格も上昇して，高収益をあげた。とりわけ1917年度には604万円弱，18年には920万円弱の利益をあげ，払込資本金利益率は，17年度上期160%，下期202%にまで達した。そしてこの時期に同社は技術力も向上し，製品品質も安定した。

　大倉が断念し，浅野・渋沢が当初反対した難事業に敢えて挑戦した白石の企業家精神がこの成功をもたらしたのであった。事業化を躊躇して大戦開始に間に合わなければ，ブームに乗り切れず，またインフレで建設費は膨張し，成功はおぼつかなかったであろう。

　白石は，前述のように東洋汽船時代に浅野をこまらせたほど積極果敢な企業家だった。また技師長の今泉も白石以上に積極的で，種々の設備投資を白石に勧めた。このため白石は，高収益をもとに果敢に設備を拡充した。圧延設備では，既存の鋼管工場に加えて，小型の棒鋼・形鋼を生産する小形工場を1915年に，中型の棒鋼・形鋼を生産する中形工場を16年に建設した。鋼管についても従来の製品より細径の鋼管を生産する細管工場を1918年2月に完成した。また鋼材の素材となる鋼を増産するために平炉を増設した。

　さらに白石は1918年に入っても積極的な設備増強を続けた。2基で出発した平炉は17年末には6基にまで増設されていたが，18年にはさらに3基増設した。圧延設備では，17年末には造船業の好況が続き厚板が不足していたので厚板工場，さらに薄板工場の建設に着手した。原料部門では，不足

していた屑鉄の代用品としてスポンジ鉄工場建設（1917年5月着工），入手が困難になった銑鉄を自給するため小型高炉3基の建設（17年末着工），鉄鉱石価格の高騰に対応して鉄鉱山の買収へと積極的な投資を進めた。このため，払込資本金は1914年度上期末の120万円が20年上期末には17倍弱の2000万円に，固定資産額も同じ期間に164万円から18倍の3040万円に増加した。

　このような白石の積極的な投資行動は日本鋼管を大きく成長させた。鋼塊生産量は第一次大戦開戦時の1914年度下期5250トンが，終戦時の18年度下期には34580トンへと6.6倍に，工員数は350名弱から3000名強へと増加した。

(2) 戦後不況と事業整理

　1918年11月，第一次大戦が終結した。ブームは沈静化し，さらに欧州からの鋼材輸入が再開されたので，鉄鋼企業は一転して需要の減退と競争激化，そして価格の急落に見舞われることになった。例えば，棒鋼の過半を占める丸鋼の価格は終戦後半年でピーク時の3分の1に下落した。前述のように日本鋼管は大戦中には高収益をあげ，高配当を実施したが，大戦終結後には利益は激減し，無配当に転落した。額面50円の株価は，大戦中に花形株として337円にまで上昇したが，1921年には最高24円，最低8円にまで下がった。

　戦後不況期の日本鋼管には不採算設備と多額の借入金が残された。1917年末以来着手していた設備投資の多くはまだ完成しておらず，また完成しても戦時下の高い鋼材価格ではじめて採算がとれる設備でしかなかった。

　このような拡大の行き過ぎによる経営破綻が露呈し，経営責任を明らかにすることが必要となった。今泉は国会議員となって多忙だったこともあり，1920年10月に技師長を辞任して顧問に退いた。白石は翌年6月に社長を退いて副社長になり，新たに大川平三郎が社長に就任した。しかし，大川は他に多くの企業の経営に携わっており，実質上の経営責任者は依然として白石であった。

　白石の課題は経営の再建であった。経営危機を乗り切るためには増資が必

要であり，そのためには過大な資産を整理しなければならなかった。まず大戦中に蓄えていた積立金などによって減価した原料などの流動資産を償却した。さらに1921年10月に資本金2100万円の半額を減資し，うち495万円を固定資産の償却にあてた上で，12％の配当を約束した優先株発行によって再度資本金を2100万円に増資することとした。

3. 戦間期の合理化と事業基盤確立

(1) 1920年代の経営合理化

この戦後不況は1920年代の慢性不況へと続いた。日本鋼管の販売単価は下落（表1）し，利益率も20年代を通じて低迷した。それは第一に，大戦の終結により鋼材輸入が急増したためであった。第二に，海軍需要の減退に

表1　日本鋼管鋼塊・鋼材生産高，販売単価

会計年度	鋼材生産高（トン）			販売単価（円／トン）	
	鋼 管	棒・形鋼等	鋼材計	鋼 管	棒・形鋼等
1914	3,171	0	3,171	136	
1915	7,876	2,115	9,991	153	104
1916	9,903	13,943	23,846	199	184
1917	15,471	27,616	43,087	455	239
1918	17,852	24,888	42,740	860	374
1919	12,475	37,306	49,781	399	191
1920	19,285	40,480	59,765	433	208
1921	13,929	42,604	56,533	288	131
1922	16,777	64,556	81,333	218	119
1923	19,117	63,196	82,313	227	113
1924	25,070	85,103	110,173	223	112
1925	27,386	94,392	121,778	203	106
1926	32,544	103,677	136,221	197	96
1927	36,469	118,569	155,038	185	88
1928	52,016	149,170	201,186	163	91
1929	59,428	161,768	221,196	178	95
1930	79,128	130,635	209,763	165	74
1931	48,229	118,875	167,104	140	56
1932	76,662	127,920	204,582	172	57
1933	89,435	186,399	275,834	225	86

注：販売単価は，販売金額を販売数量で除したものである。
出所：奈倉［1983］173，178頁より作成。

伴い八幡製鉄所や企業が圧延鋼材の民需市場に進出してきたため国内企業間の競争が激化したためでもあった。

　1920年代の慢性不況期にも白石は積極的な増産によるコスト引き下げを目指した。第一に，既存の設備の操業率をあげて，スケールメリットを生かしてコスト引き下げを目指した。製鋼部門では，鋼の増産を図り，9基にまで増加した平炉の操業率向上を図った。そして鋼を消化するため圧延鋼材の増産を図った。鋼管は付加価値は高いが，その需要は限られている。このため，鋼管以外の鋼材生産が必要となる。そこで，大戦中に設備を建設したが非能率だったため休止していた棒鋼・形鋼設備を改造して能率を向上させて生産を再開した。また造船ブームが終わって需要の減退した厚板工場を小形棒鋼・形鋼を生産する小形工場に，薄板工場を改造して窓枠鋼材等を生産する特殊小形工場にした。1920年代の都市化の進展とともに，土木・建築用材として鋼管や棒鋼・形鋼などの需要は増大していた。また，1923年に発生した関東大震災を契機に鉄筋建築物が増加し，需要はさらに増大していた。この棒鋼・形鋼部門に集中的に進出しようとしたのである。

　また，他社に先がけて燃料の一部を重油に替えて原燃料費を切り下げ，さらに作業能率の向上や無駄の排除を進めるとともに，賃金の切り下げも実行した。

　こうして1920年代には日本鋼管は低収益に苦しみながらも，生産拡大を続けた。そしてこの間，新規の設備投資を控え，大戦期に建設した設備を合理化しながら増産を図った。

　このような合理化努力によって，職工1人当たり平均月産トン数は，1920年度下期には1.9トンだったが，24年度下期には4.1トン，28年度下期には7.3トンへと著しい向上を見せた。また1925年度上期から28年度上期の間に鋼材トン当たり原価は25%減，同トン当たり固定資産は38%減となった。

(2) 1930年代に銑鋼一貫体制確立

　こうして輸入鋼材と対抗できる実力をつけた日本鋼管は昭和恐慌に見舞われ，1930（昭和5）年度下期と31年度上期には赤字を計上した。白石は再度の減資を断行し，1920年代に獲得した強い競争力をもってこの危機を乗

り切った。

　1920年代の慢性不況，29年末から31年ごろまでの昭和恐慌において民間鉄鋼企業は不振にあえいだ。政府はこの対策として，八幡製鉄所を中心として民間鉄鋼企業を糾合する一大トラスト日本製鉄の成立を目指した。高炉による銑鉄生産を主とした三井鉱山，三菱製鉄はこの合同に積極的に呼応したが，白石は製鋼・圧延企業を代表して強く反対を主張した。白石は，日鉄は実質的には官営事業と大差なく，かつ大きすぎて競争意欲を失わせるものであり，あくまで民間会社として独立した経営が必要であると考えたのである。また，合同の条件が三井，三菱などの高炉を持つ企業に有利で，日本鋼管などの製鋼－圧延企業に不利であった。1933年3月，日本製鉄法が国会で成立し，各社に合同が呼びかけられたが，白石は，合同参加を拒否し，自主経営路線を貫いた。

　こうして日本鋼管の独立を守った白石は，さらに高炉を建設して銑鋼一貫企業に飛躍した。合同不参加の表明とほぼ同じ時期である1933年5月，日本鋼管は高炉（日産350トン）新設認可申請を政府に提出した。政府はなかなかこの計画を認可しなかったが，34年10月になって高炉建設が認可されて36年6月に操業を開始した。

　さらに白石は屑鉄をほとんど必要としない製鋼設備であるトーマス転炉を計画した。トーマス転炉の原料には燐分が多い銑鉄が必要となる。大陸ヨーロッパの鉄鉱石は燐分が多いので，この鉄鉱石から製造した銑鉄は燐分が多く，これを製鋼原料とするドイツなどではトーマス転炉が普及していた。しかし，日本には燐分が多い鉄鉱石は供給されていない。そこで今泉は製造過程で燐鉱石を装入することによって燐分の多い銑鉄を作ってトーマス転炉を操業する「日本式トーマス製鋼法」を発明し，白石にその実用化を勧めた。日本ではトーマス転炉の操業経験はなく，しかも「日本式トーマス製鋼法」は世界初の試みである。白石は1936年7月，技師長の松下長久をヨーロッパに派遣してこの方法の成否を検討させ，成功の見通しを得て転炉設備を輸入して着工し，38年6月，操業を開始した。

　こうして白石は1920年代に確立した強固な経営基盤をもとに，30年代に，昭和恐慌を乗り越えた後，銑鋼一貫生産体制を確立したのである。

田宮嘉右衛門

―神戸製鋼所の建設者

田宮嘉右衛門　略年譜

1875(明治8)年	0歳	田宮治助の四男として愛媛県に出生
1890(明治23)年	15歳	高等小学校卒業，地元で就職
1892(明治25)年	17歳	上阪
1898(明治31)年	23歳	井上かねと結婚
1904(明治37)年	29歳	鈴木商店入社
1905(明治38)年	30歳	神戸製鋼所支配人就任
1911(明治44)年	36歳	神戸製鋼所の株式会社化とともに取締役に就任
1913(大正2)年	38歳	大型（1200トン）プレスを導入
1914(大正3)年	39歳	常務取締役就任
1927(昭和2)年	52歳	鈴木商店破綻，神戸製鋼は台湾銀行から派遣役員を受入れ，田宮は専務取締役就任
1933(昭和8)年	58歳	第二線材工場操業開始
1934(昭和9)年	59歳	社長就任，台銀系役員退任
1945(昭和20)年	70歳	社長辞任，相談役就任
1947(昭和22)年	72歳	公職追放される
1951(昭和26)年	76歳	公職追放解除，相談役就任
1959(昭和34)年	84歳	死去

（年齢＝満年齢）

1. 創業期の神戸製鋼所と田宮

(1) 神戸製鋼所の創立と支配人田宮

　田宮嘉右衛門は，1875（明治8）年，愛媛県新居郡立川山村（現在の新居浜市）にあった住友・別子銅山の分店（製錬所）で150年間，7代にわたって働いてきた家に四男として生まれた。物静かで，外遊びより家で本を読むことの方が好きな少年で，学校の成績は良くソロバンが得意だった。父親が亡くなって家が貧しく，兄は高等小学校進学を断念させようとしたが，好学心は捨てがたく，他家に嫁いでいた姉の世話で進学した。

　田宮が育ったこの分店は別子銅山の入口にあり，阪神方面から商用で別子に来る人達が立ち寄った。彼らから都会の話を聞きながら育った田宮は都会へ出る夢を持った。

　高等小学校卒業後，いったん分店に就職するが，都会へ出たいという夢は捨てきれず，1892年に大阪に出た。結婚し子供も出来たが，望むような働き口が見つからず困窮した。そして1904年に，当時急成長しつつあった鈴木商店の経営者である金子直吉に会い，鈴木商店に入社した。金子に認められた田宮は入社早々，樟脳工場主任となり，さらに半年後には大里製糖所事務長となった。

　金子は1905年9月，鈴木商店による小林製鋼所の買収を決め，神戸製鋼所と改称して田宮を支配人に抜擢した。小林製鋼所は，東京の書籍商・小林清一郎が，呉海軍工廠の少佐待遇の技術者だった小杉辰三から，将来活躍が期待される鉄鋼業に民間として先鞭をつけることはきわめて有望であると説得されて，100万円の資金を投じて設立したものである。当時，官営八幡製鉄所は圧延鋼材の大量生産が主で，鋳・鍛鋼品は製造していなかったから，この製造を目的として，平炉1基，鋳造設備，鍛造設備をイギリスから輸入して工場を建設した。また小杉は呉工廠の優秀な職工5人を連れてイギリスで1年間技術を習得し帰国して操業を開始した。しかし技術は依然未熟で，失敗が繰り返され，その度に巨額の資金が必要となったため，小林は，自分の資金力で経営を続けることは無理であると痛感し，操業わずか2カ月で工

場売却を決意した。

(2) 海軍需要の獲得と鍛鋼部門への進出

　神戸製鋼所は，技術面では小杉たちが引き続き担って操業を再開した。1905年暮までには生産も順調となり，翌年春，本格的な営業活動を開始した。製品は，船舶の骨組み（スターンフレーム，ラダーフレーム）やガスエンジンの小型クランクシャフトなどの鋳・鍛鋼品の注文生産品が主だった。しかし，技術が未熟で生産規模も小さいため高コストで，毎月1万円の赤字を出し，20数万円にまで累積した。

　田宮は，赤字の原因を，設備能力が過小なため酷使せざるを得ず，故障が多く非能率となっているためと判断した。そして1909年に鈴木商店が大里製糖所を高値で売却した機をとらえ，金子に訴え，55万円の資金を得て10トン平炉1基とクレーンを増設した。

　こうして設備を充実させた田宮は，海軍の注文を得てようやく経営を軌道に乗せることができた。当時海軍は軍備拡張を進めるため，海軍直属の工廠を増強するとともに，民間企業の育成にも力を入れていた。神戸製鋼所も呉海軍工廠から「教育発注」として軍艦用揚弾機の鋳鋼部品の注文を得たのである。受注した鋳鋼部品を従業員たちは細心の注意を払って製造し，呉工廠から「おおむね良好」との評価を得，同工廠から新たな注文を得るとともに，技師の派遣を受けた。さらに，舞鶴，横須賀，佐世保などの各工廠からも注文を受けるようになった。

　こうしてようやく経営が軌道に乗った1911年，株式会社神戸製鋼所として鈴木商店から独立した。資本金は140万円，株式は鈴木商店，鈴木一族およびその関係者の所有であった。社長に海軍造船少将・黒川勇熊を迎え，田宮は取締役に就いた。

　この時期に造船業界では，政府の奨励策や海軍の大建艦策を背景として，大型船の建造が増えていた。田宮はこれを大型鍛鋼品に進出するチャンスととらえた。500トン以上の船のシャフト製造には大型のプレスが必要であり，他社に先がけてこれを導入して主導権を得ようとしたのである。1911年暮から12年春にかけて技師長・松村六郎を欧州に派遣するとともに，13

年には自らイギリスの代表的な鋳物産地であるシェフィールドの工場を視察し，設備の7割を鍛造設備が占めていることを知り，自らの判断の正しさを確認して1200トンプレスを発注した。

2. 第一次世界大戦期の多角化と戦後不況

(1) 第一次大戦期の事業拡大

こうして事業発展の基盤を整備しつつあった時期に，第一次世界大戦が勃発し，大戦ブームが発生した。とくに造船業界の活況は著しく，大戦勃発直前に操業を開始していた1200トンプレスには海軍・民間双方から注文が殺到した。

田宮はこのチャンスを生かして積極的に事業を拡大した。第一に，鍛鋼部門で，フル操業の1200トンプレスだけでは間に合わず，さらに500トンプレス1基とハンマー3基を増設した。

第二に造機部門へ進出した。田宮は大戦勃発直前に，呉工廠の造機部門の権威であるとともに鉄鋼部門にも精通していた松田万太郎を技師長として獲得していた。またこの時，松田とともに数名の技術者も獲得した。海軍需要に応じて，まず空気圧縮機の製作に取り組み，1915（大正4）年8月には英ピーター・ブラザーフォード社の技術導入契約を結び，製作に成功した。さらに海軍の求めに応じて蒸気機関を製作した。ついでこれも海軍の勧めでディーゼルエンジンの製造にも取り組んだ。ディーゼルエンジンは1893年にドイツで発明され，欧米では徐々に蒸気機関にとってかわりつつあったが，日本ではまだ海軍工廠で試作されるにとどまっていたものである。田宮は海軍からの勧めもあって1918年にスイス・ズルツァー社との特許および製造権譲渡の契約を結びこの製作に取りかかった。

さらに，田宮は海軍需要に応える過程で蓄積した技術を生かして民間需要向けの機械製作に取り組んだ。まず圧縮機の技術を生かして陸上用高圧圧縮機（1916年），そして甘蔗圧縮機（17年）の製作・販売にも参入した。

大戦期の事業拡大の第三として，神戸市脇浜の海岸埋立地4万坪を確保して新たに海岸工場を建設した。既存の山手工場2万坪は手一杯となってい

た。また山手工場は岸壁を持たないため，原料・製品の輸送は鉄道によっていたが，重量品である鉄鋼原料・製品の輸送には鉄道では非能率であった。海岸工場の建設によって岸壁を持ち，海運による輸送を行うことで輸送の合理化もできるため，大戦前から埋め立てを申請していたが，1914年9月に認可を得て埋め立て工事に着手した。加えて，門司（山口県）に伸銅工場を，石見（島根県），広島に製銑工場を建設した。

こうした事業拡大により神戸製鋼所は，売上高は1913年の121万円から1918年の2335万円へと増加した。従業員数は創立時の178人が1918年末には2701人に，払込資本金は創立時の140万円から582万円へと拡大した。

(2) 第一次大戦後の不況と海軍八八艦隊計画

1918年11月，第一次大戦は終結し，造船ブームは終わり，鋳鍛鋼品の注文も激減した。大戦中に設立された多くの鉄鋼企業は，この大戦の終結による打撃で破綻し，あるいは経営を悪化させたが，田宮は大戦末期に，戦争終結を見越して，原料の購入を手控えるなどの措置をとっており，神戸製鋼所の終戦による打撃は比較的少なかった。そして大戦中に確立した多角経営を生かし，海軍や民間からのある程度の機械受注を得て，戦後不況の打撃を最小限に抑えることができたため，戦後不況期にも利益を計上し，配当を継続することができた。そして田宮は人員整理などによる規模の縮小を進めつつ，1920年に国会で予算が可決されていた海軍の八八艦隊計画に応じるための設備建設を進めた。八八艦隊計画とは，アメリカ海軍の増強計画に対抗して，新鋭の戦艦8隻，巡洋艦8隻を持とうとする海軍の大建艦計画で，神戸製鋼所にとっても大きな需要が期待されるものであった。田宮は，海岸工場に，大戦中には鋳鍛鋼・造船一貫工場を建設する計画だったが，大戦終結に伴いこれを中止し，八八艦隊計画に対応した鋳鍛鋼・造機一貫工場とする計画を策定した。そのために山手工場のプレス機を移設し，さらに2000トンプレスを自社設計で建設し，さらに平炉1基を山手工場から移設し1基を新設して平炉2基体制とした。

3. 戦間期の多角的経営確立

(1) 民間需要向け機械と圧延鋼材生産への進出

しかし1922(大正11)年2月,ワシントン海軍軍縮条約が締結され,主力艦の制限が決まり,八八艦隊計画は中止となった。神戸製鋼所はその生産計画の5割を八八艦隊計画による軍需に依存していたが,この軍需がほとんど消滅したのである。

田宮はこの危機に対処するために,人員整理と生産体制の変更に着手した。人員整理については,すでに戦後不況期に400人の整理を実施していたが,この1922年にはさらに400人の整理を実施した。その結果,一時は2701人に増えていた神戸製鋼所の従業員はこの年の末には1900人弱にまで縮小した。しかし需要の減退はさらに激しく,従業員の一部を出勤させて給料の60%を支給する札かけ休業と呼ばれる措置をとらざるをえなかった。

田宮は生産体制を見直し,新たな市場の開拓に向かった。まず造機部門は,八八艦隊計画向けに増強した造機部門の設備・技術を活用して,民間産業向けの機械製造に本格的に取り組んだ。潜水艦用ディーゼルエンジンは既に完成していたが,新たに民間船舶用ディーゼルエンジンを製造した。冷凍機も民間船舶用に製造した。また,鋳鍛鋼部品が多く,播磨造船所を活用できるセメント機械製造への進出を計画し,1922年秋には浅野セメントから1台の受注を得て翌23年4月に納入し,好評を得てさらに36台受注した。こうして造機部門が1920年代前半の神戸製鋼所の経営を支える素地を作った。

田宮は鉄鋼部門においても軍需中心・注文品生産中心から,民需向け圧延鋼材の大量生産へと転換を図った。それはまず棒鋼生産への本格的な進出であった。1920年代には都市化が一層進み,土木・建築用の棒鋼需要が,とりわけ小型棒鋼の需要が増加していた。このため,大戦中に建設したが非能率だったため戦後は休止していた山手工場の棒鋼生産設備を海岸工場に移設し,小型棒鋼生産設備を中心として増強,さらにネックとなっていた動力設備を更新することによってその能率を高めて操業を再開した。当初は原料や

表1 神戸製鋼所の鉄鋼生産

(単位：トン)

	鋼塊	普通鋼圧延鋼材				鋳・鍛鋼・特殊鋼
		棒鋼	形鋼	線材	計	
1923年	9,959					6,799
1924年	20,551	8,242			8,388	8,344
1925年	39,783	29,193	519		30,270	8,567
1926年	41,843	32,657			32,700	9,442
1927年	61,375	47,625		248	51,152	13,500
1928年	73,489	63,902		795	68,257	16,734
1929年	89,404	72,952	232	2,445	79,724	16,431
1930年	97,225	46,145	294	35,472	83,023	11,298
1931年	106,084	38,980	337	58,566	98,945	7,139
1932年	133,597	43,674	2,721	75,170	122,725	10,872
1933年	179,054	43,423	5,919	106,056	157,203	21,851

注：普通圧延鋼材の計は棒鋼・形鋼・線材及びその他の合計である。
出所：商工省鉱山局編［1937］『製鉄業参考資料』昭和12年6月調査。

製品の輸送系統の能率が悪かったが，改良に努め1927・28年頃には生産を軌道に乗せた。これに伴い海岸工場の平炉2基を全面稼働した。

　田宮はさらに線材生産への進出を決断した。先に進出した棒鋼生産は技術的に比較的容易で設備投資も少なくて済むため，参入が容易で競争が激しく，収益性は低かった。これに対し，線材生産は技術が高度で，国内で生産していたのは官営八幡製鉄所と浅野小倉製鋼所だけであった。線材国内需要10万トンの半分を輸入に依存しており，輸入品に対抗するコストの生産が可能であれば利益を見込める品種であった。田宮は1925年，中古の線材設備をスクラップ同然の価格で購入した。しかしこの中古の設備で低コストの生産が可能か，社内でも疑問視する声が強かった。これに対し，田宮はこの設備は八幡製鉄所に設置されていたドイツ製の設備をモデルにしたもので日本では最新式であり，工夫次第で立派に更新できると判断した。錆びた部品なども多かったため手入れには時日を要したが，1926年9月に生産に入り，30年頃には軌道に乗った。これが今日の「線材の神戸」の礎となったのである。またこの線材設備の設置にあわせて平炉を増設し，海岸工場の平炉は3基となった。

　このようにして，田宮は神戸製鋼所を造機部門，鉄鋼部門からなる多角経営とし，1927（昭和2）年に鈴木商店が破綻するまで神戸製鋼所は安定した

成長を維持した。1926年には大戦中の18年に比べて売上高で2倍になり，配当5％を維持させた。戦後不況から20年代の慢性不況期にかけて多くの鉄鋼企業が低成長に苦しむ中でこの神戸製鋼所の成長は注目すべきものであった。

(2) 鈴木商店の破綻と鉄鋼・造機多角経営の確立

鈴木商店は大戦中に三井・三菱に並ぶと思われるまで急速な成長を遂げたが，大戦終結に伴い大きな負債を抱えることとなった。そして1920年代を通じて業績は回復できず，負債はますます増大した。その負債の多くは台湾銀行からのものであったが，その台湾銀行もこの多額の不良債権により経営が悪化し，1927年3月末，ついに鈴木商店への融資をストップしたため，4月に入って鈴木商店が不渡りを出すにいたった。

神戸製鋼所株式の大半は台湾銀行の手に渡り，神戸製鋼所の経営権は台湾銀行に移った。田宮は自らを鈴木商店の一員として神戸製鋼所を経営していたと考えていたから，退任する意思を固めた。しかし，田宮なくして神戸製鋼所の経営は成り立たないと考えた海軍や大蔵省，そして台湾銀行幹部が慰留し，金子直吉からも留任を勧められ，専務として留まることになった。社長に海軍主計中将・永安晋次郎，取締役に台湾銀行から3人，横浜正金銀行から1人が就任した。田宮は専務であったが，経営の実権は台銀系の役員が握っていた。昭和恐慌の渦中でもあり，台銀系の役員は鈴木商店の二の舞を恐れて設備拡充に消極的で，現状維持を求めたが，それでも田宮はこれを説得しながら企業成長を追求した。

すでに棒鋼生産は軌道に乗り，線材生産も始まったので，そのための鋼塊生産を確保すべく既設の3基の平炉の炉容拡大（製鋼能力の拡大）と平炉1基の増設を実現した。そして，さらに最新設備を持った第二線材工場の建設に取りかかった。昭和恐慌下，機械の需要は減退し，鋼材でも棒鋼の需要は減少したが，線材は需要が増加していた。これを見て田宮は線材設備の拡充を計画したのである。台湾銀行は田宮の強硬な要請により渋々これを了承し，1933年4月に操業を開始した。この設備は当時としては世界的にも新鋭であるドイツ・クルップ社製半連続式線材圧延設備を輸入したもので，従

来の設備に比べ能力は2.2倍，燃料消費量は0.7倍，労賃コストは2分の1であった。

1934年，台湾銀行の持つ鈴木商店系の帝国人絹の株式を取得してその経営権を獲得していた番町会といわれる財界人グループが，さらに神戸製鋼所株式の過半数を取得してその経営権を獲得しようとした。これに対して，神戸製鋼所社内で強硬な反対運動が起こった。同社勤続15年以上の職員によって前年に結成されていた神戸製鋼十五年会の47人のメンバーが先頭に立って，兵庫県知事に，さらに陸海軍に働きかけた。地元のマスコミもこれを応援した。また，帝国人絹株式取得をめぐって，帝人事件と呼ばれる疑獄事件がおこり，7月には斎藤内閣が総辞職するにいたった。このような状況に番町会は神戸製鋼所の獲得を断念し，台湾銀行から譲り受けていた株式をすべて一般公募として手放した。その結果，1934年8月，経営権を失った台湾銀行系の役員は退任した。田宮が社長に就任し，神戸製鋼所生え抜き社員を中心とした経営陣となった。

こうして経営を掣肘する大株主がいなくなり，田宮は自主経営を進めることになる。1934年にはさらに平炉2基を増設し，田宮が建設に努力した第二線材工場が線材ブームに乗って大きな利益をもたらした。こうして田宮は，軍需・民需双方を対象に，鉄鋼部門と造機部門を兼営する多角経営を持った神戸製鋼所を確立させたのである。

おわりに

はじめにで述べたように，明治期の日本において民間鉄鋼企業が成立するためには，様々な制約条件があった。資本は乏しく，技術は未熟で，製品を販売する国内市場は狭かったからである。本章で検討した白石元治郎と田宮嘉右衛門は，それぞれ独自の経路を経てこの制約条件を克服して日本鋼管と神戸製鋼所を成長させた。

白石は，インド銑鉄を輸入することによって高炉の建設費用を節約する製鋼・圧延企業（平炉メーカー）という形態で，技術面では官営八幡製鉄所の優れた技術者である今泉嘉一郎に依存して，市場面では他社とは異なって

民間産業の需要を見込んで，日本鋼管を設立した。そして事業開始直後に勃発した第一次世界大戦に伴うブームに乗って持ち前の積極性を発揮して事業の拡大を図った。この拡大は行き過ぎもあって戦後不況期に窮地に陥ったがこれを乗り切った。1920年代には都市化の進展によって国内市場が拡大するのに対応して，大戦期に拡大した設備を活用しての増産と厳しい合理化によってコストダウンを図り，1920年代末には経営基盤を確立した。さらに1930年代には，政府は製鉄合同への参加を強く呼びかけたが，白石は製鋼・圧延企業の先頭に立ってこれを拒否し，自ら高炉を建設して独自の銑鋼一貫生産体制を築き，日本鋼管を民間鉄鋼企業唯一の本格的な一貫企業としたのである。

田宮は，鈴木商店の資本によって設立された神戸製鋼所の経営を担った。まず小規模な鋳鍛鋼品の注文生産から始めて，海軍需要を獲得し，大型鍛鋼品に進出して第一次大戦に伴う造船ブームに乗り，さらに海軍需要に応じた機械製造へ進出，この技術を民間需要に応ずる製品へ転用するなどして多角経営の基礎を築いた。そして慎重な経営で戦後不況を乗り切り，1920年代には，上記の白石と同様，都市化に対応した圧延鋼材の大量生産へ進出するとともに，機械製造部門も拡大して，安定した多角経営を確立した。

こうして2人は，後発国特有の制約条件を克服して民間鉄鋼企業の発展をもたらし，1930年代には確固とした基盤を確立したのである。

参考文献
○テーマについて
　　飯田賢一・大橋周治・黒岩俊郎編［1968］『現代日本産業発達史Ⅳ　鉄鋼』交詢社。
　　通商産業省編［1970］『商工政策史　第十七巻　鉄鋼業』商工政策史刊行会。
　　奈倉文二［1984］『日本鉄鋼業史の研究』近藤出版社。
　　長島　修［1987］『戦前日本鉄鋼業の構造分析』ミネルヴァ書房。
　　岡崎哲二［1993］『日本の工業化と鉄鋼産業』東京大学出版会。
○白石元治郎について
　　奈倉文二［1983］「日本鋼管株式会社の設立・発展過程」神奈川県県民部県史編集室『神奈川県史　各論編2　産業・経済』神奈川県。
　　小早川洋一［1995］「日本鋼管における経営革新」由井常彦・橋本寿朗編『革新の経営史』有斐閣。
　　長島　修［2000］『日本戦時企業論序説』日本経済評論社。
　　鉄鋼新聞社編・刊［1967］『鉄鋼巨人伝　白石元治郎』鉄鋼新聞社。
　　小島精一［1942］『日本鋼管株式会社三十年史』小松隆。

日本鋼管株式会社編・刊［1952］『日本鋼管株式会社四十年史』。
○田宮嘉右衛門について
　宇田川勝［1999］「破綻した企業家活動－金子直吉と松方幸次郎」法政大学産業情報
　　センター・宇田川勝編『ケースブック　日本の企業家活動』有斐閣。
　田宮記念事業会編・刊［1962］『田宮嘉右衛門伝』。
　鉄鋼新聞社編・刊［1968］『鉄鋼巨人伝　田宮嘉右衛門』。
　株式会社神戸製鋼所編・刊［1933］『神鋼三十年史』。
　「神鋼五十年史」編纂委員会編・刊［1954］『神鋼五十年史』。

4 発明家の企業家活動

高峰譲吉と豊田佐吉

はじめに

　戦後の高度経済成長を支えたのは，品質の向上とコスト削減を目的とした「カイゼン」によるプロセス・イノベーションであった。しかし，独創的な技術開発や製品を生み出すプロダクト・イノベーションを，わが国はあまり得意としてこなかった。今後，日本経済が持続的な成長を維持していくためには，プロダクト・イノベーションを促進していく必要がある。

　経済産業省は大学の「知」をビジネスの核とする大学発ベンチャーの創出を促進するべく，2001（平成13）年に2004年度末を目標とした「大学発ベンチャー1000社計画」を発表し，産学官一体となって大学発ベンチャーに対する支援策を講じてきた。その結果，2004年度末時点で設立されたベンチャー企業数は1099社に上った。これらの企業が創出した直接的な経済効果は，雇用者数約1.1万人，売上高約1600億円となっている。その事業分野をみると，大学の有する研究シーズを活用しやすいバイオ分野が全体の約40％を占め，機械・装置分野は15％にとどまった。

　わが国では，発酵や品種改良に関する研究が古くから行われており，海外と比較しても質の高い研究が行われているといわれている。こうした優れたバイオテクノロジーを活用したベンチャー企業の創業を促進させることが，日本の国際競争力向上につながると期待されている。

　本章では，バイオ分野から高峰譲吉，機械・装置分野から豊田佐吉を取り上げる。高峰は，バイオベンチャーの元祖というべき存在である。高峰が発見した消化酵素「タカジアスターゼ」と世界で最初に結晶化に成功した「アドレナリン」は，いずれも米国で特許を取得し事業化されている。

　一方，トヨタグループの創業者である豊田佐吉は，英国の産業革命を支えたエンジニアの活躍に触発され，わが国ではじめて自動織機を発明した。昭和初期には小学校の教科書にも取り上げられ，まさに立志伝中の人物であった。

　分野は異なるものの，彼らの活動軌跡を振り返ることによって，研究開発型ベンチャー企業における企業家の役割とその成功要因を探っていきたい。

高 峰 讓 吉

―バイオサイエンスから知財ビジネスへ

高峰譲吉　略年賦

1854(嘉永7)年	0歳	富山県高岡市で加賀藩典医高峰精一の長男として生まれる
1862(文久2)年	8歳	加賀藩校「明倫堂」へ入学
1869(明治2)年	15歳	大阪医学校・大阪舎密(せいみ)学校入学
1872(明治5)年	18歳	工部省工学寮(東京大学工学部の前身)に入学
1879(明治12)年	25歳	工部大学校応用化学科を主席で卒業
1880(明治13)年	26歳	工部大学校卒業後、国費留学生として英グラスゴー大学に留学
1883(明治16)年	29歳	農商務省に入り、清酒醸造や和紙製造など改良指導
1887(明治20)年	33歳	キャロライン・ヒッチと結婚、東京人造肥料会社を設立
1890(明治23)年	36歳	東京人造肥料会社を退職、米国にて高峰式醸造法の開発に成功
1894(明治27)年	40歳	タカジアスターゼの抽出に成功
1899(明治32)年	45歳	日本で三共商店がタカジアスターゼを発売
1900(明治33)年	46歳	アドレナリンの精製・結晶化に成功
1905(明治38)年	51歳	ニューヨークに「日本倶楽部(現　日本クラブ)」を設立
1913(大正2)年	59歳	三共株式会社初代社長に就任
1917(大正6)年	63歳	理化学研究所を創設
1922(大正11)年	67歳	ニューヨークで死去

(年齢＝満年齢)

1. 応用化学者への途

　高峰譲吉は，1854（嘉永7）年11月，加賀藩典医の長男として富山県高岡市で生まれた。父精一は，京都の小石元瑞に蘭学を，江戸の坪井信道に医学と舎密（化学）を学び，加賀藩に招かれ典医となった。また，母幸子は高岡で醸造業を営む津田家の出身である。後に高峰が清酒の醸造法を熱心に研究し，麦芽（モルト）の代わりに麹（こうじ）を使用した高峰式ウィスキー醸造法を開発する伏線が，こうした家庭環境にあったのかもしれない。高峰が誕生した翌年，父精一は化学に関する知識を買われて加賀藩壮猶館（洋式兵学校兼銃器研究所）に招かれたため，高峰家は金沢へ転居する。その後，精一は，典医の他に翻訳方や軍艦方の職務を兼ねている。

　1862（文久2）年，8歳の高峰は加賀藩藩士の養成校である明倫堂へ入学した。明倫堂は藩士の子弟などを対象に，3年間漢学中心の教育を行っていた。1865（慶応元）年，明倫堂で学んでいた高峰は，藩から選抜されて長崎に留学する。長崎では，ポルトガル領事ロレーロ宅に寄宿し，宣教師フルベッキ（明治学院の創設者）の洋学校に入学して本格的な英語教育を受けた。しかし，明治維新によって，加賀藩の留学生は長崎から京都へ移っている。

　京都では，加賀藩出身で西洋流兵学を講義する安達幸之助の兵学塾へ入学している。兵学ではなく化学（舎密：せいみ）や物理（窮理：きゅうり）に関心のあった高峰は，同塾で英語を中心に学んだ。翌年，高峰は緒方洪庵が主宰した大阪の適塾に入学する。この時洪庵は既にこの世になく，また洋学の主流もオランダ語から英語に移っていたことを考慮すると，適塾で得たものはあまり多くなかったようである。大阪では，1868（明治元）年に大阪舎密局が創設され，翌年には同局付設の理化学校と医学校が新設された。後年，高峰はこの医学校へ入学することになる。

　適塾で学んでいた頃，加賀藩は英国人オズボーンを招いて，英学校を七尾（石川県七尾市）に開校した。高峰も七尾に開設された英学校に転じ，オズボーンの任期切れによって閉校となる1870年3月まで同校で学んだ。同校

の閉鎖にともない，高峰は再び大阪に戻り，先に述べた大阪舎密局付属医学校に入学し，ドイツ人教師リッテルから化学実験および化学分析に関する基礎教育を受けた。ここから，応用化学者としての本格的なキャリアがスタートしていくのである。

しかし，せっかく入学したものの，1872年に大阪舎密局が閉鎖され，同局の閉鎖にともない医学校も閉校となってしまう。学業を続けるためには新たな道を模索しなければならなかったが，同年11月，幸いにも工部省の官費給費生に採用され，翌年3月，同省工学寮に進学することとなった。工学寮（1877年，工部大学校に改称，以下工部大学校と表記）は6年制で，工部省の技術官僚の養成を目的として設立された教育機関であったが，官民に多数の人材を輩出した。教育スタッフは，英国グラスゴー大学の出身者を中心とする教授陣によって構成されていた。高峰は，同校応用化学科の第一期入学生である。

工部大学校は，イギリス人を中心に多数の外国人教師を雇い入れていた。イギリス人教師が多数を占めていたのは，初代工部卿の伊藤博文をはじめ主要官僚がイギリス留学を経験していたことや，産業革命を背景としたイギリスの工業技術力が世界の最高水準を誇っていたことなどが理由としてあげられる。

グラスゴー大学出身のヘンリー・ダイアーが校長に就任し，理論だけでなく実地経験を重視したカリキュラムに基づいた教育が行われた。当時，グラスゴー大学の工学技術は，世界の最高水準にあったといわれており，高峰らは最先端の工学教育を受けることができたのであった。

1879年，官費給費生として入学した第一期入学生32名のうち23名が卒業する。高峰が所属する応用科学科の卒業生は6名であった。高峰は主席で卒業し，工部省の国費英国留学生に選ばれている。1880年，渡英した高峰はグラスゴー大学およびアンデルソニアン大学に入学して応用化学を学ぶとともに，リバプールやマンチェスターなどイギリス各地の工場における実地研修にも積極的に取り組んだ。ニューカッスルでは人造肥料の製造に関する研究を行ったが，帰国後，この経験が人造肥料製造会社を設立するうえで大きな財産となったことは想像に難くない。

応用化学者として世界水準の知識と技術を習得した高峰は，3年間の英国留学を終え帰国する。工部大学校から英国留学を通じて修得した知識と技能が，後年，高峰をタカジアスターゼの発見やアドレナリンの結晶抽出へと導いたのである。

2．官僚から企業家へ

　1883年，英国から帰国した高峰は，農商務省御用掛を命じられ，同省工務局観工課に勤務する。和紙の製造，藍の製造，日本酒の醸造に関心を持ち，すべての原料を国内に求める国産奨励を推進した。高峰の母の実家が醸造業を営んでいることは既にのべたとおりであるが，彼は日本酒の腐敗を防止する方法を考案し，これは後に「液体防腐法およびその機械」として特許を取得している。

　1884（明治17）年，米国ニューオリンズで綿花百年祭を兼ねた万国博覧会が開催され，高峰は日本代表団の事務官を命じられ渡米し，約1年間滞在する。この間，滞米中の下宿先であったヒッチ家の長女キャロライン・ヒッチと婚約している。

　また，博覧会に出品された燐鉱石に着目し，過燐酸石灰（燐酸肥料の現物）とその原料となる燐鉱石を日本に持ち帰り，人造肥料の研究を行う。英国留学時代，高峰はニューカッスルで人造肥料の製造に関する研究を行っており，応用化学者の視点から日本の農業生産力を向上させるためには，人造肥料の開発が急務であることを認識していたものと考えられる。

　1885年9月，米国ニューオリンズから帰国した高峰は，農商務省工務局観工課に在籍のまま専売特許所（1886年，特許局に改称，初代局長は高橋是清）兼務となる。高峰は，高橋是清の下で日本の特許事業の基盤整備に携わることとなった。

　しかし，この頃から高峰は人造肥料製造会社の設立を本気で考えるようになっていた。人造肥料の製造技術は英国留学中に修得しており，また燐酸肥料の原料となる燐鉱石も既に入手していたことから，人造肥料事業の企業化は十分可能であると考えていたのであった。

高峰は，産業界の重鎮である渋沢栄一と三井物産の益田孝に対して，わが国の農業経営の特徴からみた人造肥料の効果と意義を力説し，彼らも高峰のビジネスプランに賛意を示すようになった。その結果，1887年2月，東京人造肥料株式会社の設立準備会が発足し，社長に渋沢栄一，技師長兼製造部長に高峰譲吉の就任が内定する。同年3月，高峰は農商務省に在籍したまま人造肥料製造機械および原材料買い付けのため欧米に出張するが，2年前，万国博覧会に派遣された折に婚約したキャロライン・ヒッチとニューオリンズで正式に結婚している。

　高峰は1887年11月に帰国し，翌月には東京人造肥料株式会社が正式に設立され，翌年9月から本格的な製造が開始されている。ちなみに，同社は日産化学工業株式会社として現在に至っている。1888年3月，高峰は約5年間勤務した農商務省を退職し，研究者兼企業家としての道を本格的に歩むことになる。渋沢は，「元来は学者であるけれども，一面において事業を処理していく才能を持っている」と，高峰の企業家としての能力を高く評価していた。

3. 米国での研究開発と企業家活動

(1) 高峰式醸造法の開発

　東京人造肥料株式会社の設立によって，企業家としての第一歩を踏み出した高峰は，同社工場の隣接地に私設研究所を開設し，アルコール発酵に関する研究を開始する。その内容は，ウィスキー製造方法を麦芽（モルト）方式から日本酒の醸造に使用する米麹に代えようという試みであった。醸造酒である日本酒と蒸留酒であるウィスキーでは，その製造法は全く異なっているが，高峰が着目したのは，製造過程の初期段階におけるアルコール発酵は両者に共通しているという点であった。

　ウィスキーを製造する過程では，大麦を発芽させた麦芽（モルト）を使い，麦芽に含まれるジアスターゼなどの糖化酵素で大麦のデンプンを分解し糖に変える。これに酵母を加えて発酵させると糖がアルコールに変わるという仕組みである。日本酒の醸造に使用される米麹は，麦芽に比べて糖化能力

は劣るものの，糖化とアルコール発酵を並行して行うことができ，酵母よりもアルコール発酵能力が高いというメリットがあった。さらに，高峰の方法は，従来のウィスキー製造過程で排出され，廃物同然と考えられていた穀皮を発酵の原料にしようというものであり，製造コストの削減効果は計り知れないものがあった。

　高峰が開発した手法に注目したのは，当時，全米のウィスキー原酒製造において95％のシェアを占めていたウィスキー・トラスト社であった。同社は高峰に対して実験施設を提供するとの申し出を行った。高峰はこの申し出を受け入れる決意を固めるが，東京人造肥料株式会社が設立されて間もない時期に，その中心人物たる高峰のとった行動に対して，渋沢をはじめとする関係者の多くは憤りをあらわにした。幸いにも益田の説得が功を奏し，1890年，高峰は東京人造肥料株式会社を円満に退社し，渡米できることとなった。翌年，高峰は元麹改良法による実験に成功し，同年，米国，英国等において特許を出願している。

　ウィスキー・トラスト社のグリーナット社長は高峰方式を強く支持していたが，同社役員や麦芽（モルト）方式による醸造会社の経営者であった株主からの反発が強く，結局，反対派は高峰方式を阻止するための究極の手段として，株主総会を開いて，会社の解散を決議した。この結果，高峰方式によるウィスキー製造の事業化は頓挫してしまうのである。

　一方，高峰は，「タカミネ・ファーメント社（Takamine Ferment Company）」をシカゴで設立している。同社は高峰が研究開発を通じて取得した特許権を保有し，その特許料収入を得ることを目的として設立された会社であり，いわゆる研究開発型ベンチャー企業の嚆矢といえるものであろう。また，高峰は米国の特許弁理士資格を取得し，自分の研究成果を自らの手で出願し，多数の特許を取得していったのである。

(2)　タカジアスターゼの発見

　モルト業者らの強い反発によってウィスキー製造事業が失敗に終わったことを契機に，高峰の研究は，醸造から薬品製造へと転換していく。彼は米麹によるウィスキー醸造を研究する過程で，でんぷん消化能力が格段に強い酵

素（ジアスターゼ）を分泌する麹カビを発見していた。ジアスターゼとはデンプンやグリコーゲンの分解を促進して糖にする消化酵素であり，1833年，フランスのアンセルメ・ペイヤンとジーン・ペルソが初めて麦芽から分離したものである。それまでジアスターゼは一種類であると考えられていたが，高峰の発見で糖化能力の高い消化ジアスターゼの存在が明らかになったのである。1894（明治27）年，彼はこの酵素の抽出に成功し，タカジアスターゼと命名した。その後，英国および米国等において製造法の特許を取得している。

　高峰は，タカジアスターゼの特許を取得する一方で，そのビジネス化も早くから企図していた。1897年，デトロイトを本拠とするパーク・デービス社が，日本以外の地域におけるタカジアスターゼの製造および販売権を取得し，世界的に普及することとなった。1905年に出版された夏目漱石の『我輩は猫である』にもタカジアスターゼに関する記述がみられるが，胃弱であった漱石もタカジアスターゼを愛用していたのであろう。

(3) アドレナリンの結晶抽出

　1890年代，欧米の医学界では動物の副腎の作用に注目が集まっていた。動物の副腎に止血や血圧を上昇させる作用があることは古くから知られていたが，副腎エキスは変質しやすく不純物も多かったことから，副腎ホルモンの結晶物質を抽出することが医学界および薬学界における最大の研究テーマとなっていた。当時，この分野の第一人者はドイツのフルトと米国のエイベルであり，それぞれ全く異なる化学構造を持つ物質をアドレナリンの結晶物質として発表していた。いずれの主張が正しいかについては，学会でも最終的な結論が出ていなかった。

　1897年，タカジアスターゼの製造販売で高峰と提携したパーク・デービス社は，エイベルの弟子であるオルドリッチと高峰に精製実験を委嘱した。高峰の研究は，ニューヨークの高峰研究所で行われたが，当初2年間は全く成果がみられなかった。高峰の専門は発酵分野であり，結晶精製については必ずしも専門家ではなかったことも影響していると考えられる。

　こうした膠着状態を打ち破るきっかけをもたらしたのが，1899（明治

32）年，高峰研究所に助手として赴任した東大医学部薬学科出身の上中啓三（1876〜1960）であった。上中は副腎ホルモン結晶物質の抽出実験の詳細を綴った実験ノート（1900年7月20日〜11月15日）を遺している。彼の実験から得られた結晶物質は，先に触れたフュルトやエイベルのものとは全く異なる化学構造を持つものであった。高峰は，この結晶物質をアドレナリンと命名し，1900年11月5日付で米国における特許申請を行っている。さらに翌年1月22日には英国での特許出願も行っている。

　実験ノートの発見によってアドレナリンの抽出成功が，実質的に上中の業績であることが判明した。高峰は一部の英語論文や米国内における口頭発表において上中を研究協力者として紹介しているが，1906年，東京大学に提出された薬学博士の学位請求論文には，上中の存在は全く記載されていなかった。また，先に述べたアドレナリンの特許申請もすべて高峰の単独名によってなされており，上中は全く無視された形となっている。

　上中は，1933（昭和8）年に三共株式会社監査役を最後に引退するが，生前は実験ノートを公表することもなく，高峰に対する不満を表明したことも無かったようである。いずれにしろ，アドレナリンの結晶抽出は高峰と上中の共同業績であり，高峰が自分の研究業績から意図して上中の名前を消したのであれば，適切な行為ではなかったといえよう。

　これまで日本において，高峰と上中が結晶化に成功したアドレナリンの正式名称はエピネフリンとされてきた。米国でもエピネフリンが正式名称とされ，高峰が命名し，特許を取得したアドレナリンは欧州のみで使用されてきたに過ぎない。エピネフリンとは，米国の化学者エイベルが，アドレナリンの結晶物質として，高峰らに先立って発表した物質の名前である。

　1927年，エイベルは自身の回想記の中で，高峰と上中のアドレナリンは自分の研究を盗作したものであると述べている。この時，高峰は既にこの世になく，上中の実験ノートも公開されていなかった。エイベルの回想記の影響もあって，その後米国ではアドレナリンの名が消え，エピネフリンが一般名称として定着していったのである。上中の実験ノートの存在が明らかになった現在，エイベルの主張が全く根拠の無いものであることは明白となった。2006年3月に告示された改正日本薬局方では，アドレナリンが正式名

称とされた。言われなき嫌疑をかけられた高峰と上中の業績は，発見から実に107年目にして，ようやく名誉を回復することができたのである。

　タカジアスターゼやアドレナリンはパーク・デービス社が日本を除く全世界の販売権を握っていた。日本を除いた理由については，日本国内での販売は日本人の手に委ねたかった高峰の思いを反映したものであるとも言われている。実際，日本での販売権は，塩原又策らが創業した三共商店（現在の第一三共株式会社）が取得している。三共商店は1913（大正2）年に株式会社に改組され，初代社長に高峰が就任し，タカジアスターゼやアドレナリンの本格的な国産化を行っている。

4．後半生の活動

　高峰は，研究を通じて獲得した発見や発明を，特許制度を通じて知的財産として所有することで企業経営を成功させてきたが，一方で医学や理化学の発展や産業振興に関する提言も行っている。1913年に，科学者の育成と産業振興のための国民的な研究機関として国民科学研究所の設立を提唱したことも，その一つであった。この提言は，渋沢をはじめ多くの財界人から賛同を得た。その結果，1917年，渋沢を設立者総代として財団法人理化学研究所が設立されたのである。現在，同研究所は日本で唯一の自然科学の総合研究所として，物理学，工学，化学，生物学，医学など幅広い分野の研究を進めている。

　また，1916〜18年頃，高峰は急流河川が多い富山県は，水力発電に最適の地であり，その電力と故郷高岡市の伝統産業である鋳物技術を活用したアルミニウム製造の事業化を提言している。現在の高岡市は高峰が指摘した通り，日本のアルミニウム産業の一大拠点となっている。

　化学者および企業家として米国での成功を勝ち取った高峰は，晩年，日米親善にも力を注いだ。日露戦争が勃発した1904年，セントルイスで開催された万国博覧会では，米国有識者を招いてパーティーを催し，翌年には日米各界の著名人が集う「ジャパン・ソサエティー」（現在の日本協会）をニューヨークに開設して民間外交の拠点としたのであった。無冠の大使とも

呼ばれる高峰の日米親善活動は，日本に対する米国社会の理解を深めるうえで，極めて大きな効果をもたらした。

　最後に，研究開発型ベンチャーの視点から高峰の生涯を振り返ってみたい。結論を先取りして言えば，自ら発見した研究成果を知的財産として活用し，次々と事業化に成功していった鮮やかな前半生と，人材不足による研究

表1　三共株式会社創業期利益金一覧

（単位：円）

期別		利益金	資本金
1899年	上期	1,000	859
	下期	1,060	1,500
1900年	上期	1,495	1,950
	下期	1,615	3,000
1901年	上期	2,111	3,000
	下期	3,918	3,000
1902年	上期	5,830	3,000
	下期	4,698	15,000
1903年	上期	2,191	18,000
	下期	3,996	30,000
1904年	上期	2,789	30,000
	下期	3,360	30,000
1905年	上期	4,106	30,000
	下期	11,134	100,000
1906年	上期	10,557	120,000
	下期	18,293	300,000
1907年	上期	32,541	300,000
	下期	14,555	187,500
1908年	上期	41,727	250,000
	下期	51,650	312,500
1909年	上期	42,552	375,000
	下期	34,790	500,000
1910年	上期	35,643	500,000
	下期	38,580	500,000
1911年	上期	96,583	1,000,000
	下期	50,914	1,000,000

注：タカジアスターゼ発売（1899年），アドレナリン発売（1902年）。

出所：三共六十年史刊行委員会編・刊［1960］『三共六十年史』38頁より作成。

開発力の低下によって新たな技術シーズが発見できずに苦悶する後半生に区分することができるのではなかろうか。

　高峰は産業を振興するうえで，科学者の育成と科学技術の開発が不可欠であるという認識を強く持っていた。しかし，後半生において研究開発の拠点としていたタカミネ研究所ではアドレナリンの発見以降，画期的な業績を挙げていない。これは，研究開発型ベンチャーにとっては致命的な状況である。

　アドレナリンの発見以降，高峰の活動の軸足が社会活動に移ったことも影響していると思われるが，研究成果の不振は，上中のような優秀な若手研究者が集まらなかったことによるものであった。アドレナリン発見に関する上中の業績を無視したことがマイナスの影響をもたらしたか否かは定かではないが，結果として優秀な若手研究者から高峰が敬遠されたことが，アドレナリン以降の研究成果の低迷の直接的な原因となったと考えられるのである。

　1922（大正11）年，高峰はニューヨークにて死去（享年67歳）するが，彼の理念は塩原又策に受け継がれた。塩原は，優れた発見にもかかわらず正当な評価を受けていなかった日本の科学者たちに製品化の機会を提供し，医学や理化学研究から生み出された知的財産の産業界への技術移転を積極的に進めていったのである。

豊　田　佐　吉
―トヨタグループ創業者

豊田佐吉　略年譜

1867(慶応3)年	0歳	静岡県敷知（ふち）郡吉津村（現静岡県湖西市）に生まれる
1890(明治23)年	23歳	東京の内国勧業博覧会を見学，豊田式木製人力織機を発明
1894(明治27)年	27歳	糸繰返機を発明
1897(明治30)年	30歳	乙川綿布合資会社を設立し，動力織機の操業を開始
1899(明治32)年	32歳	井桁（いげた）商会を設立
1901(明治34)年	34歳	たて糸送り出し装置を発明
1902(明治35)年	35歳	豊田商会を設立
1904(明治37)年	36歳	管替式自動織機を発明
1910(明治43)年	43歳	アメリカ，ヨーロッパを視察，ニューヨークにて高峰譲吉に会う
1911(明治44)年	44歳	豊田自働織布工場を設立
1918(大正7)年	51歳	豊田紡織株式会社（現トヨタ紡織）を設立
1921(大正10)年	54歳	上海に豊田紡織廠を設立
1924(大正13)年	57歳	無停止杼換式豊田自動織機（G型）を発明
1926(昭和元)年	59歳	株式会社豊田自動織機製作所を設立
1929(昭和4)年	62歳	イギリスのプラット社へ自動織機の特許権を譲渡
1930(昭和5)年	死去（享年64歳）	

（年齢＝満年齢）

1. 研究開発型企業家への途

　トヨタグループの創始者である豊田佐吉は，1867（慶応3）年，浜名湖の西岸に位置する現在の静岡県湖西市鷲津に豊田伊吉・えい夫妻の長男として生まれた。豊田家は農業を営んでいたが，耕地は必ずしも大きくなく，農業だけで生計を立てることは難しかったようである。このため，父伊吉は農業以外の職業を修得する必要を感じ大工となった。伊吉は敬虔な日蓮宗信者であり，また，この地方に流布していた報徳思想を生活信条としていたことから，責任感の強い職人であった。後年，技術開発に真摯に取り組む佐吉の姿をみると，その職業倫理感の形成に伊吉の存在が大きく影響しているとも考えられる。

　佐吉は13歳頃から父に従って大工仕事の手伝いをするようになり，2年ほどで伊吉の片腕となるまでに成長している。小学校卒業後，佐吉は正規の教育を受けていなかったが，知識欲は極めて旺盛で，18～20歳代後半にかけて志を同じくする仲間とともに毎夜，自主的な勉強会（夜学会）を開き，議論を交わしていた。

　本格的に織機に関する発明と技術開発に取り組むきっかけを佐吉に与えたのが，中村正直によって翻訳出版されたサムエル・スマイルズの『西国立志編』（1870年）と1885（明治18）年に公布された「専売特許条例」であった。

　スマイルズの著作は，中村正直が『西国立志編』として訳述し，発行部数は明治期を通じて100万部に達するベストセラーとなった。「天は自ら助くるのもを助く」という文言に象徴されるように，自立自尊の精神の重要性を説いたものであった。明治維新によって，それまでの封建的身分制度から開放された農民・商人層に大きな影響をもたらした啓蒙書であった。『西国立志編』は志を立て努力を惜しまなければ，人は必ずや成功するという事が繰り返し述べられている。言い換えるならば，同書は，人生の幸福は勤勉と自修によって社会を構成する人々の幸福を極大化することによってもたらされることを，産業革命を支えた数多くの企業家活動の例を引きながら説いたも

のであった。

　一方，専売特許条例は，1885年，わが国最初の特許法として公布された。特許制度がない時代に，純日本式の紡績機を発明した臥雲辰致は，明治10年に開催された第一回内国勧業博覧会に出品して賞を受けたが，これが却って国内業者の模倣を促した。しかも模倣者は，自らを発明者と称して宣伝したため，臥雲は毎日の生活費にも窮してしまったという事例があった。『西国立志編』においても特許制度が発明家の権利を保護し，これが産業革命の原動力となったことが記されているが，同書を愛読していた佐吉は専売特許条例も持つ意義を十分理解していたと考えられる。

　佐吉に関する伝記では，たまたま父の仕事を手伝うために赴いた新所小学校（静岡県湖西市）で，佐田先生が授業で『西国立志編』について話しているのを聞き，佐田先生から同書を借りて読み，また「専売特許条例」についても教えて貰ったことが，佐吉を発明へと駆り立てる強い刺激となったと述べられている。特に佐吉は，自分と同じ貧しい大工出身でありながら多軸紡績機（ジェニー紡績機）を開発して特許を取得したジェームズ・ハーグリーブスから強い影響を受けたとなっている。この話は，昭和初期の小学校の国語教科書にも収録されており，佐吉が発明を志すきっかけとなったエピソードとして今日まで語り継がれてきた。

　しかし，平河祐弘［2006］の研究によって，佐田先生は実在せず，これまで伝記で語られてきたエピソードはフィクションであることがあきらかとなった。佐田先生がはじめて登場したのは，1931年，與良松三郎によって執筆された『豊田織機王』からであり，以後，多くの伝記が與良の内容をそのまま踏襲してきたために，事実として定着してしまったようである。

　佐田先生に関するエピソードがフィクションであったとしても，佐吉が『西国立志編』を読んでいた可能性は高いと考えるべきだろう。佐吉が書いた『発明私記』によると，1884（明治17）年，明治政府が殖産興業のため，全国に設置した紡績工場の一つとして設立された遠州二俣紡績会社への入社を試みたものの果たせなかったことが記されている。

　遠州二俣紡績会社は，静岡県掛川市に本拠をおく大日本報徳社社長の岡田良一郎が社長として設立したものであった。岡田は「活法経済論」におい

て『西国立志編』に登場するワットやアークライトの例を引用して企業家活動の意義を説いている。既に述べたように佐吉は熱心な報徳思想の信奉者であったが，岡田の著作や講演などを通じて『西国立志編』の存在を知った可能性も高い。

岡田は，二宮尊徳の報徳思想を発展させ，経済合理性の追求が企業家の道徳的完成に通じるという経済活動と倫理的価値観を融合させた考えを提唱し，遠州地方（浜松を中心とした静岡県西部地方の呼称）の経済的自立化の手段として紡績業および綿織物業の育成を目指した。遠州地方に，自動織機メーカーを起源とする企業が今日でも多数存在しているのはこのためである。

佐吉は，報徳思想や『西国立志編』等からの直接的および間接的影響を受けながら，動力織機の開発を志すようになる。しかし，素人同然の佐吉が，一朝一夕に動力織機を開発できるわけもなく，当初は，人力織機を改良して能率の上がるものを製作することに主眼をおいた。こうして40年の長きにわたる佐吉の研究活動が本格的に開始されていくのである。

2. 動力織機の開発

1890（明治23）年4〜7月，東京で第三回内国勧業博覧会が開催された。第一回博覧会で臥雲辰致の発明したガラ紡機が注目され，全国的に普及していた。佐吉は博覧会の機械館に日参し，終には警備員から怪しまれたというエピソードが残っている。機械工学の専門知識に乏しかった佐吉には，見学しただけでは理解できないことが多かったようである。帰郷した佐吉は，最初の発明となる木製人力織機を製作している。これは，従来からあったバッタン織機といわれる手織式の織機を改良したものであったが，それまでの織機に比べて4〜5割も能率が上がったことから評判となった。翌1891年，佐吉はこの発明によって，初めての特許を取得している。

佐吉は，この木製人力織機による織布工場を東京に設立する。目的は動力織機の開発資金を得ることであったが，動力織機の開発は思うように進まず，織布工場の経営も行き詰まった。1893年，佐吉は，再び故郷へ戻り，翌年には長男喜一郎が誕生する。故郷に戻ってからも，終日納屋の一室に

閉じこもって研究を続ける日々が続いたが，動力織機の開発は遅々として進まなかった。研究中心の佐吉との生活に疲れた妻たみは，幼い喜一郎を残して，ついに佐吉のもとを去ってしまうのであった。

こうした状況にもかかわらず，1895 年，佐吉は二番目の発明品となる糸繰返（かせくり）機の開発に成功している。糸繰返機は，織布を副業とする農家の必需品であったが，従来の製品は手回し式で扱いにくいものであった。佐吉は，これを足踏み式に改良し，能率を 2 ～ 3 倍も向上させることに成功した。この糸繰返機は大変な好評を博し，経済的にも大きな成果を得ることができた。糸繰返機の成功によって財務基盤を立て直すことができた佐吉は，名古屋に出て本格的に糸繰返機の販売を始めた。この事業で得た資金をもとに，佐吉は動力織機の研究を再開している。佐吉が木製動力織機を開発するのは，2 年後の 1897 年であるが，動力織機の開発プロセスにおいて，糸繰返機の発明はターニングポイントとなったのである。

糸繰返機の成功によって経済的にも安定した佐吉は，遠州地方から愛知県にかけて使用されていた織機の実地調査を行っている。佐吉は，織機を使用している中小機業家の実情を知るとともに彼らの要望を聴取し，動力織機の開発に反映させていったと考えられる。試作品による織布実験を繰り返した後，1897（明治 30）年夏頃，日本で最初の小幅力織機となる豊田式木製動力織機が完成し，翌年特許を取得した。佐吉は，木製人力織機を開発してから 7 年目にして近代的な生産機械としての動力織機を生み出すことに成功したのであった。

動力織機を開発したものの，当時の織布業界は手織機による生産が主流であり，むしろ廉価な木製力織機に対する需要が大きかったのである。一部には大規模な製織工場の企画もあったが実現の目処は立っておらず，佐吉自身も動力織機の商業生産を行うだけの資金がなく，動力織機に対する需要を喚起する機会がなかなか見出せない状況だった。

こうしたなか，糸繰返機の顧客であった愛知県知多郡乙川村の仲買商石川藤八から，豊田式木製動力織機による織布会社を設立したいという申し込みがなされた。石川は農家へ糸を持ち込んで織布させ，出来た反物を買い取る商売を行っていた。佐吉は，石川の提案に対し，石川が織布工場の建築費

用を負担し，佐吉は開発した動力織機60台を提供することで合意し，1897年，乙川綿布合資会社が設立された。

　乙川綿布合資会社の生産する綿布の品質が均一であったことが，綿布の納入先であった三井物産の注目するところとなった。従来の人力織機では品質にムラがあるのが当たり前であったが，乙川綿布製の反物は，そうしたムラがなかったのである。早速，三井物産は乙川綿布合資会社を訪問し，その秘密が佐吉の開発した動力織機のあることを突き止めたのであった。三井物産が動力織機を喧伝したため，佐吉は動力織機の発明家として瞬く間に世間に知られるようになった。中小機業家から動力織機に対する需要は日増しに拡大していき，乙川綿布合資会社も順調に発展していたが，佐吉は自己の出資分を石川に譲り織機の製作や研究開発に専念することになった。

　当時の日本では，動力織機の主な動力源は水力であった。イギリスの産業革命は，石炭をエネルギー源とした蒸気機関が動力源となったが，明治初期の日本では石炭の生産コストが高く，もっぱら水車を利用した水力が使われていた。しかし，水力は安定的な確保が難しいという動力源としては，致命的な欠陥があった。佐吉がかつて入社を試みた遠州二俣紡績会社の失敗も天竜川の水力を有効に活用できなかったことが原因であった。

　佐吉は，動力織機の普及の制約条件となっている動力源に関する問題を解決するため，新たに石油発動機の開発を行っている。この石油発動機の開発が，遠州地方における動力織機の普及を加速させる要因となったのである。

　先に述べたように，佐吉の動力織機に最初に関心を示したのが三井物産であった。三井物産が佐吉の動力織機に関心を持った背景について振り返ってみたい。当時，明治政府は日清戦争中に満州において発行した軍票の処理に頭を悩ませていた。軍票とは，軍隊が軍費を調達するために，戦地や占領地域などで発行した紙幣のことであり，日本の政府機関に持ち込めば，日本国の通貨と交換するという条件が付されていた。しかし，すべての軍票を日本国の通貨に交換するためには，政府は通貨の大増発を余儀なくされ，結果としてインフレを招くなどの弊害が生じる可能性があった。明治政府は，日本国の通貨に交換することなく軍票を回収する方法として，満州へ綿布を大量に輸出する方針を打ち出した。しかし，当時は手織機による織布が中心であ

り，大量の綿布を生産する能力に欠けていたのであった。三井物産も明治政府の方針に協力する姿勢を示していたが，綿布の大量生産について具体的な方策を持っていなかった。こうした状況の下，佐吉の開発した動力織機が三井物産の注目するところとなったのである。佐吉は，早くから国家や社会に貢献することを発明の目的としてきたが，彼の開発した動力織機が国家を財政破綻の危機から救う一端を担ったのであった。

3．豊田式織機の設立と挫折

　1899（明治32）年，動力織機を量産するため三井物産が主導して合名会社井桁商会が設立され，佐吉は技師長に就任した。この時期，佐吉は自動織機の製作にとって技術的に重要な発明を行っている。特に，織機を運転したまま緯（よこ）糸を補給することができる装置の開発は，織機の自動化を行う上で，欠くことのできない重要な技術的要素となる発明であった。

　しかし，自動織機の開発にとっては重要な発明であったとしても，製品化に至らず，収益に直接寄与しない発明は，企業にとっては何の意味も持たないことは明らかである。研究開発と経済性を両立させることの難しさから，佐吉は井桁商会を退社し，再び豊田商会において織布業を始めることとなった。

　豊田商会の経営はすこぶる順調で，佐吉は1897年に再婚した妻浅子と弟の佐助に経営を任せ，自分は収益の大半をつぎ込んで自動織機の研究に専念していた。1905～1906年に開発した「三十八年式」及び「三十九年式」木鉄混製動力織機は，厚地物も織れるように改良を加え，耐久性・汎用性・能率の向上を図る反面，安価であったことから注文が殺到していた。

　1905年は，佐吉の研究に大きな影響をもたらす重要な出来事があった。鐘ヶ淵紡績兵庫工場で，日本・米国・英国（2社）の織機の性能比較試験が行われたのである。結果は，英国製プラット式普通織機が最もすぐれた成績を示し，豊田式自動織機は，他の米国製および英国製織機とともに，芳しい結果を出すことが出来なかった。プラット式普通織機が好成績を収めた要因は，品質の劣る綿糸を使用しても十分効果をあげることが出来たことによる

ものであった。このことは，佐吉の研究開発に一つの方向性を与えることとなったのである。

　豊田商会の急成長に目をつけたのが，またしても三井物産であった。三井物産出身の経営陣との軋轢から，佐吉が井桁商会を退社することになったことは既に述べたとおりである。三井物産は，豊田商会を株式会社組織に改組することを提案してきた。佐吉は井桁商会での苦い思いから，約半年間にわたり思い悩んだあげく最終的にこの提案を受け入れている。こうして，1906（明治39）年，わが国初の本格的織機メーカーとして豊田式織機株式会社が資本金100万円で設立され，社長には大阪合同紡績社長の谷口房蔵が就任している。

　同社の経営は，設立当初から不振をきわめ，1910年に開かれた緊急重役会では，社長の谷口から佐吉の研究開発が経営不振の原因であると指摘され，辞任を強要される始末であった。佐吉が製品の品質を確保するため，販売前の営業的試験を重視したのに対し，少しでも早く製品を販売したい経営陣と対立するに至ったのであった。結局，佐吉は辞職に追い込まれ，豊田商会時代から培ってきた財政基盤と研究開発の場を失ってしまうのである。

4. 自動織機の完成

　豊田式織機株式会社を事実上解任された佐吉は，米国および英国訪問の途につく。米国では，わが国にも名声が伝えられていたノースロップ式自動織機などを視察したが，佐吉自身が開発した自動織機と比べても，その技術水準は必ずしも高くないという認識を抱くようになった。

　また，佐吉は，米国訪問中にタカジアスターゼやアドレナリンを発見した高峰譲吉を訪ねている。高峰は，佐吉の発明や人柄を熟知しており，その訪問を喜んだようである。高峰は「世の中には幾多の発明が，しばしば不成功に終わって葬られている。それは社会の罪であると同時にまた発明家自らの責任でもある。（中略）これならば社会的に使用せしめても大丈夫であるという見込みのつくまで，発明家は発明品から離れてはいけない。（中略）立派な丈夫な翼が生えて，これならばどこへ放ってやっても，充分大空を翔け

得るという見込みのつくまでは，発明家が面倒を見るべき責任がある。これが発明の完成する所以ではなかろうかと思う」と語った。（豊田佐吉翁正伝編纂所［1933］）

　これは，佐吉の信念である完全なる営業的試験を行わなければ真価を世間に問うことは出来ないという考え方に符合するものであった。米国の医学界において確固たる業績を挙げている高峰の言葉は，傷心の佐吉に自信と勇気を取り戻させたのである。孤独な戦いを続けてきた佐吉は，発明家としての心情を始めて理解してくれる人物との邂逅を楽しんでいるかのように，その後も幾度となく高峰を訪ねたようである。

　1912（大正元）年，決意を新たに帰国した佐吉は研究開発資金を得るために，豊田自動織布工場を名古屋に設立する。1914年には，紡績工場を新設し，紡績業にも進出している。当時は，綿糸の品質が粗悪で自動織機の試験に支障をきたしたことから，良質の綿糸を確保するために紡績業を兼業したのであった。紡績業への進出に伴う経営リスクは大きかったが，同年，勃発した第一次世界大戦に起因する好景気によって紡績業は瞬く間に急成長を遂げ，1918年，豊田紡織株式会社へと発展したのである。

　紡績業の好調によって，経済的にも研究に集中することが出来るようになった佐吉は，自動織機の完成に向けて，着々と技術開発を進めていく。1923年に新設した刈谷工場において，精密な営業的試験が行われた。営業的試験の実施期間は3年に及び，その間にもさまざまな技術的改良が重ねられていった。その結果，1926年3月，自動織機は遂に完成する。これまで営業的試験を実施してきた刈谷工場において本格的な商業生産を開始するとともに，同年11月豊田自動織機製作所を設立し，自動織機の製造販売を手掛けるようになったのである。

　従来の普通織機では，作業員1人が操作できる織機台数は4～5台であったが，豊田式自動織機は1人で50台を操作することが可能であった。さらに1929年には，国際労働会議の決議に基づいて婦人・年少者の深夜業が禁止されたことから，生産効率を確保するために自動織機に対する需要が急増したのであった。佐吉の発明は，まさに，当時の社会的要請に合致するものであったといえよう。豊田式自動織機は，国内だけでなく，中国，インド，

表2 遠江織物組合内メーカー別織機シェア

豊田式	7,286台	31.37%
須山式	2,459台	10.59%
飯田式	1,373台	5.91%
鈴木式	953台	4.10%
鈴政式	953台	4.10%
今村式	254台	1.09%
その他	9,945台	42.82%
合計	23,223台	100%

出所:静岡県浜松工業試験場［1919］『大正八年度業務工程報告』。

米国,カナダ,メキシコ等にも輸出された。

また,豊田式自動織機を世界一と評価した英国プラット社から特許権譲渡の申し込みがなされ,1929年12月,豊田・プラット協約が成立した。その時の豊田側代表団の一員として参加していたのが長男喜一郎である。この協約に基づいてプラット社から支払われた特許譲渡料10万ポンド(約100万円)は,喜一郎が専任となった自動車製造の研究資金として使われ,今日のトヨタ自動車の基盤を築くきっかけとなったのである。

自動織機の完成後,佐吉は上海に本拠を置き,かつて手掛けた環状織機の研究に取り組む一方,社会貢献にも関心を持ち,帝国発明協会に蓄電池発明奨励の目的で100万円の寄付を行っている。この研究奨励金への応募資格は日本人に限られていたが,日本人の技術開発力を向上させたいという佐吉の心情が表れたものである。

1927年以降は,脳溢血を患い,思うように研究を行うことが出来なかった。最後に手掛けた環状織機の完成をみないまま,1930年10月,病気のために死去した。佐吉の精神は長男喜一郎の自動車開発に受け継がれていくのである。

おわりに

高峰譲吉は,明治初期に欧米流の先端教育を受けた第一世代の応用化学者

としてタカジアスターゼの発見やアドレナリンの結晶化という学問的にも優れた業績をあげる傍ら，これらの成果をベースとした事業を立ち上げ，企業家としても成功した。一方の豊田佐吉は，高峰とは対照的にほとんど独学によって機械工学に関する知識と技術を身につけ，機械工業の先進国である欧米からも評価される画期的な自動織機の開発とその事業化に成功し，トヨタグループの基盤を築いた。今日，高峰と豊田は，わが国における研究開発型ベンチャー企業家の嚆矢として高く評価されているのである。

注目すべきは，高峰と豊田が企業家である以前に，優れた化学者であり技術者であったことである。研究開発型ベンチャー企業にとって最も重要なものは，事業の核となる革新的要素である。高峰の場合は化学的な研究から発見されたタカジアスターゼやアドレナリンが，豊田の場合は自動織機の製造技術が，それぞれ革新的要素となったのである。いかに優れた企業家的素質があったとしても，事業の核となる革新的要素を自らの力で掴むことができなければ，研究開発型ベンチャー企業を創成することは難しいのである。

『通商白書』(2003年および2004年版)は，米国における実証研究の結果を引用しながら，研究開発への投資がイノベーションを引き起こし，将来的に企業パフォーマンス(利益・売上・株価など)を向上させる，すなわち企業価値を創造する機能を果たしていると述べている。つまり，研究開発を先行させることで，全く新しい市場を創造することをこれからの企業は求められているのである。このように，経済を活性化していくためには，研究開発を通じて獲得した技術シーズを事業化することが重要であるにもかかわらず，研究開発が事業化に結びついておらず，日本経済の大きなボトルネックとなっているとの指摘もある。こうした視点からみると，高峰と豊田の企業家としての生き方から，今日の企業家が学ぶべき点は多いといえよう。

また，高峰と豊田に共通する要素として忘れてならないものが，特許権への高い認識である。高峰は，特許局に勤務した経験から，特許の意義をよく理解し，特許を取得することで自己の発見を知的財産化し，ビジネスに結び付けていったのである。豊田も特許条例の公布によって，自己の技術的発明に対して積極的に特許を取得していった。

高峰や豊田が積極的に特許を活用した目的は，取得した特許を事業化する

ことで巨万の富を得ることにあったのではなく，次なる研究開発に必要となる資金を確保するためのものであった。

今日，ベンチャー企業家の中には，企業家としての目的を利潤の追求に置くケースがみられるが，高峰や豊田にとって利潤の追求は目的ではなく，研究開発のための手段に過ぎなかった。

例えば，豊田は取得した特許を個人で所有せず，すべて会社の所有としていたが，そうした事例からも彼らの企業家としての姿勢を窺い知ることができるのである。

研究開発型ベンチャー企業の事業承継は非常に難しい。それは，企業家自身が優れた研究開発能力を保有していなければならないからである。豊田の場合は，喜一郎という，ある意味で佐吉よりも優れた技術者であった後継者に恵まれた。喜一郎は佐吉が全く手がけなかった自動車開発で独自の技術シーズを獲得し，トヨタグループ発展の礎となった。一方，高峰の場合，2人の息子には研究開発の資質がなかったようである。研究者・技術者と企業家双方の素養を併せ持つ人材は，極めて稀な存在であり，そうであればこそ，今日まで高峰と豊田が研究開発型ベンチャー企業家の目標とされる所以であろう。

参考文献
○テーマについて
 荒井寿光［1998］『特許はベンチャー・ビジネスを支援する』発明協会。
 関　権［2003］『近代日本のイノベーション―特許と経済発展』風行社。
 上山明博［2004］『発明立国ニッポンの肖像』文藝春秋。
 石井　正［2005］『知的財産の歴史と現代―経済・技術・特許の交差する領域へ歴史からのアプローチ』発明協会。
○高峰譲吉について
 飯沼信子［1993］『高峰譲吉とその妻』新人物往来社。
 真鍋繁樹［1999］『堂々たる夢』講談社。
 飯沼和正・菅野富夫［2000］『高峰譲吉の生涯』朝日新聞社。
 山下愛子［2000］『高峰譲吉伝「アドレナリン発見100年記念出版」』雄松堂。
 三共株式会社編・刊［2000］『三共百年史』。
 山嶋哲盛［2001］『日本科学の先駆者高峰譲吉』岩波書店。
○豊田佐吉について
 豊田佐吉翁正伝編纂所編・刊［1933］『豊田佐吉伝』。
 トヨタ自動車工業編・刊［1958］『トヨタ自動車20年史』。
 毎日新聞社編・刊［1971］『生きる豊田佐吉―トヨタグループの成長の秘密』。

楫西光速［1987］『豊田佐吉』吉川弘文館。
静岡県湖西市教育委員会・湖西市編・刊［1990］『湖西の生んだ偉人豊田佐吉』。
細川幹夫［2002］『トヨタ成長のカギ―創業期の人間関係』近代文芸社。
和田和夫・由井常彦［2002］『豊田喜一郎伝』名古屋大学出版会。
平河祐弘［2006］『天ハ自ラ助クルモノヲ助ク―中村正直と『西国立志編』』名古屋大学出版会。

5 財閥の改革者

結城豊太郎と池田成彬

はじめに

　財閥は同族家業集団であった。財閥同族は，彼らによる封鎖的所有・支配下での多角的事業経営体の形成を目指した。日本経営史における財閥の積極的な存在意義は，財閥が近代産業のリスク・テイカーとなり，日本の工業化と経済発展に貢献したことに求められる。明治維新以降の工業化過程の中で，有力な経営主体となった財閥は，彼らの経営諸資源を近代産業分野に次つぎに投下して，近代産業のリスク・テイカーとしての役割を果たした。日本の経済発展と財閥の事業活動は「親和性」を有していたのである。

　しかし，そうした「親和性」は第一次大戦後の激変する経営環境の中で，大きく揺らぎ始めた。第一次大戦ブームは1920（大正9）年恐慌の発生で崩壊し，日本経済は長い不況局面に突入した。相次ぐ恐慌の発生によって企業の倒産が続出し，失業者が増大した。また，農村経済の疲弊によって，欠食児童や娘の身売りが社会問題化した。そうした経済不況と社会不安の中でも，財閥の成長は続いた。とくに巨大な経済力を構築した三井，三菱，住友，安田の四大財閥は破綻した企業の一部を吸収しながら事業規模を拡大し，主要産業分野で覇権を確立した。財閥の肥大化と財閥同族への「富」の集中は生活苦と社会不安にあえぐ国民大衆にとって，怨嗟の対象となった。

　国民大衆の財閥に対する怨嗟は，ジャーナリズムや左翼・右翼陣営による煽動もあって，やがて財閥批判・攻撃に転化していった。そうした社会状況の中で，1921年9月，安田財閥創始者の安田善次郎が，さらに1932（昭和7）年3月，三井合名理事長団琢磨が国粋主義者や右翼の手で暗殺されるという事態を招いてしまった。財閥が受けた衝撃は大きく，各財閥とも財閥攻撃の嵐から自己を守るため，また，社会との新たな「親和性」の構築を求めて，各種の改革を実施しなければならなかった。

　本章の目的は，安田善次郎の暗殺後，安田財閥の改革・近代化策を推進した結城豊太郎と，団琢磨の暗殺後，三井財閥の「転向」策を断行した池田成彬の企業家活動を通して，両財閥の改革とその限界を比較・検討することにある。

結 城 豊 太 郎
―安田財閥の改革者

結城豊太郎　略年譜

1877(明治10)年	0歳	山形県置賜郡赤湯村（現南陽市）の酒造家の家に生まれる
1899(明治32)年	22歳	第二高等学校卒業，東京帝国大学へ進学
1903(明治36)年	26歳	東京帝国大学法科大学政治学科卒業
1904(明治37)年	27歳	日本銀行入行
1911(明治44)年	34歳	日本銀行京都支店長
1918(大正7)年	41歳	日本銀行大阪支店長
1919(大正8)年	42歳	日本銀行理事，大阪支店長兼務
1921(大正10)年	44歳	安田保善社専務理事，安田銀行副頭取兼務
1929(昭和4)年	52歳	安田保善社専務理事，安田銀行副頭取辞任
1930(昭和5)年	53歳	日本興業銀行総裁に就任
1936(昭和11)年	59歳	東京商工会議所会頭，商工組合中央金庫初代理事長に就任
1937(昭和12)年	60歳	日本商工会議所会頭，林内閣の大蔵兼拓務大臣に就任，貴族院議員，日本銀行総裁に就任
1942(昭和17)年	65歳	全国金融統制会会長
1951(昭和26)年	74歳	死去

(年齢＝満年齢)

1. 安田財閥の拡大と苦悩

(1) 安田財閥の拡大

　安田善次郎は銀行経営を中核とする金融事業の拡大強化を図る一方，明治20年代から30年代にかけて，鉱山，紡績，製釘，倉庫，機械，造船，肥料，海運などの事業分野にも進出し，金融部門と産業部門を両翼とする多角経営体の形成を目指した。1911（明治44）年には産業諸事業を統轄する安田商事合名会社を株式会社に，翌12年には合名会社安田銀行を株式会社に改組した。そして同時に私盟組織の安田保善社を合名会社とし，安田家は法人格をもつ保善社を所有・統轄機関とするコンツェルン体制を敷いた。

　ところが，安田家は日露戦後から第一次大戦期にかけて，経営路線を大きく転換した。安田家事業のうち，銀行経営は順調に拡大した。1900年の合名会社改組時に200万円であった主力の安田銀行の資本金は，株式会社改組時の12年には1000万円にまで増加した。また，安田家は系列銀行の獲得にも力を入れた。その結果，1911年時点で安田系銀行は安田，第三，日本商業，百三十銀行を拠点に17行を数え，日本，満州，朝鮮に171支店を設置した。この間，安田家は，1894年にはわが国最初の生命保険会社・共済五百名社の経営を継承し，保険分野にも進出した。

　これとは対照的に，安田商事直営の産業諸事業は不振を続け，明治末年には安田家事業経営の足かせとなっていた。その理由として，安田商事は安田銀行と比べて，資金と専門スタッフが制約されており，また，事業組織も「事業所の寄合所帯なもので，大規模な産業経営を行う管理組織となっていなかったことが」指摘されている（宮本［1999］）。

　産業諸事業の経営不振に直面した安田善次郎は，日露戦後の経済不況の中で総合多角経営体の形成を断念し，産業部門の縮小方針をとる一方，安田家を金融財閥として発展させる方向を打ち出した。そして，この方針は第一次大戦ブームの出現で産業分野が活況を呈する中でも堅持された。

　第一次大戦ブーム（1915～20）の中で，安田系銀行の店舗数（本店＋支店）は188店から288店に増加し，預金残高は1億9324万円から6億6334

万円へと3.4倍，貸出金残高は1億6016万円から6億4871万円へと4.1倍の伸びを示した。他方，安田商事は大正期に入ると直営事業を次つぎに廃止し，1920年代末には枝光支店安田製釘所と函館支店安田倉庫の2事業所を残すだけとなった。安田商事の直営でない事業会社は1921年時点で16社あった。しかし，帝国製麻を除けば，業界の有力会社は存在せず，会社間の事業関連性もなかった。

(2) 後継者の離脱と創業者の横死

　経営路線の転換は，安田財閥のトップ・マネジメント組織と事業継承問題に多大な影響を与えた。安田同族は宗家1家，同家5家，分家3家，類家3家の12家からなっていた。

　安田善次郎には3人の男子がいた。しかし，善次郎は，帝国大学法科大学出身で安田銀行に入行した伊臣貞太郎を1897（明治30）年に長女の婿養子とし，安田家に入籍させた。貞太郎は善三郎と改名し，安田宗家の推定相続人となり，1900年には安田保善社の副総長に就任した。そして，1913（大正2）年に善次郎は家督を善三郎に譲った。

　養嗣子善三郎は金融事業に偏重した安田家の事業経営を是正するため，産業部門の拡充と経営者的人材の確保を善次郎に強く進言した。総合多角経営体の構築を企図していた善次郎は彼の意見を受け入れ，1905（明治38）年から善三郎の人脈を通じて高等教育機関出身者の採用を開始した。しかし，前述したように，産業諸事業の経営は所期の成果をあげることができず，善次郎は多角経営体の形成を断念し，金融事業に集中する戦略を採用した。産業部門進出に意欲を燃やす善三郎は義父の経営戦略転換に不満であった。しかし，善次郎は家督を善三郎に譲った後も，事業経営の実権を完全に掌握しており，善三郎がそれに口を挟むことはできなかった。

　経営戦略の転換によって生じた善次郎と善三郎の対立は，大正期に入り安田商事の事業縮小・整理が進行する中で増幅していった。その上，善三郎は彼の家督相続に不満をもつ善次郎の実子や番頭経営者とも不仲となり，また，善三郎が入社させた高学歴者も相次いで退社した。そうした状況の中で，善三郎は安田財閥の前途に見切りをつけ，1919（大正8）年に安田保善

社副総長を辞任し,翌20年には安田家を離脱した。

　安田善次郎の金融部門への集中戦略は,安田家を金融財閥として発展させることを可能にした合理的な選択であった。しかしその反面,その選択は近代産業分野のリスク・テイカーとなる道を自ら閉ざし,もっぱら「安田一家の利益」を追求する利己的な経営行動であると見なされる側面を有していた。そして,そうした見方を背景に,善次郎は「営利欲に汲々たる人物で,国家社会に裨益するような大事業にはあまり興味を示さず,また社会公共的事業にも冷淡である,といった風評が広く流布していった」(由井[1986])。そのような風評の中で,1921年9月28日,大磯別邸で善次郎は寄付の申し込みを拒否して国粋主義者・朝日平吾と口論となり,彼によって刺殺されてしまった。

2. 安田財閥の改革

(1) 結城豊太郎の登場

　安田善次郎の横死後,安田家では彼の長男善之助を急きょ安田保善社総長に就任させ,安田宗家を継がせた。しかし,二代目善次郎を襲名した善之助は41歳と若く,安田財閥の統率者として識見,能力とも十分ではなかった。そこで,安田家では一族協議の結果,リーダーシップのある人材を外部から招聘する必要があると判断し,その人選を故善次郎の友人で,当時大蔵大臣の職にあった高橋是清に依頼した。高橋は日本銀行総裁の井上準之助と相談し,彼の強い勧めもあって日銀理事兼大阪支店長の結城豊太郎を推薦した。高橋と井上は,結城の手腕によって安田財閥の事業体質の改革と近代化を図ろうと考えたのである。

　結城豊太郎は1877(明治10)年生まれの44歳であった。結城は1903年に東京帝国大学法科大学を卒業して日本銀行に入行し,京都,名古屋支店長を経て,1918(大正7)年に大阪支店長となり,翌19年には同行理事に就任した。結城は1920年恐慌時に日銀による資金救済・斡旋等の適切な措置をとって関西財界の混乱を鎮静化し,その経営手腕を政財界で認められた。

　安田家では,結城を迎えるにあたって,安田保善社の定款を変更して安田

同族以外でも役員に就任できることとし，新たに専務理事の職位を設けた。結城は1921年に保善社の専務理事と安田銀行の副頭取に就任した。

結城は，1922年4月，「安田の人気はとても悪い，これは対外的に相当の事をしてこれを直さなければならない」との談話を発表し（由井［1986］)，以下の安田財閥改革・近代化策を矢継早に実施した。

① 「大」安田銀行の成立

1923年11月，安田系22行のうち，安田，第三，明治商業，百三十，日本商業等の主要11行の対等合併を行い，新たに資本金1億5000万円の「大」安田銀行を発足させた。この大合同によって，安田銀行の預金残高は全国銀行中最大の5億6765万円となり，第2位の三井銀行の4億1745万円を大きく引き離した。そして，安田銀行は貸付金残高，有価証券保有高でも首位に立った。

この大合同の狙いは，第1に主要系列銀行の経営統合によって産業資金需要の大規模化に積極的に対応し，第2に株式を公開している系列銀行と安田銀行を対等合併することで，後者の株式公開を実現することにあった。

結城は「大」安田銀行を誕生させることで，安田財閥の中核事業である銀行経営の基盤を強化すると同時に，その株式を公開することで安田銀行の公共性をアピールし，安田同族による銀行経営の独占的所有・支配に対する批判を緩和させようとしたのである。

② 学卒者の定期採用と海外派遣制度の導入

安田家では実務訓練重視型の従業員教育・人事政策をとっていた。1907（明治40）年に正式の教育訓練機関として練習生制度が発足した。この制度は安田銀行および第三銀行在籍の中学校卒業者から毎年20名を選抜し，彼らに1年間実務と学術教育を行うというものであった。練習生制度は1921年の善次郎の横死まで存続し，337名の行員が研修を受けた。しかし，この制度は忠実な子飼い行員とミドル・マネジメントスタッフの養成機関としては機能したが，そこからは安田保善社および傘下銀行・会社のトップ・マネジメントに昇進する人材は育たなかった。安田家でも，前述のように，1905年から不定期であったが，高等教育機関出身者の採用が始まった。しかし，彼らの多くは安田同族や番頭経営者と摩擦を引き起こし，早期に退社して

いった。

結城はこうした実務訓練重視型の教育・人事制度を抜本的に改めるため，1922年から安田保善社による学卒者（大学・専門学校卒業者）の一括選考・採用を行い，合格者を関係銀行・会社に配属することにした。学卒採用者数

表1 主要学卒者一覧（1922～1926年入社）

	出身校	1937年時の所属会社及び職名	その後の主要な経歴
三宅 久之助	東大	安田銀行・秘書課長	沖電気取
林 道夫	〃	〃 ・支店長	浅野カーリット取
遠藤 常久	〃	〃 ・ 〃	保善社業務部長
深沢 吉郎	〃	〃 ・ 〃	安田信託常
壯田 次郎	〃	〃 ・ 〃	安田銀行監
井尻 芳郎	〃	〃 ・ 〃	安田銀行（社）
安藤 嘉七	東高商	安田生命・支店長	安田生命常
柳田 勇	京大	帝国海上・課長	安田火災取
上野 孝一	東大	安田銀行・支店長	保善社業務部長
大塚 利雄	〃	〃 ・ 〃	安田銀行常
保坂 時太郎	〃	〃 ・ 〃	〃 監
大津 知	〃	〃 ・ 〃	川南工業取
竹内 拡充	東高商	〃 ・ 〃	安田銀行常
寄藤 亥織	東大	安田貯蓄・支店長	安田興業常
竹村 吉右衛門	東高商	安田銀行・金融課長	安田銀行取，安田生命（社）
西野 武彦	東大	〃 ・支店長	安田銀行（常）
迫 静二	〃	〃 ・ 〃	安田銀行（頭）
金子 鋭	〃	〃 ・ 〃	安田銀行（頭）
牧元 隆雄	京大	日本昼夜銀行・支店長	安田銀行（取）
佐々木 了	東高商	帝国海上・課長	安田火災（取）
千野 健彦	東大	安田信託・次長	安田信託取，（常）
林田 正貫	京大	〃 ・課長	〃 （社）
城田 九萬雄	東大	〃 ・ 〃	〃 （監）
鳥居 清一	〃	〃 ・支店支配人	〃 常
藤本 一男	東高商	東京火災・課長	安田火災取，（副）
檜垣 文市	東大	〃 ・ 〃	〃 取，（社）
坂本 操	東高商	〃 ・ 〃	〃 （常）
宇川 秀一	慶大	安田信託・課長	安田信託（常）
神戸 捨二	東大	安田銀行・支店副長	沖電気（社）
土井 利安	〃	安田信託・課長	安田信託監
岡田 嘉光	〃	安田生命・課長	安田生命（常）
松木 清	〃	〃 ・ 〃	〃 （副）
石川 一	東高商	〃 ・支店長	〃 （取）

注：1. **取**：取締役，**常**：常務取締役，**副**：副社長，**社**：社長，**頭**：頭取，**監**：監査役。
　　2.「その後の主要な経歴」中，（ ）内は戦後に就任した役職である。

出所：由井［1986］346頁。

は1922年約30名，23年50名，24年180名と増加し，以後，毎年100名前後の学卒者が定期採用された（表1）。

学卒者の定期大量採用と並行して，結城は将来トップ・マネジメントに就く人材は国際的視野をもつことが必要であるとして，関係銀行・会社から有能な職員を選抜して海外に派遣する海外視察制度を導入した。この制度によって海外に派遣された職員は1935年までに約50名を数えた。

③ 組織機構の「近代化」

1922年には安田保善社の組織機構の改革に着手し，それまでの庶務部（庶務・文書課），監査部（調査・統計課），管理部（地所・計算課）の3部制から秘書，庶務，理財，銀行，会社，調査の6部編成とした。このうち新設の銀行部と会社部は傘下企業に対する統轄管理機能を強化するために設置された。そして，職員の身分制度である参事制を活性化させ，1921年には4名であった参事を28年までに参事30名，副参事46名とし，彼らの中から保善社各部の部長を選出した。同時に，あいまいであった安田保善社と傘下銀行・会社間の稟議・報告事項の規程を明文化した。

保善社の組織改革の中で，結城が一番力を入れたのは調査部の拡充であった。それまで5,6名のスタッフで関係事業の監督・調査を行っていた調査課を部に昇格させ，同スタッフを一挙に50名に増員した。結城は調査部を安田財閥の基本戦略策定のための参謀本部と位置づけ，国内外の経済・産業調査や各種の事業調査を広範囲に行う一方，安田系銀行の投・融資先企業について丹念な調査・研究を実施した。

④ 浅野財閥への支援続行

産業金融機関としての銀行の役割を重要視していた結城は，善次郎時代から関係の深かった浅野財閥系企業への支援活動を継続した。1920年恐慌以後，浅野系企業の多くは業績を悪化させていた。しかし，結城は浅野系企業の社債発行を引き受け，投・融資を行った。その結果，昭和恐慌勃発時には安田銀行の浅野系企業に対する貸付残高は5000万円に達した。とくに結城が強く支援したのは沖電気で，同社への安田系出資比率は1920年の23％から23年の43％に急増し，安田家は浅野家に代わって筆頭株主となった。

さらに，1922年には日本銀行総裁の井上準之助の要請を受けて，浅野昼

夜銀行と浅野昼夜貯蓄銀行の経営を引き受け，前者を安田銀行，後者を安田貯蓄銀行に吸収合併した。

⑤　財界活動の推進

従来，安田財閥のトップ・マネジメントは，安田善三郎が日本工業倶楽部の設立に参画して監事に就任したのを例外として，財界活動に参加していなかった。結城は安田財閥のそうした閉鎖的体質を打破するため，安田保善社の専務理事に就任すると，直ちに日本工業倶楽部や日本経済連盟等の財界団体の役員に就任し，活発な財界活動を推進した。

(2)　結城豊太郎の退陣

結城豊太郎は安田財閥の改革に当たって，「自分は国家的観点から仕事をする。即ち安田のための仕事をするのではなく，安田の組織を，国家のために役立せるように運用するのだ」と断言していた（小汀 [1937]）。そして，結城は旧套墨守型となっていた安田財閥を三井，三菱などの大財閥と同様な近代的な事業体に再編成するため，上記の改革を断行したのである。

安田同族および子飼いの番頭経営者は，12家からなる安田同族の調整役として，前蔵相・勝田主計クラスの知名度の高い人材が推薦されることを期待していた。そのため，結城の安田入りを快く思っていない人も少なくなかった。彼らにとって，結城の果断な改革策は時期尚早で，善次郎時代の経営手法や伝統を破壊させる，独断専行的な行動であると見なされた。まして上記のような結城の発言は彼らの感情を逆なでした。また，結城の積極的な財界活動も，将来，政界に進出するための足場固めであると見られた。

結城の改革に反対する安田同族と番頭経営者は結束を固め，昭和期に入ると反結城運動を展開した。彼らはとくに結城の独断専行的な意思決定，重役人事，安田保善社の組織改革に不満を表明し，1928（昭和3）年1月，以下の3点を骨子とする申し合せ事項を保善社の役員会に提出した。

1)　結城豊太郎氏は今後安田家の一役員として行動し，独断専行を為さざること。
2)　理事の数を増加し，理事会の決裁は多数決によること。
3)　専務理事は外部に対する名称とし，内部においては其の権限は理事と

同じとすること。

 1928年3月，保善社は臨時役員会を開き，① 安田善四郎，同善助を新たに理事に就任させ，② 各理事の権限を平等とし，③ かつ理事の席次規程を設けて，安田善次郎以下5人の安田同族を結城豊太郎の上席者とし，同族が専門経営者に優越することを確認した。ついで1928年11月には保善社の業務組織を改編し，結城が安田財閥改革の主柱とした調査部を「あんなものは無駄で経費がかかるとして」廃止し，同スタッフを安田銀行調査部に吸収させた（由井［1986］）。

 安田保善社の役員会は反結城派の申し入れ事項を全面的に認め，結城の安田財閥改革策を否定したのである。そして，竹内悌三郎保善社理事が反結城派を代表して高橋是清と井上準之助を訪問し，結城の退陣を要請した。事態の深刻さを認識した高橋と井上は結城の将来を配慮して，結城を現職のまま外遊させ，1929年3月の帰国後直ちに保善社理事を退任させることを了承した。

3. 安田同族と専門経営者

 安田同族12家の中で，大きな発言力を有していたのは善次郎の三男善五郎であった。善五郎については，つぎのように言われている。

 「(安田)善五郎は先代(善次郎)の性格の中で積極的，闘争的な部分だけを貰ったような人間で，兄弟中でも一番のきかん坊である。善三郎の離別から結城豊太郎の追い出しに至るまで，すべて安田のお家騒動には，大抵の場合彼が震源地となっている。［中略］(安田善五郎)は温厚な長者だった兄善次郎(初代善次郎長男善之助，1920年襲名)氏とは打って変った一代の硬骨漢だけに，その精悍剛腹な負けじ魂には流石心臓の強い結城豊太郎氏も土俵を割った程である。氏が保善社の専務理事放逐の口火を切った時，結城氏を安田に推薦した井上準之助氏は持ち前の傲岸な態度で，一日善五郎氏と会見し，『専務理事を廃し結城君が出て行ったら，保善社は潰れるが，それでもいゝか』と威嚇したところ善五郎は言下に『或は貴下の言ふ通り潰れるかも知れない。しかし，それは他人によって潰さ

れるのではなく，内々の者の手で潰されるのだから，祖父善次郎もその方が喜ぶでしょう』と応酬して井上氏を面喰はせたといふ話が残ってゐる」（安岡［1998］232 頁，文中の祖父善次郎は父善次郎の誤まり—引用者）。

結城の退任後，高橋是清と日本銀行総裁土方久徴の推薦で元台湾銀行頭取の森広蔵が安田保善社の理事に就任し，安田財閥のリーダーとなった。温厚な森は安田家顧問の高橋是清との連絡を緊密にする一方，安田同族および番頭経営者の意見を尊重するとともに，傘下銀行・会社に対する保善社の統轄権限を緩和した。

満州事変の勃発と金輸出再禁止措置後の日本経済の回復過程の中で，安田銀行を中核とする安田財閥は拡大を再開した。ただその反面，安田財閥内部の調和を重視する森は，安田同族の意見をまとめることができず，発展が期待される重化学工業分野進出に踏み切ることができなかった。その結果，1937（昭和12）年時点でも安田財閥は資産の 70％以上を金融・保険事業に投下する産業基盤の脆弱な企業集団にとどまっていた。

トップ・マネジメント面でも安田財閥の保守性は保持された。1936 年 10 月，二代目安田善次郎が急逝し，長男一が安田保善社総長に就任した。安田一は 29 歳と若かったため，後見役に叔父の安田善五郎が就任した。善五郎は，昭和初年の財閥攻撃の中でも，安田財閥の同族支配体制堅持を強く主張し，それを実行した。1942 年 1 月，太平洋戦争勃発後の事態に対応するため，安田財閥はトップ・マネジメント機構を再編し，最高意思決定権限を保善社総長に一任する総長直裁制を敷いた。そして，総務理事に代えて常勤理事体制を新たに設け，安田善四郎と善五郎の子供・楠雄，彦次郎を常勤理事とした。さらに若いトップ・マネジメントを補佐する顧問として，前総務理事森広蔵と並んで安田善五郎が就任した。

安田保善社傘下の銀行・会社の社長には専門経営者が登用された。しかし同時に主要傘下銀行・会社には新たに会長職が設けられ，安田同族が就任した。戦争経済の進行の中で，安田財閥でも他の財閥に倣って合名会社安田保善社の株式会社への改組が検討された。しかし，安田の場合，資金需要旺盛な重化学工業分野に進出していなかったことに加えて，同族間の足並みがそろわず，保善社は合名会社形態のまま敗戦を迎えた。

池田　成　彬
―三井財閥の改革者

池田成彬　略年譜

1867(慶応3)年	0歳	奥州・米沢藩士の長男として生まれる
1888(明治21)年	21歳	慶応義塾別科卒業
1890(明治23)年	23歳	慶応義塾理財科入学，ハーバード大学留学
1895(明治28)年	28歳	ハーバード大学卒業，時事新報論説委員を経て，三井銀行に入行
1901(明治34)年	34歳	中上川彦次郎の長女と結婚，同年中上川死去
1909(明治42)年	42歳	三井銀行常務取締役
1919(大正8)年	52歳	三井銀行筆頭常務となる
1931(昭和6)年	64歳	三井銀行「ドル買い事件」に対する攻撃の矢面に立つ
1932(昭和7)年	65歳	団琢磨の暗殺後，三井合名理事に就任
1933(昭和8)年	66歳	三井合名筆頭理事として三井財閥の「転向」策を指揮
1936(昭和11)年	69歳	三井合名および直系6社に停年制を敷き，自身も辞任
1937(昭和12)年	70歳	日本銀行総裁に就任
1938(昭和13)年	71歳	近衛内閣の大蔵兼商工大臣に就任
1950(昭和25)年	83歳	死去

(年齢＝満年齢)

1. 三井財閥の拡大と苦悩

(1) 三井財閥の拡大

　三井財閥は他の財閥に先駆けて，1909（明治42）年に三井合名会社を頂点とするコンツェルン体制を確立した。そして，第一次大戦勃発直後の1914（大正3）年8月に団琢磨を三井合名理事長に就任させた。第一次大戦ブームが出現すると，団は三井合名社長三井高棟（三井総領家当主）の全面的信頼の下で積極的な拡大戦略を展開した。その結果，5000万円で発足した三井合名の資本金は1917年に6000万円，19年に2億円に増資され，26年には3億円に達した。また，三井財閥の事業基盤を支えた三大直系会社の三井銀行の資金勘定（自己資金＋預金），三井物産の年商高，三井鉱山の資産額は，1915年から20年の大戦ブームの間で，それぞれ3.6倍（1億4236万円→5億1165万円），4.4倍（4億3817万円→15億2976万円），3.9倍（3344万円→1億3117万円）に膨張した。

　拡大戦略は第一次大戦後の不況期にも継続された。とくに三井物産，三井鉱山を起点に造船，鉄鋼，石炭化学工業等の重化学工業分野への進出と信託，生命，損害保険等の金融部門の拡充・多様化が進行した。その結果，第一次大戦勃発直前，直系・傍系11社，資本金合計額1億6000万円であった三井財閥の規模は，1930（昭和5）年時点で直系・傍系40社，資本金合計額10億3700万円を擁するまでに肥大化した。

　この傘下企業の資本金合計額は主要財閥の中で最大であり，1929年時点で三井鉱山は全国石炭産出高の15.3％，三井銀行は全国銀行預金残高の5.3％，三井物産は全国輸出・入高の20.7％を占めていた。かくして，昭和初年には「三井財閥の支配力がピークに達した時代」を迎えたのである（星野［1968］）。

(2) 三井財閥に対する批判・攻撃

　三井財閥は最大財閥であったがゆえに，昭和恐慌期に頂点に達した財閥攻撃の標的とされた。三井財閥攻撃の矛先は三井物産，三井鉱山，三井銀行の

三大直系会社の事業活動に向けられた。三井物産については，中小商工業者が長年かけて開拓した国内外の市場を物産が強力な資本力で横取りし，その上，疲弊した農村に進出して「農村の工業化」の名の下に小生産業者を同業組合に組織化し，彼らの利益を搾取していると非難された。さらに満州事変時の張学良軍への塩の売込み，上海事変時の中国・一九路軍への鉄条網用針金の売込みは国賊的な利敵行為であり，それらの商行為を指揮，承認した物産筆頭常務の安川雄之助の利益至上主義的な経営姿勢に批判が集中した。また，三井鉱山については，主力の三池炭鉱で労働者に対して一方的に馘首や過酷な労務管理を強行し，同時に大牟田地域の政治，経済権益を独占・私物化していると攻撃された。そして，三井銀行については，1931（昭和6）年6月のイギリスの金本位制離脱直後，国策に反して大量のドル買いを行い，日本の金本位制停止による円貨下落の中で巨利を稼いだと批判・攻撃された。

三井物産が主導した「農村の工業化」策は在来産業製品の品質と競争力を高め，それら製品の輸出増大を企図していた。ただし，この政策によって物産自身も利益を享受したことは事実であり，また，安川の積極経営政策は商社行動としては合理性を有していたとしても，反財閥運動が高揚する中では社会に受け入れられなかった。しかし，三井鉱山攻撃は久留米連隊の青年将校が策動したデマゴギーによるものであり，三井銀行のドル買い自体も正当な経済行為であった。1931年9月時点で三井銀行ロンドン支店は8000万円の円貨を運用していた。イギリスの金本位制離脱によるロンドン支店の円貨凍結を恐れた三井銀行は，自衛措置として横浜正金銀行から2135万ドル（4324万円）を購入して，先物約定取引の履行と電力外債利払いの手当を行った。

イギリスの金本位制停止後，日本内外の商社，銀行は，早晩日本も金輸出再禁止措置をとることを予想して，いっせいに大量のドル為替を買い入れた。マスコミ各社は，連日，このドル為替買いの事実を私的利益の追求に走る，日本の金本位制堅持の国策に反した国賊的な投機行為であると報道した。三井銀行のドル買い額はナショナル・シティ銀行，住友銀行に次ぐものであった。しかし，三井銀行は「ドル買いの張本人」であると非難され，デ

モ隊による本店乱入や三井家に対して脅迫が相次いだ。

そうした状況の中でも，三井銀行筆頭常務の池田成彬は「三井のドル買い」の実情を公表しなかった。イギリスに凍結されている 8000 万円の円貨に 3 割，約 2400 万円の為替差損が生じており，その事実を公表すれば，三井銀行が預金取付けにあうだけではなく，当然，他の金融機関にも波及し，金融恐慌の再来が十分予想されたからである。

1931 年 12 月の日本の金輸出再禁止措置後，ドル為替差益を得た三井銀行への非難と三井財閥に対する攻撃はいっそうエスカレートした。そして，翌 1932 年 3 月 5 日，三井合名理事長団琢磨は，白昼，三井本館玄関先で血盟団員・菱沼五郎によって射殺されてしまった。

2. 三井財閥の「転向」

(1) 池田成彬の登場

団琢磨の暗殺後，財閥攻撃の中で三井財閥を防衛し，その改革を託されたのが池田成彬であった。

池田は 1867（慶応 3）年に奥州・米沢藩士の長男として生まれた。1890 年に慶応義塾別科から理財科に進学し，同年 8 月，同科の代表としてアメリカのハーバード大学に留学した。1895 年に 5 年間の留学生活を終えて帰国した池田は，福沢諭吉の主宰する時事新報に論説委員として入社したが，わずか 3 週間で辞めてしまい，同年 12 月，中上川彦次郎が改革を断行していた三井銀行に入行し，以後，25 年間におよぶ銀行員生活をスタートさせた。

中上川に実力を認められた池田は入行 2 年後に足利支店長となり，1884 年には銀行業務視察のために欧米出張を命じられ，帰国後の 1900 年に本店営業部次長に抜擢された。1901 年に中上川の長女と結婚した池田は，中上川の死去後も順調に昇進して 1909 年には常務取締役に就任し，1919（大正 8）年には筆頭常務となった。

池田のトップ・マネジメントとしての最初の仕事は，三井銀行の増資と株式の公開であった。1919 年 8 月，三井銀行は資本金を 2000 万円から 1 億円に増資した。当時，三井銀行の預金額は 3 億円を超えており，過少資本金を

是正し，預金者に十分な安心を与えることが，増資の目的であった．そして，増資新株式80万株のうち30万株を公募した．前任の筆頭常務早川千吉郎は，「三井家のための」三井銀行を強く主張していた．これに対して，池田は，「銀行は，単なる三井家の所有物ではあってはならない」という考えから三井銀行株の公開を計画し，三井高保同行社長，団琢磨三井合名理事長の支持と総領家当主三井高棟の同意を得て，同行株式の公募を実施した（三井銀行［1976］）．この株式公開は三井家の事業として最初であり，これによって三井銀行は一挙に2000名以上の株主を誕生させた．

1927（昭和2）年の金融恐慌の発生によって，多数の銀行が預金取付けにあい，休業・破綻した．三井銀行でも，1927年4月21日の十五銀行の休業の余波によって，京都支店で預金取付けを受けた．しかし，三井銀行全体としては金融恐慌の影響は軽微で，逆に恐慌発生前後の3カ月間で8491万円の預金増加をみた．三井銀行の強固な信用力と池田の果断な意思決定が，同行の金融恐慌による打撃を軽減し，回復を容易にしたのである．

三井銀行は金融恐慌で破綻した鈴木商店に巨額の貸付を行っており，休業した台湾銀行に大量のコール資金を出していた．三井銀行にとって鈴木商店は大口取引先であった．しかし，第一次大戦後，鈴木商店の業績悪化が明らかになると，池田は同商店への貸出し額を縮小させ，無担保貸付金の回収を図った．そのため，鈴木商店倒産時，三井銀行の前者への貸付残高は担保付の500〜600万円にすぎなかった．また，金融恐慌発生直前に三井銀行は台湾銀行に対して3000万円のコール資金を出していた．しかし，台湾銀行の経営悪化を察知すると，池田は同行休業3週間前に全てのコール資金を強引に引き上げてしまった．その結果，三井銀行は台湾銀行休業による打撃を回避できたが，池田の「台湾銀行コールの引き上げがパニックの端をなしたと」批判された（池田［1962］）．

第一次大戦後，三井銀行は電力事業に対する融資と外国為替業務の拡大に力を入れた．池田は，三井銀行のような大手都市銀行の主要な任務は次世代のリーディング・インダストリーを育成することであり，第一次大戦ブームを契機とする貿易事業の拡大にともなって外国為替業務量が増大すると考えていたからである．明治末年以降の都市化の進展と重化学工業の発展をリー

ドした電力業界では第一次大戦後，長距離高圧送電が可能となったため，電源開発・設備増強競争が激化した。三井銀行は東京電灯，東邦電力，大同電力，日本電力，宇治川電力の五大電力会社の資金需要に応じて積極的に融資し，社債発行を引き受けた。そして関東大震災後，三井銀行は米国のギャランティ・カンパニーを引き受け会社とする1500万ドルの東邦電力債を手始めに，日本電力，東京電灯債などの外債を米・英両国で相次いで募集した。

　このように電力外債の発行と外国為替業務の拡大に力を注いでいた三井銀行が，上述のイギリスの金本位制離脱に際して，先物約定取引の履行と電力外債利払いの手当のために，大量のドル為替を購入したのは当然の経済行為であった。しかし，三井銀行はドル買いの元凶とみなされ，池田成彬は国賊視されたのである。池田はドル買い事件騒動の最中，2度辞表を提出した。しかし，その都度慰留された。

(2) 「転向」策の断行

　団琢磨の暗殺後，三井合名では有賀長文，福井菊三郎の両常務理事のほか，池田成彬（銀行），米山梅吉（信託），牧田環（鉱山），安川雄之助（物産）の四大直系会社筆頭常務を現職のまま合名会社理事に任命し，この6人による合議制を敷いた。しかし，三井財閥が財閥攻撃の嵐を乗り切り，難局を収拾するためには，三井合名の業務に専念するリーダーシップをもったトップ・マネジメントの存在が必要であった，三井総領家当主三井高棟と最長老の益田孝は相談の上，「この難局を救えるものは池田成彬ただ一人」であるとして，池田を推薦した（江戸［1994］）。池田は先輩の有賀，福井の両者を差し置いて三井合名のトップに立つことを躊躇した。しかし，三井総領家の家督を高棟から引き継いだ高公の強い要請を受けて，1933（昭和8）年9月，三井合名の筆頭常務理事に就任した。

　池田が，直ちに実施しなければならない課題は2つあった。1つは三井家を財閥攻撃の嵐から守ることであり，もう1つは三井財閥の経営方針，組織機構を転換して，社会との「親和性」を回復させることであった。池田は両課題を遂行するために，三井高公の支持の下につぎの5つの施策を自ら立案し，不退転の決意で断行していった。

① 「三井報恩会」による公共・社会事業への寄付

1933（昭和8）年9月，三井家は3000万円を基本財産とする財団法人三井報恩会を設立し，公共・社会事業に対して寄付を行うことを発表した。その狙いは，三井「財閥は利益をほしいままにしている」との非難にこたえるためであった（三井銀行［1976］）。報恩会は基本財産を順次補充する方針の下で運営され，1934年から41年までの8年間で，総額1363万円の寄付を行った（表1）。

② 傘下企業の株式公開・売出し

三井報恩会の巨額寄付金を三井家といえども即座に調達する余裕はなかった。池田はこの寄付金の捻出と三井財閥による事業独占の印象を弱めるために，三井同族を説得して，傘下企業株式の公開と三井合名所有株式の放出

表1 三井報恩会の収支構成

	年度	1934	1935	1936	1937	1938	1939	1940	1941
収入	資産収入	千円	千円	千円	千円	千円	千円	千円	千円
	株式配当金	888	888	888	888	888	888	888	888
	国債利子	214	320	320	304	274	245	212	193
	銀行預金利子	90	30	21	16	10	5	6	7
	雑収入	—	1	1	14	30	43	24	8
	繰越金	1,000	255	913	660	629	542	835	329
	合計	2,192	2,294	2,143	3,081	2,581	2,722	2,315	1,624
	(備考 繰入金)		800		1,200	750	1,000	350	200
支出	会議・事務費	92	100	108	111	112	114	114	110
	事業費	1,842	1,276	1,372	2,336	1,923	1,769	1,864	1,186
	積立金	3	4	4	4	4	4	8	8
	合計	1,937	1,380	1,484	2,452	2,039	1,887	1,986	1,304
事業費内訳（決定額）		千円　件	千円　件	千円　件	千円　件	千円　件	千円　件	千円　件	千円　件
	社会事業費(件数)	573 (381)	770 (348)	654 (372)	521 (348)	718 (324)	578 (311)	470 (313)	560 (326)
	文化事業費(〃)	382 (93)	411 (26)	401 (43)	377 (48)	443 (46)	438 (41)	414 (46)	372 (37)
	特別事業費(〃)	1,000 (1)	798 (8)	2 (1)	1,244 (2)	799 (1)	958 (6)	491 (5)	256 (2)
	合計 (〃)	1,954 (475)	1,979 (382)	1,058 (416)	2,142 (398)	1,960 (371)	1,974 (358)	1,374 (364)	1,188 (365)

注：1. 株式は三井銀行新株式20万株（年8分配当），三井信託株式5万株（年7分配当）。国債は四分利国債。銀行預金は三井銀行通知預金及び当座預金。
　　2. 上欄の事業費と下欄（事業費内訳）の合計とが合致しないのは，当該年度に助成決定したもののなかで，事業進行の関係上，助成金を翌年度に繰越し交付する場合があるためである。
　　3. 積立金は，職員の退職手当積立金。
　　4. 事業費内訳の件数は，助成や貸付けを受けた件数である。
　　5. 千円未満四捨五入，—は事実なし。

出所：三井文庫［1994］250-251頁。

に踏み切った。その結果，1933年から翌34年にかけて，三井合名所有の三井銀行新株式，東京電燈，小野田セメント，台湾電力，北海道炭礦汽船，北樺太鉱業等の株式が売却され，三井鉱山傘下の三池窒素工業，東洋高圧工業，三井物産傘下の東洋レーヨン等の株式が公開された。

③　三井同族の退陣

三井同族は直系会社のトップ・マネジメントに就任していた。池田は，以前から「経営の才能の無いものが唯財閥の一族だという事だけで，経営の表面に立つというような事」はおかしいと主張していた（池田［1949］）。池田は，この考えにもとづいて，三井同族を経営の第一線から引退させ，直系企業の同族色を薄めようとした。この措置に対しては，同族の中から，「こうした危機の時代にこそ三井の主人が第一線に出て働くのが国家のためになる」という強い異論が出た（池田［1949］）。池田は反対する同族をねばり強く説得し，1934年1月から2月にかけて，三井銀行社長三井源右衛門，三井物産社長三井守之助，三井鉱山社長三井元之助を引退させ，後任社長に専門経営者を登用した。そして同時に，他の三井同族も三井系各社のトップ・マネジメントから引退させた。

④　安川雄之助の解任

安川雄之助は有能な商社マンであり，三井物産の筆頭常務として，大正末年から昭和初年の不況期の中で物産の事業拡大を主導した。ただし，「カミソリ安」の異名をもつ安川の営利第一主義的な経営行動については批判も多く，マスコミから三井財閥攻撃の格好の材料とされていた。池田は三井批判の沈静化を図るためにも，また「転向」を社会にアピールする上でも安川の引責辞任が必要であると判断し，彼に勇退を迫まった。安川は長老の益田孝，三井物産社長三井守之助の支援を頼んで容易に同意しなかった。しかし，総領家当主の三井高公が池田の判断を強く支持したため，1934年1月，安川は三井物産筆頭常務を辞任した。

⑤　停年制の実施

池田は三井財閥の「転向」策の総仕上げとして，戦時体制の進展に対応できる経営者を抜擢するために，1936年4月，以下の3点の停年制実施を断行した。

1) 筆頭理事と参与理事は満65歳
2) 常務理事および理事は満60歳
3) 使用人は満50歳

この停年制は決定からわずか半月後にいっせいに実施された。そして，すでに70歳となっていた池田は，1936年4月30日，停年制実施の第1号として，三井合名筆頭理事を退任した。

三井財閥の「転向」策の実施後，日中戦争の勃発を契機に日本経済は戦時体制に移行した。そうした状況の中で，財閥批判と攻撃は次第に沈静化していき，財閥は戦時経済体制の有力な担い手と見なされることになる。

3. 三井同族と専門経営者

三井家を始めとする江戸期大商家では，主家に忠誠心をもつ番頭経営者に経営を委託していた。そうした経営委託制度は明治期以降も継続した。三井家では明治中期の「中上川の改革」後，高等教育機関出身の専門経営者が雇用され，彼らが伝統的な教育訓練を受けた番頭経営者と交代し，順次，経営の中枢に進出した。

経営委託制度の下での所有者と雇用経営者の関係は，両者の「力」関係によって変化した。三井家では，「専門経営者の能力が高いときは，三井同族の発言権は弱くなり，専門経営者の力が相対的に弱いときには，同族の発言権が強くなるという関係にあった」（安岡［1998］）。そして，両者の「力」関係に同族間の対立や利害が影響した。三井家は11家からなる同族集団であり，各家の利害と経営意思が常に統一されていたわけではなかった。三井財閥の黄金時代をリードした三井高棟と団琢磨は同年齢で互いに信頼し合う間柄であった。しかも高棟は総領家の当主で同族の長老格でもあったから，他の三井同族は団の経営活動に干渉することはなかった。しかし，1932（昭和7）年の団の暗殺と高棟の引退によって，38歳の高公が総領家当主となり，池田が三井合名筆頭常務に就任すると，三井同族は発言権を強めていった。同族の中には池田の「転向」策に難色を示す者もあり，池田は彼らの説得と同族間の意思調整に多大の時間と労力を割かなければならなかった。池

田はのちに三井合名筆頭理事時代のことを，つぎのように語っている。

「三井は11家あるのですが，持株の数は違うけれども，その11家には，やかましい人もあり，口を出す人があって，そのまとめ役というものは一通りではない。私は，あとで，『合名に行ってから，私の時間なりエナージーなりの7，8割まではその方に使い，あとの2，3割だけが本当の合名の仕事に向けられた』と述懐しましたが，全くその通りで，甲の人の言う方に決めようと思うと乙が何とかかんとか言う。乙の言うことに決めようとすると丙が何とか言う。朝から晩までそのまとめ役で手一杯です。〔中略〕決めるのに暇がかかって，また決めたことを実行する点においても11家の主人がめいめい勝手なことをいうので，大変でした」（池田［1962］223頁）。

三井財閥における内部昇進型の専門経営者である池田成彬は，主家の三井家と事業体としての三井財閥を財閥攻撃の嵐から守るために，三井同族を根気よく説得して反対意見を押え，不退転の決意で三井の「転向」策を断行していった。

しかし，池田の引退後，総領家当主・高公と三井合名筆頭常務・南条金雄は同族間の意見をまとめることができず，同族の発言力は強まっていった。戦時体制の進展に対応するために，三井財閥は石炭液化事業，自動車工業，飛行機工業等の重化学工業分野へ進出する方針を打ち出した。しかし，そのためには巨額の事業資金を確保する必要があった。

1937年3月，住友財閥では住友合資会社を株式会社住友本社に，三菱財閥では同年12月，三菱合資会社を株式会社三菱社に改組した。両財閥の本社の株式会社への改組は，節税対策と資金需要の高まりを見越して株式公開と社債発行による資金調達の道を開くことにあった。戦争経済の進行の中で，財閥同族による封鎖的所有・支配体制の本社機構を維持することはもはや困難であった。しかし，三井財閥本社の株式会社化は遅れ，複雑な経路をたどった。まず，1940年8月，三井物産が本社の三井合名会社を吸収合併し，ついで1944年3月，三井物産から「旧三井合名会社」が分離独立する形で株式会社三井本社が設立された。このように三井財閥本社の株式会社化が遅れ，しかも2段階の過程を経て実施されたのは，同族各家の相続税軽減

対策もからんでいたが，その最大の原因は，三井高公が「三井家全体をまとめ切れず」，三井合名筆頭常務の南条が「温厚，消極的で決しかねて，時間がいたずらに経過していった」からであった（江戸［1986］）。この点，住友の同族は1家，三菱の同族は2家であり，迅速な意思決定が可能であった。

三井財閥では本社機構の株式会社化が遅れ，しかも1940年8月から4年間，三井物産の中に「本社」が存在するという変則的な形態をとったため，コーポレート・ガバナンス機能を発揮することが容易ではなく，戦時下の経営課題であった重化学工業分野への進出・拡充を十分に実現することができなかった。

おわりに

大正時代後半から昭和初年にかけて，財閥の肥大化と事業経営の封鎖的所有・支配に批判が高まり，その批判は財閥攻撃にエスカレートしていった。そのため，各財閥とも批判や攻撃から身を守るため，財閥の改革・近代化に積極的に取り組まなければならなかった。そうした改革・近代化は財閥の所有者ではなく，財閥に雇用された専門経営者によって推進された。

本章で論じたように，安田財閥では結城豊太郎，三井財閥では池田成彬が改革を担当した。しかし，両財閥の改革とも，財閥同族による家産管理と事業経営の封鎖性の修正や変更を迫るものであったから，同族側の抵抗は大きかった。とくに安田は12家，三井は11家からなる同族集団であっただけに，同族間の利害調整は容易ではなく，結城と池田は同族を説得し，彼らの同意を取り付けるために多くの時間とエネルギーを費やさなければならなかった。

財閥批判・攻撃の矢面に立たされていた三井の場合，改革は衆人環視の下で「財閥の転向」策として実施されただけに，同族の抵抗はあったが，具体的な成果をあげることができた。しかし，安田の場合は，結城が日本銀行から移籍した落下傘型の専門経営者であったこともあって，同族と番頭出身の経営者による排斥運動を受け，改革中途で安田を去らねばならなかった。

結城の退陣によって安田財閥の改革は頓挫した。その結果，安田は戦後財

閥解体の対象となった十大財閥の中で最も同族支配が強く，専門経営者のトップ・マネジメント進出が遅れた，金融事業に偏重した企業集団のままで敗戦を迎えた。三井の場合も，池田の引退後，同族の経営介入によって改革の速度が鈍り，重化学工業分野進出とコーポレート・ガバナンス改革の両面で三菱，住友に後れをとってしまった。

　こうした財閥改革のプロセスとそこでの財閥同族と専門経営者の関係は，第二次大戦後の財閥解体とその後の企業集団への再編成に大きな影響を与えた。解体された財閥系企業が再結集する際，重要な役割を果たした社長会の結成は，住友が一番早く，1951（昭和 26）年に白水会を，ついで三菱が 1954 年に金曜会を成立させた。これに対して，三井の二木会結成は 1961 年までずれ込んだ。この遅れは，戦前，財閥同族と専門経営者の関係が良好であった住友，三菱系企業の専門経営者は再結集に意欲を示したのに対して，三井系企業の専門経営者は三井同族に対する反発が強く，そのことが再結集を遅らせた要因として作用したといわれている。

　さらに同族の支配力が強かった安田の場合は，財閥解体指令を受けると，専門経営者はそれを積極的に受け入れ，安田財閥を自発的に解体した。1952 年のサンフランシスコ講和条約の発効によって財閥商号の使用が可能になると，多くの旧財閥系企業はかつて使用していた財閥名の社名に復帰した。しかし，旧安田財閥の中核企業であった富士銀行の専門経営者たちは，「安田」の行名にもどることを拒否した。

参考文献
○テーマについて
　森川英正［1980］『財閥の経営史的研究』東洋経済新報社。
　武田晴人［1995］『財閥の時代』新曜社。
　安岡重明［1998］『財閥経営の歴史的研究』岩波書店。
　宮本又郎［1999］『日本の近代 11　企業家たちの挑戦』中央公論社。
　橘川武郎［2002］「財閥のコンツェルン化とインフラストラクチャー機能」石井寛治・原　朗・武田晴人編『日本経済史 3　両大戦間期』東京大学出版会。
○結城豊太郎について
　杉山和雄［1975］「安田系銀行の大合同を推進した結城豊太郎」『金融ジャーナル』1975 年 7 月号。
　加来耕三［2004］「崩れかけた財閥を再建した"大番頭"―結城豊太郎―（上・下）」『日経ベンチャー』2004 年 5 月，6 月号。

由井常彦編［1986］『日本財閥経営史　安田財閥』日本経済新聞社。
小汀利得［1937］『日本コンツェルン全書Ⅴ　安田コンツェルン読本』春秋社。
秋田　博［1996］『銀行ノ生命ハ信用ニ在リ　結城豊太郎の生涯』日本放送出版会。
八木慶和［2007］『日本銀行総裁　結城豊太郎』学術出版会。
「安田保善社とその関係事業史」編修委員会編［1974］『安田保善社とその関係史』安田不動産。
富士銀行編・刊［1982］『富士銀行百年史』。

〇池田成彬について

杉山和雄［1978］「池田成彬―転換期における財閥の改革者―」森川英正・中村青志・前田和利・杉山和雄・石川健次郎『日本の企業家(3)　昭和編』有斐閣。
安岡重明編［1982］『日本財閥経営史　三井財閥』日本経済新聞社。
池田成彬伝記刊行会編［1962］『池田成彬伝』慶応通信。
池田成彬・柳沢　健［1949］『財界回顧』世界の日本社。
星野靖之助［1968］『三井百年』鹿島出版会。
江戸英雄［1986］『私の三井昭和史』東洋経済新報社。
三井銀行編・刊［1976］『三井銀行100年のあゆみ』。
三井文庫編・刊［1994］『三井事業史　本篇第三巻中』。

6 マス・メディア産業の革新者

正力松太郎と吉田秀雄

はじめに

　メディアとは一般に，コミュニケーションを可能にする媒体，コミュニケーションをなかだちする手段を意味する言葉である。マス・メディアとは，新聞メディア，雑誌メディア，放送メディア，広告メディアなど大衆を対象とし，大量のコミュニケーションを行う手段や方法，および組織体（新聞社，放送局，広告会社等）を指している。

　正力松太郎（読売新聞）と吉田秀雄（電通）は，戦前，戦後の日本のマス・メディアに関わる産業の革新と事業開拓を担った代表的な企業家であった。正力，吉田を取り上げる理由は以下の通りである。

　正力は読売新聞社の企業成長，民間テレビ放送事業（日本テレビ放送網）の開始，さらにはプロ野球に代表されるさまざまな大衆娯楽の事業開拓を主導した企業家であった。警察官僚という新聞産業とは異質の世界から参入した正力は経営危機に陥っていた読売新聞社を買収し，さまざまな事業アイデアの実践によって，読売新聞を大衆的大新聞として確立した。こうした経営活動を通して，読売新聞は朝日新聞，毎日新聞とととともに三大紙の一角を占め，その後世界最大部数の新聞へと成長した。

　一方，吉田はマス・メディアに関わる広告ビジネスの革新と電通の企業成長を主導した企業家であった。吉田は1940年代から50年代に進められた従来のスペース・ブローカーからマーケティング・エージェンシーへの転換に代表される広告取引構造の改革や戦後の民放ラジオ事業の開拓活動などを担い，同社を世界有数の広告会社に育て上げたことで知られる。

　本章では，日本のマス・メディア産業の新聞および広告ビジネスの革新と成長，さらには，民間テレビ，ラジオという新しい放送メディアの創出を体現した企業家として，正力松太郎と吉田秀雄の企業家活動を比較・検討する。

正力松太郎
―読売新聞の経営改革と大衆文化の演出

正力松太郎　略年譜

1885(明治18)年	0歳	富山県に出生
1911(明治44)年	26歳	東京帝国大学独逸法科卒業，内閣統計局に入る
1913(大正2)年	28歳	警視庁に入る，虎ノ門事件（1923年）により懲戒免官
1924(大正13)年	39歳	読売新聞社社長に就任，「読売新聞」の経営に着手
1934(昭和9)年	49歳	帝人事件に連座，大日本東京野球倶楽部創立
1940(昭和15)年	55歳	大政翼賛会総務に就任
1942(昭和17)年	57歳	報知新聞社を合併
1944(昭和19)年	59歳	貴族院議員に勅選される
1945(昭和20)年	60歳	第1次読売争議，A級戦犯容疑で巣鴨拘置所に入所
1946(昭和21)年	61歳	公職追放，第2次読売争議起こる
1949(昭和24)年	64歳	初のプロ野球コミッショナーに就任
1951(昭和26)年	66歳	日本初のTV放送免許取得，日本テレビ放送網社長に就任
1954(昭和29)年	69歳	読売新聞社主に就任
1955(昭和30)年	70歳	衆議院に初当選（以後連続5回），第3次鳩山内閣に入閣
1957(昭和32)年	72歳	第1次岸内閣に入閣，よみうりランドの建設に着手
1969(昭和44)年	84歳	読売サッカークラブ設立，死去

(年齢＝満年齢)

1. 新聞経営への参入と経営改革

(1) 新聞経営者への道程

　正力松太郎は，1885（明治18）年，富山県射水郡にて生まれた。正力の新聞経営者への道程は，警察官僚からの転身という点に特徴がある。東京帝国大学法学部卒業後，内閣統計局に入った正力は高文試験合格後，警視庁へ入り，官房主事に昇進した。その任務は警視庁特別高等課を所管し，総監の幕僚長として政治警察の中心を担い，政治思想・労働・外事など重要情報を収集し，政界の裏工作を行う要職であった。その後，正力は米騒動，普選運動の取り締まりで頭角を現すが，難波大介に摂政裕仁（のち昭和天皇）が狙撃された虎ノ門事件（1923年）の警固責任を取って，懲戒免官となった。警視庁警務部長として天皇警固の最高責任者の立場にあったためである。慣例によれば，警務部長の次は知事の地位が約束されていた役職であった。

　1924年，正力は読売新聞の社長に就任した。読売新聞は1874年，子安峻が社長となって創業された新聞であり，80年代後半以降，尾崎紅葉などを擁して，"文学新聞"としての声価を高めた。しかし，その後は経営が悪化し，特に関東大震災（1923年）後の大阪系の朝日，東京日日（のち毎日）による販売攻勢に多くの読者を奪われ，経営は悪化の一途を辿った。当時，読売新聞の経営を支えていたのは日本工業倶楽部に本拠を置いた匿名組合であった。この匿名組合は三井，三菱首脳をはじめ，郷誠之助（貴族院議員，東京株式取引所理事長），藤原銀次郎（王子製紙社長）らが百万円を出資し，中島久万吉と内藤久寛が顧問となって監督し，松山忠二郎（6代目社長）に経営させる方式をとっていた。

　経営悪化の一途を辿る読売新聞に対して，匿名組合の出資者は経営者の交代を急務と考え，正力の同郷の友人であった河合良成（のち小松製作所社長）と後藤圀彦（元読売新聞経済部長，のち京成電鉄社長）は匿名組合の郷に正力を推薦した。郷はこれに同意し，正力に読売新聞の買収を打診した。匿名組合が正力に読売買収を働きかけた要因として，彼を経営危機を打開できる人物として評価した点があげられる。

読売新聞の買収を打診された正力にとって，懲戒免官処分は裕仁婚礼によって特赦となっていたが，この時点で官界復帰の意思はなく，彼は新聞産業の経営に関心を示した。しかし，ここで懸案となったのが，買収資金の調達であった。後藤新平（前内務大臣）の出資（10万円）を仰ぎ，1924年，買収資金を得た正力は読売新聞と譲渡契約を結び，第7代目社長に就任した。さらに，その後の経営に必要な運転資金40万円について，匿名組合を結成し，藤原銀次郎をはじめ，川崎八郎衛門，大倉喜七郎，根津嘉一郎，浅野総一郎，松永安左エ門など有力経済人の出資によって調達した。

　社長に就任した正力は当初拒否的姿勢をとった社内を掌握し，徹底した節約・合理化と紙面の改革をはじめとする経営改革に着手し，警視庁で行ってきた陣頭指揮を読売でも踏襲し，自らが率先垂範して企画し，実施するという経営手法を取った。

　正力の経営改革について，彼が「一貫した事業家的なあり方を，（読売新聞という―引用者）マスコミ界にもちこんだ」（半藤 [1993]）という評価がされる一方で，従来の「新聞産業における従業員の慣行上の権利を剥奪」しつつ，採用・解雇，賃金，労働時間，職場規律の全般において，「低賃金・過度労働・無権利状態という労働者統括機構」（山本 [1978]）を作り上げていったという指摘がなされている。

(2) 新聞経営における報道・事業・販売の一体化

　正力松太郎の経営手法は合理化だけではなかった。その経営戦略は部数拡大を基調とする積極的な事業拡大であり，大衆の利害と興味にマッチした新聞を制作・発行することであった。この一般大衆を意識した斬新な紙面づくりという正力の発想は，「社会の木鐸」としての新聞という発想が一般的だった当時の新聞産業において，異質であった。新聞を「商品」として利潤を追求する新聞社は，当時は必ずしも主流ではなかったからである。

　企業家としてのキャリアが新聞産業と無縁であった正力は，こうした新聞産業の既成概念に制約されることなく，手当たり次第に企画を商業化し，自分の新聞の糧とすることに大胆であった。

　正力には，「地道な取材活動による部数の拡大という発想はほとんどな

かった」(佐野［1994］)といわれる。その事例として引き合いに出されるのが，紙面とタイアップしたさまざまな事業企画であった。国技館の納涼博覧会(1924年)を手始めに，囲碁戦，競馬予想，釣り，宗教欄など大衆が関心を抱く企画を大胆に紙面化し，三原山火口探検に代表される諸企画を次々と手がけた。また，紙面づくりのヒット作となった「よみうりラジオ版」については，他紙がラジオは近い将来新聞と競合するメディアになると予想して新聞へのラジオ番組掲載を禁じていたなかで，実施した。

特に正力のアイデアである三原山火口探検という奇想天外な企画では，第一面・二面の紙面すべてを関係記事で埋め，「世界的一大事業」「人類史上空前の偉業」という自画自賛の文字が躍った。時代に対する大衆の漠然とした不安感と火口内の死体への好奇心を正力は的確にキャッチしていたのであろう。正力が事業企画という"疑似ニュース"を重視した要因として，主力紙の朝日，毎日に比べ，通信網や販売網が格段に立ち遅れていた読売にとって，有力な拡販の手段となった点があげられる。このような報道と事業企画，販売を一体化した新聞経営の手法は，現代のマス・メディアの世界で一般化している。しかし，彼はすでに戦前期において，この手法を実践していた。

正力が新聞産業の経営に参入した大正末期から昭和初期は，選挙権拡大や教育の普及，マス・メディアの発達を要件とする大衆社会の幕開けともいうべき時期であった。このような時代状況のなかで，「同時代の新聞経営者の中で，大衆の登場という時代状況に最も敏感」(有山［1987］)であった正力は，大衆重視の読売新聞の制作・発行という戦略に基づく企業成長を目指した。

(3) 戦前期の企業成長要因

その後の読売新聞は正力松太郎の積極的な事業戦略によって，驚異的な成長を遂げた。1925(大正14)年の5万8000部の部数が30年22万部，35年に66万7000部，44年には191万9000部へ拡大した(表1)。これによって，東京地区においては朝日，毎日を抜き，トップの発行部数となった。さらに，1940～42年の地方紙買収によって，合計発行部数230万部へと伸

表1 読売新聞の発行部数の推移(1924〜1945年)

年	部 数	読売新聞社の動向
1924	55,296	正力松太郎,第7代社長に就任
1925	58,677	「よみうりラヂオ版」発行
1926	89,960	日曜夕刊発行。囲碁欄常設へ。
1927	123,813	初の高速輪転機を設置。
1928	147,837	
1929	180,758	「日本名宝博覧会」開催。
1930	220,351	「日本名宝物語」連載。日曜夕刊に漫画ページ新設。
1931	270,817	夕刊発行。朝刊10,夕刊4ページ。本格紙へ脱皮。
1932	338,309	よみうり1号機の誕生(陸軍払い下げの偵察機)。
1933	494,311	米ハースト企業団と提携を発表。三原山火口探検に成功。
1934	577,374	ベーブ・ルースら米大リーグ野球選抜チーム来日。
1935	667,790	東京市内の購読者数1位を記録。
1936	759,149	
1937	885,469	夕刊2回発行に踏み切る(日中戦争速報のため,夕刊を2分割)。
1938	1,021,968	発行部数100万部を突破。
1939	1,201,142	吉川英治の「太閤記」連載開始。中国大陸への特派員194名へ。
1940	1,320,346	「九州日報」「山陰新聞」を買収。
1941	1,581,805	「長崎日々新聞」「静岡新報」を買収。「報知新聞」に出資。
1942	1,755,222	連携紙「大阪新聞」誕生。報知新聞と合併,「読売報知」を発行。
1943	1,836,654	東南アジア占領各地域で現地紙を創刊。
1944	1,919,368	夕刊休止。朝日・毎日・読売3紙で非常時の相互援助協定を締結。
1945	1,627,676	米軍空襲で銀座・本館全焼,戦後,印刷再開。読売第1次争議。

出所:読売新聞社[1987]より作成。

び,朝日(320万部),毎日(310万部)とともに三大紙の地位を築いた。

　読売が急成長した要因を考察するにあたって,当時の新聞の企業間競争の実態を把握しておく必要があろう。東京系各紙が関東大震災によって一斉に打撃を受けたのに対し,大阪系の朝日,毎日は販売・広告両面で密接に連携し,一挙に攻勢に出た。1925年11月,朝日,毎日は協調して購読料を値上げし,各地の販売店を組織化し,定価販売の励行を訴えた。両社の意向を受けた販売店は報知新聞に対して定価販売の励行,さらには販売利益増大のために販売価格値上げを申し入れたために報知の部数は減少し,時事新報の乱売非難決議は時事の非売事件につながった。このような大阪系の攻勢は,朝日・毎日対東京系12社の対立に発展し,2年間にわたる乱売合戦につながった。この乱売合戦による出費は各社の大きな負担となり,国民新聞,時

事新報の廃刊，報知新聞の弱体化などを招いた。

　このように，各紙が経営不振に陥ったなかで，なぜ読売のみが三大紙の一角に成長したのか。その要因として，当初は読売が大阪系2紙の併読紙であったため，乱売戦の影響を直接受けなかったという事情があげられよう。しかし，このような併読紙の地位にあった読売が飛躍的な部数拡大を遂げたこと自体が注目すべきことであった。読売社史はその要因として，販売店と一体となった経営努力，独創的な企画による紙面づくりなどをあげているが，読売における新しい経営環境に対する積極的な適応行動，言い換えれば，正力が大衆社会の到来という時代環境に加えて戦争の勃発という新しい事態に着目した点を無視することはできない。

　正力は満州事変勃発（1931年）に伴い，戦争の取材・報道体制を整備し，戦争報道重視の紙面づくりを進めた。満州事変の勃発は朝刊に加えて日曜のみの夕刊しかなかった読売を戦争報道において不利な条件に置いたからである。朝日，毎日は戦争勃発を機に，朝・夕刊のほかに臨時2ページの号外を出し，戦争報道に集中する戦略をとった。

　その対抗策として正力は夕刊発行を決断した。夕刊発行には編集・工場・販売の各部門で人件費をはじめとする膨大な経費増が不可避であり，務台光雄（のち読売新聞社社長）が夕刊発行を大阪進出，戦後の設備増強とともに「読売三大危機」の筆頭にあげたほどの切迫した意思決定であった。

　ここには，戦争報道は部数拡大の絶好の機会になるという正力の考え方があった。正力は夕刊発行をはじめとする戦争報道体制を整備することによって，発行部数の急速な伸びを実現した。戦争報道という新聞社の企業間競争において一定の成功を収めた背景には，大阪系2紙の併読紙としてニュース報道の競争圏外にあった読売を戦争報道をめぐって両社と対等な競争を展開できる基礎的条件が整備されたという要因があった。

　さらに，正力は1942年，報知新聞を合併した。報知については，当初，岸信介（東条内閣商工大臣），星野直樹（元満州国総務長官）から満州国の宣伝広報機関誌として活用するという目的から買収の動きがあったが，正力は報知の全株式を引き取った。報知合併は30万部の発行部数を読売に上乗せするだけでなく，箱根駅伝をはじめとする報知伝統の文化・スポーツ事業

を手中に収める契機となった。

2. 戦後期の新聞経営と大衆文化の事業化

(1) 読売争議と公職追放

　第二次大戦後，正力松太郎は大争議とGHQ（連合国軍総司令部）による公職追放に遭遇した。1945（昭和20）年，読売新聞では経営者の戦争責任追及と経営民主化を要求する大争議が発生した。読売第一次争議（1945年10～12月）は戦後最初の大規模な労働争議であった。このような大争議が新聞社である読売新聞において発生した理由として，第一に，敗戦という客観情勢の変化に最も敏感であったインテリ層が運動の端緒を担ったこと，第二に，新聞産業の従業員自身が言論機関として正力等の戦争責任を問題提起したこと，第三に，GHQの新聞民主化政策の影響という各点が指摘されている（山本［1798］）。

　鈴木東民をリーダーとする闘争委員会は，社内機構の民主化，編集第一主義の確立，主筆および編集局長の更迭，人事の刷新，待遇改善の5項目要求を行ったが，正力は退陣を拒否し，闘争委員会と徹底的に対決する姿勢を取った。正力は読売争議を共産党に主導された勢力が経営権を奪取しようとする争議と見なし，争議を「資本家階級と共産党との階級決戦」，自らを「財界における行動隊長」と位置づけた（山本［1798］）。

　しかし，読売第一次争議は経営側が株式会社への改組，労働組合の承認，経営協議会の設置などを回答したことにより，組合側の全面勝利で終った。かつての読売新聞における経営優位の労使関係のもとでは考えられなかった労働側の勝利であった。

　この第一次争議中に正力はA級戦犯容疑者として巣鴨拘置所へ収容され，社長辞任に追い込まれた。GHQは大政翼賛会への関与，警視庁時代の思想犯取り締まり，読売社長としての日独伊三国同盟の強力な支持，日本におけるドイツ宣伝活動の主要機関としての役割，戦前・戦中を通じて積極的に枢軸を支持した新聞経営者の一人であったことなどを起訴事実として掲げた。

　続いて，1946年5月，読売第二次争議が発生したが，第二次争議は米ソ

の冷戦構造深刻化のなかで，GHQが対日占領政策方針を転換する過程にあり，労働側が劣勢となった。その結果，争議は鈴木東民以下6名の依願退社と組合員31名の自発的退社により終結した。

1947年9月，正力は釈放されたものの，この時点では公職追放は解除されなかった。争議終結後の正力は公職追放解除の工作に注力し，新聞経営者としての復帰を目指した。有限会社から株式会社への改組とともに実施された読売新聞社の増資（1950年）以降，正力は経営への実質的な復帰を果たすことになる。

正力は1951年に公職追放を解除された。その後も正力は読売の正式な役員に就任しなかったが，1954年，社長空位のまま，読売新聞社社主に就任した。以後，読売新聞の経営に関する重大事項はもっぱら正力のトップダウンの意思決定に負うものであった。そして，その死（1969年）まで約20年間，読売新聞は社長空位という異常事態が続いた。

(2) 民間テレビ事業の開始

戦後期における正力松太郎の産業開拓活動として，テレビというマス・メディアの事業化がある。GHQは当初，占領政策を遂行する上で，テレビ放送を時期尚早と見なし，事業化に対して否定的態度をとった。テレビ事業が本格的に検討される契機となったのは，三極真空管やトーキーの発明で知られるアメリカのド・フォレストが，日本でのテレビ放送について旧知の皆川芳造（のち日本テレビ取締役）に共同出願を勧める書簡を送ったことである。皆川は戦前からテレビの将来性に着目していた鮎川義介に相談した。1930年代にアメリカでテレビの試験放送を見た鮎川は日本におけるテレビの実用化を予測し，帰国後，日本ビクター，コロンビアを買収し，テレビの研究を検討した。しかし，その後の満州国における諸事業の着手によって，テレビの事業化を断念した経緯がある。

1948（昭和23）年12月，鮎川はテレビの事業化の案件を正力に持ち込んだ。彼の読売経営の手腕と実績を評価したからといわれる。正力はこの案件を藤原銀次郎に相談し，GHQのテレビ政策に関する意向について池田成彬を通じて首相の吉田茂に打診したが，GHQは公職追放中の正力によるテレ

ビ事業を認めないことが明らかになった。

　正力によるテレビの事業化の推進と公職追放解除において重要な役割を果たしたのが，柴田秀利（元読売新聞記者，当時NHKの嘱託解説委員，のち日本テレビ専務取締役）であった。柴田がテレビの事業化に関わる契機となったのが，1951年，米共和党上院議員カール・ムントが明らかにした"ビジョン・オブ・アメリカ（VOA）"構想である。

　ムントは共産主義の脅威への対抗という趣旨で，アメリカが持っているテレビを「最高の武器」としてVOA構想を打ち出し，アメリカ国務省の対外宣伝放送VOAにテレビを併用して，国際的なテレビ放送網を建設することを提唱した。

　これに対し，柴田は日本のテレビ事業がアメリカ政府の構想の傘下に入ることに反対し，GHQに抗議した。この抗議が発端となって，柴田は電波監理委員会の視察団に同行し，アメリカでムントをはじめとする関係者と協議し，VOA構想の断念と日本人自身によるテレビ放送の事業化についての承認を取り付けた。

　テレビの事業化について，アメリカは日本における事業化資金の調達可能性を問題として提起した。これに対し，柴田は公職追放中の正力の名をあげ，追放が解除されれば，正力が責任を持って資金調達する旨を述べた。柴田帰国後の1951年8月，正力は公職追放を解除された。

　1951年，正力はテレビ放送の新会社（日本テレビ放送網株式会社）の設立を発表した。新会社の事業計画は，① 第1期計画で東京・有楽町にスタジオを設置し，都内に設置した中央送信所から映像10キロワット，音声5キロワットで放送開始，② 第2期計画では大阪と名古屋で放送開始，③ 第3期計画として全国22ヵ所に送信所や中継施設を設けて全国テレビネットワークを完成するという骨子であった。

　日本テレビは1952年，わが国初のテレビ放送予備免許を取得し，54年に初の民間テレビ放送局として開局した。日本テレビ放送網株式会社の初代社長に就任した正力は，その後，読売新聞社主にも就任し，新聞とテレビという巨大メディアの双方に関わる企業家となった。

　正力の事業構想は「日本テレビ放送網」の社名に象徴されるように，日本

全土にテレビ，FM，ファクシミリ，軍事用マイクロ回線にいたる通信情報網を張り巡らすことによって，民営の全国縦断単一会社を実現することに特徴があった。この構想はNHKをはじめ，民放ラジオ各社，新聞社，通信業界に強い衝撃を与えた。全国を縦断するマイクロウェーブ網の建設は，常識を超えた大胆な計画であったからである。しかし，全国縦断単一会社の設立という正力構想は阻止された。1954年，衆参両院の通信委員会が「民営のマイクロ構想を非とし，施設を電電公社にゆだねる」という決議を行ったからである。

(3) 大衆娯楽事業の開拓

正力松太郎は新聞経営者であると同時に，大衆娯楽の事業化を担った企業家であった。テレビ事業は正力が戦前戦後を通じて手がけたさまざまな大衆娯楽の中で最大の事業であったが，彼は戦前期からプロ野球興行をはじめとして，戦後のプロゴルフの導入，よみうりランドの開設，プロサッカー構想など，さまざまな事業化を推進した。

正力は日本テレビの放送開始に際して，"街頭テレビ"というアメリカで実施されたアイデアを実行に移した。「テレビを持たない大衆」に「テレビを見せる」という考え方であり，そこには，テレビは台数ではなく，視聴者数で決まるという考え方があった。視聴者をターゲットにし，視聴者の裾野が広がれば，広告主は自ら集まり，それによって広告収入が増加し，テレビ事業が成長軌道に乗るという企業家的発想であった。

正力が大衆娯楽としてのプロ野球に着手した端緒は，1934（昭和9）年の職業野球団「大日本東京野球倶楽部」（巨人軍の前身）の設立であった。初代の日本プロ野球コミッショナーに就任し，第1回のアメリカ遠征を実現し，36年には日本プロ野球リーグをスタートさせたが，このプロ野球興行は新聞の販路拡大効果を生み出した。31年の第1回日米野球開催時点の読売新聞の部数27万部が，プロ野球リーグスタート3年後の39年には120万部へ増加した。この部数拡大は主として戦争報道で達成されたとみなされるが，プロ野球報道の寄与も無視できないと思われる。

正力による報道・事業・販売の一体化戦略は戦後のプロ野球において積極

的に展開された。巨人軍を読売新聞の宣伝・拡販の手段として活用したからである。このように，プロ野球それ自体が独立したひとつのビジネスに成長し，逆に，新聞やテレビはプロ野球にとって報道・宣伝の手段となった。その結果，新聞・テレビは多くの読者・視聴者を獲得したのである。新聞産業の中で，読売はプロ野球興行を新聞の販路拡大とテレビの視聴者増につなげ，その成果をひとり手中に収める結果となった。

3. 正力松太郎の企業家活動の特徴

　正力松太郎の活動領域は本章の課題とする企業家活動にとどまらなかった。一度は政治家を断念した正力は戦時下において頭角を現し，1940（昭和15）年以降，大政翼賛会の総務，情報参与など戦時体制下の要職を担い，44年には勅選の貴族院議員となり，小磯国昭内閣顧問に就任した。公職追放解除後の1955年には，故郷の富山県から「保守大合同の実現」と「原子力の平和利用」を選挙公約に掲げて，衆議院議員に立候補した。当選後は国務大臣兼初代原子力委員長に就任した。

　その意味で，正力は新聞，テレビというマス・メディアやプロスポーツを手がけた企業家であると同時に，政治家としても行動した点に留意すべきである。

　本章は，正力の企業家活動について，新聞産業への参入と経営革新，大衆重視を基本戦略とした企業成長，戦後の大争議（読売争議）をめぐる正力の対応，民放テレビ放送の事業化プロセス，プロ野球に代表される大衆娯楽の事業化という課題を中心に検討してきた。正力の企業家活動についての検討結果を再確認すれば，以下のとおりである。

　第一に，正力は企業家か，言論人（ジャーナリスト）かという論点がある。正力が新聞というマス・メディア産業に参入した時期には，「社会の木鐸」論を前面に掲げて新聞の営利性を軽視する見方があった。これに対し，新聞産業とは無縁であった正力は，既存の枠組みにとらわれない大胆な発想で，斬新な紙面づくりに代表される経営革新を遂行した。そして，大衆をターゲットにしたさまざまな企画や事業を通して，読売を朝日，毎日と肩を

並べる新聞企業に急成長させた。

　正力と同時期に他業界から新聞に進出した武藤山治ら新聞経営者は新聞の営利性を軽視したわけではなかったが，読者に向かって理想を説き，読者の意識を現状から向上させるところに新聞の使命を見いだそうとした。彼らの新聞経営における失敗要因の分析は今後の課題である。

　第二に，正力は大衆社会の出現という時代状況により敏感な企業家であった。大正末期から昭和初期における大衆社会の到来，その後の戦争という時代状況において，大衆のニーズを卓抜なアイデアと事業構想によって自己の新聞の市場として開拓した企業家であった。正力はこのような大衆の共感と満足の獲得に向けたマーケティング的手法を1920，30年代の新聞経営経験で学び，第二次大戦後のテレビやプロ野球など，大衆娯楽ビジネスで展開したのである。その多彩な産業開拓活動について，正力は「民放テレビの始祖」「日本プロ野球の生みの親」「わが国原発の生みの親」を自称した。それは否定できない事実であろう。その意味で，戦前・戦後を通じて大衆のニーズに合致した新聞産業の経営革新を担った企業家であり，テレビやプロ野球に代表される大衆娯楽，大衆文化の演出者としての役割を担った企業家でもあった。

　第三に，正力は警察官僚から転身した企業家であった。彼は読売という弱小新聞を強い個性とリーダーシップで陣頭指揮し，警察官僚時代からの人的ネットワークを活用した。戦後は大争議と公職追放処分を経験し，追放解除後は読売新聞・日本テレビのマス・メディアを中核とするさまざまな事業を展開した。その結果，正力は「弱小新聞・併読紙」の地位にあった読売を，世界最大部数を誇る新聞に成長させ，民放テレビ事業を戦後ゼロから創業し，現代の代表的なマス・メディアに育て上げた。その多彩な事業開拓活動は，毀誉褒貶を内包しながらも，革新的企業家活動と呼ぶに値するものであった。

吉 田 秀 雄

―電通の経営改革と広告ビジネスの革新

吉田秀雄　略年譜

1903（明治36）年	0歳	福岡県小倉市（現北九州市）で出生
1928（昭和3）年	25歳	東京帝国大学経済学部卒業，株式会社日本電報通信社入社
1942（昭和17）年	39歳	取締役に就任，同年，常務取締役に就任
1944（昭和19）年	41歳	広告代理業の整備統合をはじめる
1947（昭和22）年	44歳	代表取締役社長に就任
1949（昭和24）年	46歳	東京放送の免許を申請
1950（昭和25）年	47歳	本社，大阪，名古屋支社にラジオ広告部を新設
1951（昭和26）年	48歳	ラジオ東京（日本初のラジオ放送）発足，「鬼十則」を起草
1952（昭和27）年	49歳	ABC懇談会（現ABC協会）設立を提唱
1955（昭和30）年	52歳	社名を株式会社電通に変更
1956（昭和31）年	53歳	国際広告協会副会長に就任，AE制を提唱
1958（昭和33）年	55歳	東京商工会議所商業部会の部会長就任
1959（昭和34）年	56歳	経済同友会幹事に就任
1961（昭和36）年	58歳	国際広告協会から「マン・オブ・ザ・イヤー」に指名
1962（昭和37）年	59歳	経済同友会マスコミ委員長，日経連常務理事に就任
1963（昭和38）年	60歳	死去

（年齢＝満年齢）

1. 広告ビジネスの改革と吉田秀雄

(1) 広告経営者への道程

　吉田秀雄は1903（明治36）年，九州小倉で生まれた。幼少期に父を失った吉田は，貧しい生活環境のなかで苦学し，養子縁組によって学資の保証を得て，大学（東京帝国大学経済学部）へ進んだ。新聞記者志望であったが，新聞社をはじめとする企業への就職に失敗し，1928（昭和3）年，第1回の公募採用の入社試験を実施した株式会社日本電報通信社（以下，電通）に入社した。

　入社時の電通は通信事業と広告事業を経営する企業であり，通信社として全国の新聞社に送信する一方で，広告代理業として新聞社などの広告を取り扱っていた。同社に一大転機を与えたのが，通信社である日本新聞聯合社との統合問題であった。"電聯合併"と呼ばれた両社の合併は，1931年の満州事変を契機として検討された。

　その背景には，政治・経済はもとより言論・報道などの面の国家統制を強め，情報宣伝活動の強化のために，日本の情報通信機関を一元化して強力な国策通信社を急ごうとする政府の考えがあった。そのため，電通とライバル関係にあった通信社である日本新聞聯合社との合併が検討されたのである。

　この"電聯合併"をめぐる政府と電通の交渉は，電通の創業者である光永星郎の反対によって難航した。合併交渉は1933年，電通が通信・広告業務を新通信社に委譲することでいったん合意をみた。しかし，"電聯合併"は，新通信社の設立協議会の開催直前における電通社内の混乱と株主の反対に基づく開催延期の申し入れ（1934年），日本新聞聯合社を母体とした同盟通信社設立の認可（35年）というプロセスを経た。そして，同盟通信社による電通の通信部門の吸収，電通による同盟通信社の広告部門の吸収という形で，1936年，同盟通信社と電通が新たに発足し，最終的に決着した。その結果，電通は創業以来の通信部門・広告部門の兼営から新たに広告代理業専業の企業として再出発することになった。

　1940年，光永眞三（光永星郎の実弟）が電通社長に就任した。しかし，

戦争遂行のなかで，企業の広告活動は低迷し，電通をはじめとする広告代理業各社の経営は行き詰まった。このような状況下で，1942年，電通は経営立て直しを企図して，経営陣の大幅な刷新を行い，吉田を取締役に抜擢した。38歳であった。経営再建に直面した電通は吉田の若く優れた才能を必要としたのである。

(2) 広告代理店の整理統合

取締役時代における吉田秀雄の特筆すべき活動として，1943（昭和18）年から44年にかけて実施された広告代理店の整理統合がある。1943年の時点で，日本の広告業界の年間広告取扱高は約1億円で広告代理店は186社あったが，年間広告取扱高が10万円を超える社はわずか10社にすぎなかったといわれる。

戦局悪化で新聞紙面が縮小し，広告は軍需産業関係の求人広告一色となるなど，広告業が沈滞していく中で，吉田は群小広告代理店の整理統合が急務であると考えた。広告代理業が本来の業務を遂行するためには一定の経営規模を持つ必要があること，公定料率に基づく合理的な取引を乱立による過当競争から守るために，広告代理店の整理統合を行い，経営体質や機能を近代化する出発点にしたいというのが，吉田の考えであった。

吉田は新聞業界・広告業界の厳しい抵抗の中で，広告代理店の整理統合を断行した。この整理統合は建て前としては商工省（のち通商産業省，現・経済産業省）の施策として推進されたが，実際には商工省の指示ではなく，吉田のアイデアによって行われた（田原［2005］）。

その結果，業界統合方針が1943年9月に制定され，これに基づき，広告代理店186社は12社に集約された。12社とは東京地区の6社（電通・博報堂ほか），大阪地区の4社（大阪電通・萬年社ほか），名古屋，九州地区は名古屋電通，九州電通の各1社であった。名古屋地区では，電通と拮抗する広告取扱高を有する2社が存在したにもかかわらず，電通が事業継続社になり，九州地区では電通よりも売上規模の大きい6社すべてが電通に吸収された。その結果，全国を通じて4社を独占した電通の競争上の優位が明確となった。

(3) 広告産業の地位向上

　吉田秀雄は入社当時から，日本の広告代理業の現状について強い問題意識を抱き，日本には広告代理業と呼ぶに値する企業は実質的に存在せず，新聞社の広告募集機関に過ぎなかったと極言していた。「本当のビジネスになっていない。(中略) ゆすり，たかり，はったり，泣き落しだ。わずかにそれを会社という企業形態でやっているだけで，まともな人間や地道な者にはやれない業界」であった（永井［1987］）。当時の広告業界の営業は「外交」と呼ばれた歩合制の営業担当によって支配され，「賄賂」や「裏金」がつきまとっていた。

　このような広告産業の後進性についての問題意識が，吉田を業界の地位向上，ひいては電通の経営革新に向かわせた。その代表的なものとして，吉田が戦時体制下から戦後にかけて取り組んだ媒体手数料（メディアコミッション）の公定価格化，戦後，導入に注力したABC機構（Audit Bureau of Circulations，発行部数を監査する機関）の創設がある。

　これらの取り組みによって，吉田は日本の広告ビジネスの近代化と広告取引の公正化を目指した。広告取引の媒体手数料は，戦前から媒体社（新聞社，雑誌社）と広告代理業の間で欧米並みの20％ないし15％が慣例として存在したが，業界の過当競争による割引が常態化していた。その要因として，媒体手数料の決定権が広告代理業の「外交」と呼ばれる個人の力に依存していた点があげられる。

　このような状況を打破するために，吉田は商工省に媒体手数料の公定価格化を提起した。物価統制の戦時立法を背景に，広告料金にも統制価格を定めることによって，定価取引・正価取引を図ることを狙ったのである。

　しかし，この公定価格制の交渉は新聞業界や広告業界の激しい抵抗で難航した。吉田は「商工省という看板の裏側で八面六臂の働き」（田原［2005］）をし，関係業界と粘り強い交渉を行った。その結果，1944（昭和19）年，新聞広告料率を15％とする準公定価格制の導入に成功した。この広告料率の公定化は広告取引の公正化，合理化に寄与した。そして，広告代理業における個人営業から組織営業への転換という意義を有していた。

　媒体広告取引を公正に行うためには，正確な販売部数が前提条件である。

そのためには，公正に新聞・雑誌各社の発行部数を調査して公表し，部数に見合った広告料金を設定する必要がある。吉田はABC機構という組織がないことは日本の広告界の「恥辱」であり，広告産業の後進性の一因となっていると主張した。1952年，「ABC懇談会」（日本ABC協会の前身）が発足し，57年までには全国新聞社の大部分が加入するに至った。

2. 電通の経営革新と企業成長

(1) 広告取引構造の改革

1947（昭和22）年6月，吉田秀雄は社長に就任した。43歳の少壮社長誕生の時期は，戦時経済から平和経済の転換によって，軍需産業の民需産業への再編が進展し，民需産業の拡大が広告産業の発展に好影響を与えることになった時期でもあった。

社長に就任した吉田は広告業界の体質改善の必要性と新しい事業機会（ビジネス・チャンス）の到来を社内に訴えた。ここで，注目すべきことは，社長就任の前年の1946年にすでに① 商業放送（民間放送）の実施促進とそれに必要な企画と準備，② 広告宣伝事業を拡充するパブリック・リレーションズ（Public Relations, PR）の導入・普及，③ 広告業務の質的向上のための調査部機能，特に市場調査の強化，④ 広告表現技術の水準向上のための宣伝技術部，商業写真部の創設，⑤ 屋外広告その他の媒体の多角化による事業活動の拡大などを，経営方針として打ち出していたことである。

日本の広告産業の後進性脱却と地位向上，マネジメントの近代化による経営体質の改革は，吉田が入社当初から持ち続けてきた問題意識であった。社長就任を機に，吉田は電通の人的資源の強化，トップの意思を周知徹底できる経営管理機構の確立，さらには広告業界に対する金融機関の預金貸し出し順位の見直しなどに取り組んだ。

人材については，積極的な外部人材の発掘・登用と有力人脈の組織化を図った。そのために，満鉄（旧満州鉄道株式会社）関係者や旧軍人，財閥企業や軍需工業の解散・縮小等で要職を離れた人材を発掘し，さらには公職追放された政治家，経済人，新聞人のネットワーク化にも注力した。旧軍人や

満鉄関係者を積極的に登用した背景には，敗戦の結果，行き場をなくした優秀な人材を活用して，電通の経営体質を強化したいという吉田の意図があった。特に満鉄関係者は戦前期において，経営の近代化を志向し科学的なデータについて経営戦術や戦略を展開していたスタッフであった。このように，「新聞・言論界の有力者はブレーンとして活用し，政財界人，官僚は営業活動の際の政治力，仲介役の戦力に，幹部社員は"広告の鬼"に仕立て上げる」(猪野 [1980]) ことによって，電通の組織能力を高めていった。

さらに，経営幹部による早朝会議，月例の事業予算会議，金融予算会議などを組織化し，行動的な経営管理機構を強化した。これらの会議は吉田の経営方針を伝達する場，絶えず檄を飛ばす場であり，こうした経営管理機構を通じて，吉田は幹部を教育し，経営方針を徹底させ，経営全般にわたって計画性を高めることを目指した。

吉田による電通の経営革新は，第一に，マーケティングサービス機能の導入という広告代理業（広告会社）のビジネス・モデルの変革，第二に，AE制（Account Executive system）の導入に象徴される広告取引構造の改革という形で進められた。

電通をはじめとする広告代理業の営業（連絡部）の主たる機能は，媒体社の広告の枠（スペース）を広告主にいかに安い価格で提供できるかであった。そのため，広告スペースを媒体社に代わって販売する「スペース・ブローカー」としての性格を色濃く持っていた。

AE は，特定の広告主（クライアント）と広告に関してあらゆる問題を処理する責任を持つ存在である。欧米の広告会社で導入されていた AE 制に強い関心を持っていた吉田は，アメリカ広告業界視察においてその実態を確認し，1956 年，従来からの媒体本位の縦割りの連絡（営業）機能を抜本的に見直し，広告主ごとに媒体・調査・企画・クリエーティブ（広告制作）機能を有する AE 制の導入を発表した。

この AE 制導入によって，電通は伝統的な紙面（スペース）を売り買いする「スペース・ブローカー」から，事業・製品のマーケティングという観点からサービスを広告主に提供する「マーケティング・エージェンシー」へと業態を転換した。

吉田は AE 制について,「広告代理業界の,そして電通の革命」であると述べ,「電通はどうしてもこの総合連絡制の関門を通らねばならない」と主張し,総合連絡制は日本的な AE 制への関門となった(電通［1969］)。

(2) 民放ラジオ事業の開拓

　吉田秀雄は,前述のように,戦後直後からラジオを新聞と並ぶ第二の広告メディアとして着目していたが,商業放送の事業開拓を目指した契機として,敗戦後に政府によって打ち出された民間放送構想があった。

　しかし,民間放送はその実現までにさまざまな曲折を経た。民間放送構想の出発点は,1945(昭和20)年9月の松前重義(通信院総裁)による「松前民放構想」であり,東久邇内閣によって「民衆的放送機関設立に関する件」として閣議諒解された。しかし,民間放送実施の決定権は統治者としての GHQ(連合国軍総司令部)にあった。

　当初,GHQ の民間放送政策は NHK の民主的改組で十分であり,民間放送は不要という見解から,1947年10月以降,民間放送の承認へと転換した。クリントン・ファイスナー(GHQ 民間通信局調査課長代理)が放送の自由・放送の不偏不党・公衆に対するサービスの責任の充足などを新放送法の原則として示し,民間放送を認めたからである。これに基づき,1950年,電波三法(放送法,電波法,電波監理委員会設置法)が成立し,民間放送事業の設立が正式に認められた。

　吉田の民間放送の事業化との関わりは,「松前民放構想」の閣議諒解を機に,松前通信院総裁が東京都商工経済会(のちの東京商工会議所)に民放会社の設立申請を求めたことを契機とした。東京商工経済会会頭の藤山愛一郎,専務理事の船田中は「民衆放送」の設立申請に関わる検討会を組織し,創立準備委員長に船田,副委員長に吉田という体制を発足させた。

　吉田が招聘された背景には,民放ラジオの経営が広告放送料を収入源とするビジネスであり,広告ビジネスの専門家として評価されたことがある。

　ここで注目すべきは,吉田が商業放送自体は未経験の分野であったにもかかわらず,民放ラジオの実現に使命感を感じ,旺盛な事業化意欲によって綿密な事業調査を行ったことである。具体的な調査研究項目は,放送と広告の

関係，すなわち，番組編成・広告表現・広告料金設定の方法，広告料金に基づく収入規模，新会社の事業規模にふさわしい会社運営や組織のあり方などであった。

その後，GHQ の公職追放令（1947 年 1 月）に基づく藤山，船田，電通社長の上田碩三の辞任によって，吉田は「民衆放送」の最高責任者となった。藤山ら中心メンバーの退任によって，東京都商工経済会は一転して新会社設立に消極的となったため，吉田は自ら創立準備委員長となり，設立事務局を電通に移した。そして，同年 6 月の社長就任に伴い，「民衆放送」の事業化の実質的な判断と責任を負うことになった。

民間放送局の検討段階における吉田の特筆すべき活動として，① 地方紙各社の出願に際しての各種支援，②「1 地域 1 放送会社」の主張があげられる。

まず，吉田は地方紙各社の免許申請についても協力作業を積極的に行った。新放送法の法制化が具体化するにつれて，民間放送局の出願はブームとなったが，吉田は長年の新聞広告営業を通して築いた地方紙との強固な関係を生かし，地方紙各社の出願を支援した。そこには，広告ビジネスの新しい領域を放送広告に求めたいという意図があった。

さらに，吉田は民間放送局の事業基盤を確立するという観点から，放送局の「1 地域 1 放送会社」を主張し，注目を集めた。民間放送局の広告収入や経費予測に基づく収支見通し等をあげ，放送局数を適正規模に抑えるために「当面暫定的には，1 地域 1 社の実験ないし育成期間が必要であり，東京・大阪に 3 社，4 社と生まれることは，共倒れ必至」という主張を展開した（内川［1980］）。

ここで広告の専門家として吉田が主張した「1 地域 1 放送会社」論，そして，多数局免許に対する警告は，政府行政や申請各社へ大きな影響を与えた。日本に民間放送を誕生させるにあたって大きな役割を担った電波監理委員会は 1950 年 12 月，「放送局の開設の根本的基準」を発表し，委員長談話として，東京に 2 局，他の都市においては 1 局ずつ免許を与えるという「1 地域 1 放送会社」の置局方針を発表したからである。

1951 年 4 月，事業の準備活動開始から 6 年目にして日本初の民放ラジオ

の予備免許が全国16社に交付された。この予備免許が決まる過程で，東京では東京放送の電通，ラジオ日本の毎日新聞社，朝日放送の朝日新聞社，読売放送の読売新聞社の4社の一本化調整が紛糾し，主管大臣による工作も失敗に終わり，競願局の統合は難航した。吉田秀雄は各社申請の賛成人となっていた原安三郎（日本化薬社長）に4社合併の仲介を依頼し，1951年1月，原を発起人代表とする合併会社，ラジオ東京の免許申請を行った。東京で一本化が行われたのに対し，大阪で新日本放送（毎日新聞社系），朝日放送（朝日新聞社系）の2社に予備免許を与える特例措置が取られた。そのため，東京でも2局案が復活し，最終的には日本文化放送にも予備免許が与えられることになった。

吉田は民放ラジオ開局に向けてラジオ広告放送の知識普及・啓蒙活動にも注力した。ラジオ広告講座を発足させ，広告主を対象にラジオ広告研究会を設置し，商業放送や放送局経営についての研究を重ねた。電通のラジオ広告担当職制として，ラジオ広告部を東京本社，大阪，名古屋支社に新設した。また，民間放送の登場を期して，社内で育成した100名近い人材を全国の民放各社に供給した。

開局後の民放各社の経営は当初の悲観的な見通しを払拭し，好業績を達成した。ラジオ東京は初年度から黒字を計上した。その要因として，ラジオ受信機の普及が1951年度末で971万台，普及率58.6％に達し，経営の大きな支えになった点があげられる。

ラジオ開局は1951年6社6局，52年18社19局，53年32社41局へと増加した。ラジオ広告費は1951年3億円（媒体別構成比1.2％）が，翌52年に22億円（5.7％）に伸び，雑誌媒体の18億円を抜き，55年度には98億円と驚異的な伸びを示した。

(3) テレビ放送の開局と広告

1951（昭和26）年4月の民放ラジオ開局と同時期に，「テレビジョン放送実施促進に関する決議案」が衆議院で可決され，テレビ放送も実施の機運が高まっていた。日本における民放テレビ事業の実現を主導したのが，正力松太郎である。正力は日本テレビ放送網の開局に際して，吉田秀雄に参加要請

を行っている。しかし，吉田は慎重な態度を示した。テレビという新しいマス・メディアについて積極的な姿勢を取った正力と消極的であった吉田の見方は，その後，伝説的な"消極，積極論"として流布されている。

吉田にとっては，6年間にわたって取り組んできた民放ラジオの事業が漸く軌道に乗りつつあった時期であり，「正力の聞き役となり，現実的で慎重な態度をとった」（根本［1994］）といわれる。そして，ラジオ事業が軌道に乗った段階で，吉田はテレビへの志向を急速に深めていった。1952年8月には，本社および大阪支社ラジオ局にテレビ部を新設し，名古屋，北海道，九州支社においてもテレビ広告放送への準備を一斉に開始した。1953年8月，日本テレビが開局したが，電通は開局日における広告取り扱い（タイム・セールス）の70％を受注し，テレビCM（コマーシャル）の制作などにも率先して取り組んだ。

日本テレビの開局に続いて，ラジオ東京テレビが1955年4月に開局し，56年2月，郵政省は全国6チャンネル制の大量免許方針を発表し，フジテレビジョン，日本教育テレビをはじめ，全国民放34社へ予備免許を交付した。

テレビ放送は民放ラジオの登場以上に広告産業に大きなビジネス・チャンスをもたらし，やがて広告メディアの中心的な位置を占めるに至った。電通は吉田のリーダーシップのもとで，早くから民放設立準備に取り組んできたメリットを生かして，ラジオ広告の分野で圧倒的な優位性を確立したが，この優位性はその後の民放テレビの登場時にもそのまま継続された。

3. 吉田秀雄の企業家活動の特徴

本章は，吉田秀雄の企業家活動について，電通の経営革新と企業成長，広告産業の近代化と地位向上，民放ラジオ，テレビ事業の開拓という課題を日本の広告経営史のなかで捉え直すことを試みた。検討結果を再確認すれば，以下のとおりである。

第一に，戦後の電通は吉田の強力なリーダーシップのもとで，企業成長の道を歩んだ。1950（昭和25）年を基準に吉田が死去した63年を対比すれ

表1 電通の業務区分別売上高の推移

(単位:億円)

年度	新聞	雑誌	ラジオ	テレビ	セールスプロモーションその他	売上高合計	前年比(%)
1950						40	100.0
1951						47	117.5
1952	65(71.6)	3(3,4)	16(18.1)	—	6(6.8)	91	193.6
1953	82(66.3)	4(3.8)	26(21.2)	1(1.1)	9(7.6)	123	135.2
1954	82(62.8)	4(3.7)	32(24.3)	2(1.6)	10(7.6)	131	106.5
1955	89(60.1)	5(3.9)	39(26.4)	3(2.6)	10(7.0)	149	113.7
1956	107(57.1)	7(4.1)	47(25.4)	11(6.1)	13(7.3)	187	125.5
1957	124(52.6)	9(4.2)	53(22.8)	30(12.9)	16(7.4)	235	125.7
1958	133(50.1)	11(4.3)	51(19.4)	49(18.4)	19(7.8)	267	113.6
1959	167(45.8)	13(3.8)	47(13.0)	104(28.5)	31(8.8)	365	136.7
1960	194(42.7)	16(3.7)	48(10.7)	148(32.6)	47(10.4)	455	124.7
1961	243(42.5)	21(3.7)	46(8.1)	197(34.5)	54(12.3)	572	125.7
1962	272(42.0)	24(3.8)	41(6.4)	239(36.9)	70(10.9)	649	113.5
1963	325(40.0)	31(3.9)	38(4.8)	319(39.3)	96(11.9)	812	125.1

出所:株式会社電通編・刊『電通100年史』ほかに基づき,筆者作成。

ば,表1のように,電通の売上高規模は40億円から812億円へと20倍に伸びた。このような電通の企業成長要因については,外部経営環境としての総広告費の拡大という市場要因,内部環境要因として,外部環境に対応した同社の経営管理機構の強化と広告取引構造の革新があげられる。

日本企業の総広告費は1947年の1億4600万円が15年後の61年には211億円へと成長した。吉田は1950年代,電通に大きな飛躍をもたらすことになる民放ラジオ開局の実現に力を注ぎ,また,民間テレビ開局をとらえてテレビ・メディアに積極的に参入し,高度成長期における広告市場(総広告費)の急速な伸びを享受した。電通の経営管理機構の整備と広告取引構造の革新が吉田のアイデアであり,彼のトップダウンの意思決定によって実施されたことは注目すべきであろう。

第二に,民放ラジオが電通と日本の広告界の将来を担うと考えた吉田は,日本の民間放送の実現に中心的役割を果たし,民放テレビ創設時の正力に匹敵するリーダーシップを発揮した。1947年,GHQが対日理事会で民間放送不許可の方針を決定し,加えて公職追放令で各社発起人の名が消滅していっ

た段階でも，吉田は民間放送こそ広告メディアの王座になるのは米国の例から推しても間違いないと主張した。GHQ の放送政策の転換に基づき，1951年に民放ラジオ局 16 局が開局し，2 年後の 53 年には民放テレビ（日本テレビ放送網）が開局した。このように吉田は民間放送事業の実現を主導し，広告ビジネスの新しい領域を放送広告に求めた。放送広告は電通をはじめとする広告代理業の企業成長要因となった。

さらに，吉田は広告代理業が置かれていたスペース・ブローカー的な低い地位，広告取引の閉鎖性や前近代性などを打破し，近代的な広告取引構造に転換する契機を放送広告に求めた。放送広告は新聞広告の場合と異なり，購入した時間枠（タイム）の取り扱いを広告主が特定の広告代理業に既得権として固定させず，番組の企画・制作の優劣で広告代理店（広告会社）が選定されるという新しい慣行を生み出したからである。

第三に，吉田の企業家活動は電通という個別企業の経営革新を超えて，広告産業の合理化・近代化，広告業界の指導育成に向けられた点である。戦前期における広告代理業の整理統合，広告手数料（媒体手数料）の公定価格化，広告料金適正化を目指した ABC 機構の設立，さらには民放ラジオ・テレビ局開設時の各種支援，民放の創設と同時に民放各社の株主となり，経営基盤が固まるまで役員派遣などによる事業計画・番組編成などの指導，経営資金，人材供給なども行った。

これらの主たる動機が，広告業界のリーディング・カンパニーという個別企業の立場からの業界地位の確立，さらに電通の媒体確保力の強化にあったことは言うまでもない。このような個別企業の視点とともに，吉田は広告の公正取引に基づく健全な競争風土の醸成という広告産業の地位向上に力を注いだ。吉田の企業家活動の核心が，戦前に社会的に低い地位しか与えられていなかった広告代理業を近代的企業として確立しようとした吉田の「広告の鬼」と称された執念にあったといってよい。この執念と先見性が，戦後の大衆社会・情報化社会において，広告産業の後進性の脱却と地位向上，そして，電通の企業成長を達成させたといえよう。

おわりに

　正力松太郎は戦前期において警察官僚から新聞産業へ転出し，戦前・戦後を通じて大衆重視を基本戦略とした新聞の制作と発行，民放テレビ放送の事業化，プロ野球に代表される大衆娯楽の事業化というさまざまな課題を担った。正力は読売という経営危機に陥っていた弱小新聞社の経営革新を強い個性とリーダーシップで主導し，戦後は大争議と公職追放処分を経験し，追放解除後は読売新聞・日本テレビを中核とするさまざまな事業に携わった。その結果，読売新聞を世界最大部数の新聞に成長させ，民放テレビ事業を現代の代表的なマス・メディアに育て上げた。

　正力の新聞経営の特色は，ジャーナリズムという言論界に身を置きながら，既存の枠組みにとらわれない大胆な発想で大衆の関心やニーズを踏まえた斬新な紙面づくりと積極的な販売拡大戦略，すなわち，報道・事業・販売の一体化戦略を実施したことである。その意味で，大正末期から昭和初期における大衆社会の到来，その後の戦争という時代状況における大衆のニーズを的確にとらえ，戦後はテレビやプロ野球ビジネスに代表される大衆娯楽，大衆文化の演出者としての役割を担った企業家であった。正力はこのような大衆の共感と満足の獲得に向けたマーケティング的手法を1920，30年代の新聞経営で学び，第二次大戦後のテレビやプロ野球など大衆娯楽ビジネスで展開した。これは従来の新聞産業における企業家活動の枠組みを超えるものであった。

　吉田秀雄は電通の経営革新と企業成長，広告産業の合理化・近代化と地位向上，民放ラジオ，テレビというマス・メディア産業の開拓という課題を担った。電通は吉田の強力なリーダーシップのもとで，吉田死去時（1963年）には売上高800億円企業へと驚異的な伸びを示した。その結果，日本はもとより世界有数の広告会社へと飛躍した。電通の企業成長要因として，戦後の経済復興から高度経済成長に基づく総広告費の拡大という市場要因とともに，同社の経営管理機構の構築，AE制の導入やマーケティング・エージェンシー機能への転換という広告取引構造の革新があげられる。さらに，

吉田は1950年代，電通に大きな飛躍をもたらすことになる民放ラジオ開局の実現に中心的役割を果たし，さらには民間テレビ開局をとらえて，テレビ・メディアの広告ビジネスに積極的に参入した。

吉田の企業家活動は電通という個別企業の経営革新を超えて，日本の広告産業の後進性打破と指導育成に向けられた。さらに，AE制や大量消費時代におけるマーケティングの重要性を米国の広告ビジネスに学び，日本の広告代理業の伝統的なスペース販売機能・ブローカー機能を改革した。これは従来の支配的な広告メディアであった新聞との関係で日本の広告代理業が置かれていたスペース・ブローカー的な低い地位を打破し，近代的な広告取引構造に転換する契機となった。放送広告は電通をはじめとする広告代理業の戦後の企業成長要因となったのみならず，広告業界の合理化・近代化の促進要因となった。

このように，正力と吉田は新聞メディア，テレビ・ラジオといった電波メディアに代表されるマス・メディア産業の革新と産業開拓を担った革新的企業家であった。

両者の共通点は，独自のアイデアに基づく事業構想力，そして人的ネットワークを駆使して，新聞産業では朝日，毎日という有力紙の従属的地位にあった読売新聞と，産業界で「賎業」扱いされていた広告代理業の電通をそれぞれワールドクラスの新聞社，広告会社に発展させたことである。それは正力と吉田の強力なリーダーシップのもと，トップダウンの意思決定によって実施された。

大衆はマス・メディアの影響下に，日常感覚まで浸りながら生きている。正力，吉田はこの大衆という存在を熟知した最も先見性のある企業家でもあった。正力は大衆社会・情報社会に巨大な影響力を持つ「新聞・テレビの父」という役割を担い，吉田はこれらマス・メディアにおける広告ビジネスの革新と広告界の指導育成に取り組んだ「広告の鬼」であった。このように，マス・メディアの可能性を追求し，事業機会をとらえた企業家精神が正力と吉田に共通し，また両者を結びつけた。

参考文献

○テーマについて
　内川芳美編［1976］『日本広告発達史　上巻』株式会社電通。
　内川芳美編［1980］『日本広告発達史　下巻』株式会社電通。
　日本新聞連盟編・刊［1962］『日本新聞百年史』。
　日本民間放送連盟編・刊［1981］『民間放送三十年史』。

○正力松太郎について
　高木教典［1963］「正力松太郎論」日高六郎編著『20世紀を動かした人々　15　マスメディアの先駆者』講談社。
　有山輝雄［1987］「正力松太郎」田中浩編『近代日本のジャーナリスト』御茶の水書房。
　柴田秀利［1985］『戦後マスコミ回遊記』中央公論社。
　神里一三［2005］『「日本テレビ放送網構想」と正力松太郎』三重大学出版会。
　有馬哲夫［2006］『日本テレビとCIA─発掘された「正力ファイル」』新潮社
　山本　潔［1978］『読売争議（1945・46年）』お茶の水書房。
　半藤一利［1993］「正力松太郎」『東京人』1月号。
　佐野眞一［1994］『巨怪伝─正力松太郎と影武者たちの一世紀─』文藝春秋。
　読売新聞社編・刊［1987］『読売新聞発展史』。
　読売新聞社編・刊［1994］『読売新聞百二十年史』。

○吉田秀雄について
　小林保彦［1998］『広告ビジネスの構造と展開』日経広告研究所・日本経済新聞社。
　佐々木聡［2001］「吉田秀雄（電通）」同編『日本の戦後企業家史・反骨の系譜』有斐閣。
　森崎　実［1966］『忘れ得ぬ広告人─吉田秀雄の足跡』誠文堂新光社。
　猪野健治［1980］「吉田秀雄─マスコミ界の"影の内閣"を築いた男」『現代の眼』現代評論社、8月号。
　永井龍男［1987］『この人吉田秀雄』文藝春秋。
　根本昭二郎［1994］『広告人物語』丸善。
　船越健之輔［2004］『われ広告の鬼とならん─電通を世界企業にした男・吉田秀雄の生涯』ポプラ社。
　田原総一朗［2005］『田原総一朗自選集Ⅳ　メディアと電波のカラクリ』アスコム。
　株式会社電通編・刊［1969］『電通66年』。
　株式会社電通編・刊［2001］『電通100年史』。

財界リーダーの企業家活動

石坂泰三と土光敏夫

はじめに

　1979年，エズラ・ヴォーゲルの『ジャパン・アズ・ナンバー・ワン』がベストセラーとなった。そこでは，「日本の制度がアメリカの最良の鏡となる」とまで褒め称えられた。たしかに，敗戦で国富の4分の1を失い焦土と化した日本は，世界にも稀といわれる経済復興と高度経済成長を遂げたのである。その過程については，傾斜生産方式に始まる政府の産業政策あるいはマクロ経済政策の妥当性を説く視点，終身雇用・年功序列制賃金・企業内組合といった企業経営のミクロ的要因を強調する視点，あるいは旧社会主義国をモデルとした戦時経済統制下での経済運営システムが花開いた結果だとする見解など，さまざまなアプローチがある。

　しかし，こうした経済成長や経営発展は，従来の慣行や常識，あるいは規制を打ち破って実現されたイノベーションの軌跡であるとみる視点もまた重要であろう。そして，イノベーションという観点からみるならば，高度経済成長を実現してきた経営者たちの企業家精神について言及することがきわめて肝要となる。なぜならそうしたイノベーションを担った経営者は，自らが属する企業において事業革新を遂行することに成功したのみならず，産業界におけるリーダーの地位を獲得し，経済界全体としての利益を最大化することにも努めたからである。さらに彼らは，政治に働きかけることでも，個別企業の枠に留まらない経済界全体の利益を実現しようとしてきた。言うならば，彼らは「財界」（菊池［2005］）の経営者でもあったのである。

　本章では，戦後から1970年代までに活躍した経営者の中から，経済団体連合会（以下，経団連）会長を務めた石坂泰三と土光敏夫の2人を取り上げる。この2人は，戦後労働問題をはじめとする経営上の諸困難によって再建が危ぶまれた東京芝浦電気（以下，東芝）と石川島重工業の再建にそれぞれ成功することで頭角を現した専門経営者であった。以下では，戦後日本経済界の傑出したリーダーであった両名に焦点を当て，彼らの発揮した強いリーダーシップの源を探る。経歴と人間形成，そして専門経営者としてのビジネス生活，さらには財界人としての思考について考察する。

石坂泰三
―高度経済成長期の財界リーダー

石坂泰三　略年譜

1886(明治19)年	0歳	東京都下谷区（現・台東区）生まれ
1911(明治44)年	25歳	東京帝国大学法科（現・東京大学法学部）卒業　逓信省に入省
1915(大正4)年	29歳	第一生命に入社
1916(大正5)年	30歳	生命保険事業視察のため，欧米諸国を歴訪
1920(大正9)年	34歳	第一生命，取締役支配人に就任
1934(昭和9)年	48歳	第一生命，専務取締役に就任
1938(昭和13)年	52歳	第一生命，社長に就任
1946(昭和21)年	60歳	第一生命，社長を退任
1949(昭和24)年	63歳	東芝，社長に就任
1956(昭和31)年	70歳	経団連，会長に就任（～1968)
1957(昭和32)年	71歳	東芝，会長に就任
1964(昭和39)年	78歳	ボーイスカウト日本連盟，総裁に就任
1965(昭和40)年	79歳	東芝，会長を退任
1965(昭和40)年	79歳	日本万国博覧会，会長に就任
1975(昭和50)年	89歳	死去

(年齢＝満年齢)

1. 専門経営者への道程

　第二次世界大戦後の日本最大の労働争議の一つといわれる東芝の争議を解決した社長として，その後経団連会長として活躍し，"財界総理"としてその晩年の活躍が有名な石坂泰三である。役人嫌いで鳴らした石坂でもあるが，もともとは逓信省（後・郵政省，現・総務省）の官僚だった。その後，生命保険業勃興期の第一生命へと転進し，専門経営者として長く生命保険会社の経営にあたっていた。また，政治家嫌いでも有名だった。経団連会長時代には，経団連会館建設のための国有地払い下げを巡って当時の大蔵大臣・水田三喜男の煮え切らない態度に「もう，きみなんかに頼まない！」（城山[1995]24頁）と雷を落としたというエピソードもある。相手の年齢や肩書に拘わらず筋の通らないことには一切妥協しない石坂であったが，その一方では日本銀行総裁や国鉄総裁，さらには大蔵大臣への就任を請われるなど官職への要請も絶え間なかった。そんな石坂の出身や学歴は，それを一瞥するだけであるならば，明治・大正期の典型的なエリート層の持つものであるが，その内実はけっして恵まれたものではなかった。

　石坂は，1886（明治19）年，東京・下谷に6人兄弟の三男として生まれた。父・石坂義雄は，埼玉県の由緒ある家庭の出身であったが，父が漢学を教え，母・ことが針仕事をしながら生計を立てていた東京での石坂一家の暮らしぶりはけっして豊かなものではなかった。後に陸軍少将となる長兄・弘毅は学費が官費で賄われる士官学校に進み，次兄・定義は丁稚奉公に出されていた。目が悪いために士官学校への進学が望めない石坂は，小学校を終えると旧制府立四中（現・東京都立戸山高校）を受験するが失敗，やはり丁稚奉公へ出されるところであった。両親に泣いてすがったという石坂自身による必死の懇願と兄・弘毅のとりなしとが奏功し，翌年，旧制府立一中（現・東京都立日比谷高校）を受験することを許され，合格する。そして，中学進学の意味を周囲に認めてもらうためにも「クソまじめに勉強した」（城山[1995]43頁）という石坂は，160人中7位の成績で府立一中を卒業し，1904年旧制第一高等学校へと進学する。

石坂の高校進学後も一家の暮らしぶりには大きな変わりはなかった。寮に住むこととなった石坂は，高校在学中の3年間を一着だけの制服で過ごしたという。しかしながら，その高校生活は後に自ら，「高等学校での3年間は私の生涯を通じて最も印象的なものだった」（石坂［1957］300頁）と語るほどに充実したものだった。ここでは，無教会派のクリスチャン，内村鑑三に出会うことになる。内村の聖書研究会に入会して直接師事し得たことは，入信してクリスチャンにこそならなかったものの，石坂にとって後半生の人生観に大きな影響を受ける出来事だった。また，「その高等学校の制度がなくなったのは，日本の教育上の大きな損失だったと考えている」（石坂［1957］300頁）と嘆いている。早くも1950年代の時点で，学制改革による旧制高等学校の新制大学教養課程への統合という制度変更が教養教育の欠如を招き，将来の日本に禍根を残すのではと憂慮している点はまさに慧眼といえよう。

　一高から東京帝国大学法科大学（現・東京大学法学部）独法科に進学した石坂は，1911年高等文官試験に合格し，大学卒業と同時に逓信省に入省する。当時の東大法学部卒，高等文官試験合格の学生たちにとっては大蔵省や内務省に進むことがエリートの証しであったが，石坂は序列上位での入省の方が出世が確実だと考え，逓信省を選んだのだった。1913（大正2年），官吏の娘・織田雪子と結婚する。しかし，入省から4年，部下の不祥事から譴責処分を受けたこともあり，官僚としての将来に疑問を感じ始めていた頃，第一生命創業者矢野恒太から石坂の上司である貯金局長下村宏のもとに石坂の引き抜きの話が持ち込まれた。

　当時の第一生命は，外務員も含めて社員はおよそ70人，40社ほどある生命保険会社の中でも12，13位の会社に過ぎなかったが，外遊をさせ，会社の後継者にするというのが矢野が石坂に出した条件だった。妻・雪子の反対はあったものの，最終的には1915年に逓信省を退官，第一生命に入社し矢野の秘書役となった。

　逓信省では入省直後から高級官僚として部下から世話をされることに慣れきっていた石坂にとって，実質は社長の雑用係という秘書役の仕事と文房具ですら自費で調達するという小さな民間企業の社風には当惑した様子も窺

える。入社から1年経った1916年，入社時の約束通り石坂は外遊に出る。2年間をかけて，アメリカ，イギリス，ドイツの保険業を学ぼうというこの外遊であったが，折からの第一次世界大戦が激化し，結局はドイツには行けずじまいとなり，1年間余りで当て外れの帰国となった。

　帰国した石坂は，支配人心得となり，その1年半後には支配人，さらにその2年半後には取締役支配人へと順調な出世街道を歩むこととなる。当時の第一生命の社外取締役たちは大物揃いだった。服部時計店の創業者・服部金太郎，日本陶器，日本碍子の創業者・森村市左衛門，そして阪急電鉄の創始者・小林一三などといった人物たちである。支配人としての石坂は，社長の矢野からだけでなくこれらの面々からも，企業経営のイロハを学ぶ日々だった。一流の実業家である社外取締役たちに敬服した石坂は，戦後の内部昇進者が過半を占める取締役会の構成を「ナンセンス」（石坂［1957］315頁）だとも批判している。

　矢野と石坂のコンビが率いた第一生命は，都市のサラリーマン層を対象とした合理的かつ積極的な経営を相互主義の下に推進し，昭和期に入ると日本生命に次ぐ第2位の生命保険会社へと成長した。資金の運用に関しては，慎重かつ保守的ではあったが，東芝のような優良企業にはすすんで融資していた。しかしながら，取締役であったとはいえ，矢野の忠実な支配人に過ぎなかった石坂のその後の昇進は当時の同世代のエリートたちと較べて必ずしも早くはなく，専務取締役になるのは1934年，ようやく社長となるのは1938年のことであった。

　社長にはなったものの，すでに始まっていた日中戦争はまもなく太平洋戦争へと拡大し，戦時統制が強化の一途を辿るため，経営者としての手腕を存分に発揮することなく終戦を迎える。1946年の年明け早々には会長の矢野に従って第一生命の社長を辞任するものの，連合国軍最高司令官総司令部（以下，GHQ）のパージの対象となり，追放仮指令を受ける身となる。これは，石坂の長男・一義の尽力もあり，1948年には追放解除となるが，石坂の去った第一生命は，財務体質の強い優良会社であったことが逆に災いして労使紛争が絶えなかっただけでなく，新しい世代の会社幹部たちにとって前社長は疎ましい存在であり，復帰もままならなかった。この頃，次男・泰介

の戦死の知らせも届く。財産税の負担なども降りかかり，生活は困窮し失意の日々を送ることとなる。石坂泰三がその存在を経済界に強く認識させるのは，この2年間の浪人生活を経てから後のことである。

2. 東芝の社長として

　石坂泰三に転機が訪れるのは，1948（昭和23）年の夏になってからのことである。帝国銀行（後・三井銀行，現・三井住友銀行）社長・佐藤喜一郎と東芝社長・津守豊治から，激しい労使紛争に苦しむ東芝の再建を請われたのであった。

　戦前の東芝は日本最大の総合電機メーカーであったが，戦時中には軍部からの要請を受けて膨張を続けており，当時の東芝は大幅な合理化が不可避の状況にあった。一方では，時代背景もあって尖鋭化した労働組合との紛争は泥沼化しており，その収拾は困難を極めることが予想され，国鉄争議とともにその帰趨は世間の注目を集めるところであった。石坂が再建を託された東芝は，大量の人員整理か，さもなくば大型倒産かの瀬戸際に立たされていたのである。

　当初は，会長にということで東芝入りした石坂であったが，ドッジラインの実施などもあり，事態は一刻の猶予も許さない状況となっていた。1949年4月5日，自らが社長となり難題に立ち向かうこととなった。社長就任にあたっては，①経営組織の改革と人事の刷新，②過剰人員の整理，③合理化のための資金調達と設備の更新，④アメリカのゼネラル・エレクトリック（GE）社との関係修復，の4項目を石坂は再建のための重要優先事項として掲げた。もちろん，最優先事項は全従業員数の2割を超える人員整理の実行であった。6月には，「全東芝従業員諸君に告ぐ」との社長名の文書を配布し，協力を求めた。

　　「この整備改革は決して容易なるわざではなく，従業員諸君一同の協力を得なければならぬことは当然である。整備は決して人員の整理のみを以って終わるものではない。生産，営業，管理，組織の改善や計画の徹底的合理化は勿論，終戦後とかく弛緩せる人心の緊張感等は夫れ以

上に必要である。若し夫れ，従業員にしてその職責を全うし得ず，業務上の統率力を欠如するが如きあれば，直ちに粛清すべきである。従業員諸君，我々は伸びんとすれば先ず縮まることを要する。余は就任早々この再建に直面し多少なりとも犠牲者を出すことは甚々忍び得ざる処なるも，大局上このほかに途なきを確信する以上，諸君に於いても能くこの事態を認識し協力せられんことを切に希望する次第である。」（東芝 [1963] 311 頁）（筆者抜粋）

　紛糾が予想された労使間の団体交渉が，7 月 5 日に始まった。連続して持たれた交渉に社長の石坂自身が必ず出席したこともあるが，紛争そのものが意外な展開を見せることとなる。7 月 6 日に，失踪した初代国鉄総裁・下山貞則が轢断死体として発見されるという下山事件が起きる。GHQ が対日政策をそれまでの民主化から反共の防波堤として位置付ける方向へ転換し，労働運動への監視を強めることとなる。共産党およびその影響下にあった労働運動も，下山事件に関与したのではないかと報道されたことによって世論の強い批判を受け，活動の自粛を余儀なくされることとなった（安原 [1985]）。結局，7 月末には退職希望者数が予定整理人員の 9 割を超えることとなる。この年の 12 月 10 日，労組との間で協定書に正式調印し，東芝の大争議には終止符が打たれた。

　東芝が，帝国銀行を中心とした協調融資をもとに設備投資を本格化させる

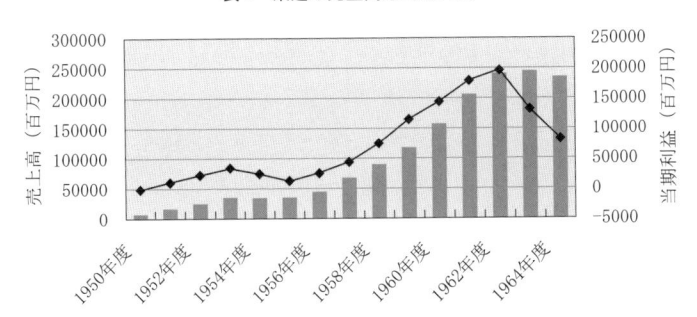

表 1　東芝の売上高と当期利益

出所：東京芝浦電気 [1963]，同 [1977] より作成。

中で，1950年に朝鮮戦争が勃発する。特需ブームが到来し，東芝の再建には追い風が吹く。1950年下期には念願の黒字を達成し，翌51年上期には復配する。1949年12月に企業再建整備法の許可を得て再出発した石坂の率いる東芝は，わずか3年後の52年上期には売上100億円を達成，2割配当を実施するに至る。石坂の再建が成功したのであった。

時の総理大臣，吉田茂から思いもかけぬ「必親展」の直筆の手紙を受け取るのもこの頃，1953年5月のことであった。内容は，石坂に大蔵大臣就任を依頼するというものであったが，このことについて石坂自身は一切明らかにしていない。「必親展」だったということもあり，手紙そのものの存在すらも石坂の没後になってから判明したものである。

その後も，東芝の業績は順調に推移する。1955年には水車タービンの製造会社・電業社機械製作所を東芝に合併し，その成長を決定的なものにした。また，既に石坂が会長に就任後のこととなるが，石川島芝浦タービンを合併し，火力発電機部門においても東芝の地位を磐石なものとすることに成功する。なお，石川島芝浦タービンを合併する過程では，石坂は石川島重工業の再建に獅子奮迅の活躍をする土光敏夫と出会っている。後に，東芝の社長に，さらには経団連の会長にと土光を引き出すことになる出会いだった。

3. 「財界総理」

1955（昭和30）年，日本生産性本部の初代会長に就任するのに続き，翌年には経団連会長に就任する。後世にまで"財界総理"の名の下に語られる国際派の財界リーダーの誕生である。石坂泰三は，財界のリーダーとなること自体に野心は無かったが，戦前から戦争と統制には批判的であり，その地位に就くや，競争力の強化を通じた日本経済の自由化・国際化を目指して邁進する。経団連会長就任後，初めての記者会見で，石坂は次のように述べている。

「経済の基本は，まず豊かになること。日本経済のポテンシャリティーを信じ，拡大に全力を注ぐと同時に，経済秩序，道義，企業モラルの確立を図る。」，「政界に対して財界の自主性を確立する」，「外国人が

四十億,五十億の株を取得してもたいしたことではない。制限を撤廃して堂々とやるべきである」

日本経済の活力を信じた上での自由化をも恐れぬ発言であった。昭和30年代前半の日本では,経済そのものはようやく戦前水準に復興してきたものの,その国際競争力は極めて脆弱なものだと考えられていた。日本経済の継続的な成長のためには,当面の間,政府による手厚い保護と助成が必要だという考えが趨勢であった。これに対して,石坂は産業保護政策からの脱却,資本・技術の自由化,国際収支不均衡の是正など,今日の礎となる路線を打ち出していったのであった。石坂は技術自体にはさほど造詣が深いということではなかったが,東芝の社長としてGEなど欧米メーカーと仕事をしていた石坂は,すでに日本の技術陣のレベルが外資に簡単に駆逐されるほど貧弱ではないということを十二分に認識していたのである。

そして,石坂は産業界あげての生産性向上運動にも早くからその効果を理解し,積極的に取り組んだ。1955年には,団長として当時の労・使・学識の最高権威者で編成された「トップ・マネジメント視察団」を率いて訪米し,その意義は歴史的にも高く評価されている。この視察団では,40日間にわたり13企業,2大学,3団体,4官庁を訪問し,80人からインタビューを行った。こうして吸収されたアメリカの科学的経営手法は,後にヨーロッパの生産性運動から学んだ人間尊重の理念と合わせて,日本独自の経営スタ

表2　経団連・歴代会長

会長（就任時役職）	在任期間
石川　一郎（日産化学工業社長）	1948年3月16日～1956年2月21日
石坂　泰三（東京芝浦電気社長）	1956年2月21日～1968年5月24日
植村　甲午郎（経団連事務局）	1968年5月24日～1974年5月24日
土光　敏夫（東京芝浦電気会長）	1974年5月24日～1980年5月23日
稲山　嘉寛（新日本製鐵会長）	1980年5月23日～1986年5月28日
斎藤　英四郎（新日本製鐵会長）	1986年5月28日～1990年12月21日
平岩　外四（東京電力会長）	1990年12月21日～1994年5月27日
豊田　章一郎（トヨタ自動車会長）	1994年5月27日～1998年5月26日
今井　敬（新日本製鐵社長）	1998年5月26日～2002年5月28日

出所：社団法人日本経済団体連合会ホームページより作成。

イル，いわゆる「日本的経営」や「日本的労使関係」の創出へと結び付くこととなる。これらは，現場の能力，特に人の能力を高めることで高い生産性を実現し，長期的な日本の国際競争力を強化し，現在の日本経済を築く基盤ともなった。

　また，自由経済のメカニズムを信奉する石坂は，政府による保護・干渉や業界による自主規制を経済の活力を削ぐ行為であるとして嫌った。池田勇人内閣の時代には，低金利政策を維持したまま設備投資を削減させようとする山際正道・日銀総裁と対立した。「公定歩合を動かせば，政府の低金利政策は破綻したことになり，池田内閣に致命傷を負わせる」という意見に対して，「池田内閣と日本とどっちが大事だ」と即答している。石坂と池田総理とは，高度成長優先という点で，それまで蜜月だといわれるほどの関係であった。石坂の池田への高い評価と親密度が広く知られていただけに，この一件は石坂の権威をさらに高めることとなる。

　一方で，経団連会長就任後まもなく起こった日本資本による中東での石油開発への関与については，大きな波紋を呼んだ。山下太郎が利権獲得に成功したサウジで海底油田採掘をする会社・アラビア石油の発起人を引き受けたのである。山下は毀誉褒貶の多い人物で，批判も多かった。試掘成功の可能性についても，当時の学界の権威であった脇村義太郎・東京大学教授は否定的な意見であり，山下支援は石坂の晩節を汚すとまでいわれた。しかし，日本が第二次世界大戦に突入したのは石油が無かったためだというのが持論の石坂には，たとえリスクがあっても，民族資本による資源開発は歓迎すべきものであり，結局石坂はアラビア石油の会長就任を引き受けたばかりでなく，個人保証までして支援した。1960年1月に第一号油井，4月には第二号油井が油層を掘り当てる。日本にとって一番不足している，一番必要とする資源を手に入れることにも成功した。

　国際派としての真骨頂は，1970年に大阪で開催されたアジア初の日本万国博覧会・会長として発揮された。国家的行事であるとはいえ，成功したところで会長には何のメリットもない大役は，誰も引き受けようとはしなかったのである。しかし，石坂にとっては，高度経済成長を成し遂げ経済大国となった日本のシンボル的な意義をもつイベントを失敗に終わらせるわけに

はいかなかったのである。1970 年 9 月，万博史上最多の入場者を集めた日本万国博覧会は，万博史上初の黒字を計上して閉幕した。日本の成長と繁栄を世界の檜舞台で見事に証明したのだった。1968 年，経団連会長はすでに 6 期にして退任していた。

　石坂の没後になって見つかった報告書がある。「日本万国博覧会　政府公式記録」と題する報告書の裏表紙には，自筆で『感想』なる文章が書き残されていた。生涯最後の仕事として身を投げ打って働いた万博会長としての偽らざる心境である。誰に打ち明けるでもなく，政治家嫌い，官僚嫌いの憤懣が記してあった。

> 「一体この博覧会の主体は誰だったのだろう。此の政府記録によれば総て政府当事者によってなされ，万博協会は殆ど何もしなかった様に見えると云っても過言ではないかも知れない。……私としては聊か，否，大いに不満である。……甚だ不満である事を率直に後々のため記録する次第である。　日本万博協会会長　石坂泰三」（筆者抜粋）

　1975 年 3 月 9 日，石坂は死去する。土光敏夫が委員長を務めた葬儀は武道館で行われた。会場ではボーイスカウトの少年たちがきびきびと整理に当たっていた。最晩年の石坂は，溌剌としたボーイスカウトの少年たちと成長する日本経済の姿を重ねていたのか，次代を担う子供の育成にも心を砕いていた。

土 光 敏 夫
—石油危機後の財界の先導者

土光敏夫　略年譜

1896(明治29)年	0歳	岡山県御津郡（現・岡山市）生まれ
1920(大正9)年	24歳	東京高等工業学校機械科（現・東京工業大学）卒業 石川島造船所に入社
1922(大正11)年	26歳	スイス・チューリヒのエッシャーウイス社に留学
1937(昭和12)年	41歳	石川島芝浦タービン，取締役に就任
1946(昭和21)年	50歳	石川島芝浦タービン，社長に就任
1950(昭和25)年	54歳	石川島重工業，社長に就任
1954(昭和29)年	58歳	造船疑獄で，逮捕
1960(昭和35)年	64歳	播磨造船所と合併し石川島播磨重工業，社長に就任
1964(昭和39)年	68歳	石川島播磨重工業，社長を退任
1965(昭和40)年	69歳	東芝，社長に就任
1972(昭和47)年	76歳	東芝，会長に就任
1974(昭和49)年	78歳	経団連，会長に就任（〜1980）
1976(昭和51)年	80歳	東芝，会長を退任
1981(昭和56)年	85歳	第二次臨時行政調査会，会長に就任
1988(昭和63)年	91歳	死去

（年齢＝満年齢）

1. 専門経営者への道程

　第二次臨時行政調査会（以下，臨調と略）会長として，その質素な暮らしぶりから"メザシの土光さん"などと呼ばれて慕われた土光敏夫である。石油危機後の調整期の経団連会長として，日本経済を「省資源」，「省エネ」，「省力」へと大きく方向転換させる旗振り役を務めた。さらには臨調会長として国鉄，電電公社の民営化への道すじをつけるなどの行政改革の推進者としての晩年の活躍が有名な土光であるが，もともとはタービン設計一筋のエンジニアだった。石川島播磨重工業の前身である東京石川島造船所に就職して45年間務め上げた後，東芝会長であった石坂泰三の強い推薦で減配続きで経営不振に陥っていた東芝の社長に就任した。そのトップ・セールスぶりから，石川島播磨重工業・社長の時代には"ミスター・ダンピング"，東芝・社長の時代には"土光突撃体制"などと異名を取るほどのモーレツ経営者であった。

　その一方で，経営者・土光敏夫を理解するためには，エンジニアとしての合理性と仏教への深い帰依について無視することができない。土光は，"ミスター合理化"と渾名されたことについて，「設計を長く手がけていると，おかしな部分はすぐわかる。設計は，Ａから始めてＺに至るまで，一つ一つ，合理的にきちんと積み重ねる。一カ所でもいい加減な部分やゴマ化しはきかない。そういう手続きやプロセスを永年経験しているので」（土光［1982］391頁）と説明している。また，"無私の人"との信頼に対しては「『個人は質素に，社会は豊かに』という母の教えを忠実に守った」（小島［2006］23頁）だけだと答えている。

　土光は，1896（明治29）年，岡山県御津郡大野村（現・岡山市大野辻）に6人兄弟の次男として生まれた。長男が1歳で病死しているため，実質的な長男として育った。総本家は300町歩もの土地持ちで，代々庄屋を務めたり，明治になってからは村長をした者もいた。父・菊次郎の兄が継いだ本家も100町歩ほどの土地持ちであったが，土光家そのものは，「中の上くらいの農家」（土光［1982］348頁）だったという。菊次郎は三男であったため，

形式的には一族の未亡人まちの養子となっている。当時の長男には何かと便益があったからであろう。一方で，後に学校法人・橘学苑の創立者となる母・登美は，子育てに胎教を取り入れたり，病気のときには現代医学を頼るなど，当時としては進取の気概に富んだ女性だった。

　岡山一帯は，"備前法華"といわれる日蓮宗の信仰厚い地域である。土光の両親もその例にもれず熱心な信者で，物心ついてからは土光も両親とともに法華経を唱えさせられたという。父・菊次郎は信心も厚く，村人から「ホトケの菊次郎さん」と呼ばれるほど信用も集めていたが，生来頑健な体ではなく，父親から譲り受けたおよそ1町歩の田畑を小作に出し，街と近隣の農家との間で米や肥料などを扱う小売り卸を家業として営んでいた。自宅の前から岡山の中心部に通じる掘割に小舟を浮かべ，これを陸上から綱で曳くというのが運搬手段であった。往路には米を，帰路には肥を積んで，徒歩で往復2時間の道のりを肩に綱をかけて曳くのである。長男である土光も，この仕事をよく手伝った。

　尋常小学校を終えた土光は，県立岡山中学を受験して失敗する。この後，尋常高等科に進み，合計3回受験するがすべて失敗し，県立を諦め私立の関西中学に進学する。関西中学は教育熱心な学校として定評があり，ここで向学心に目覚めた土光は優秀な成績で卒業する。しかし，「なんの心配なく上級学校へ進めるほど裕福ではなかった」（土光［1982］353頁）ため，大学進学ではなく早く社会に出ることのできる専門学校進学を選択する。そこで，理数系が得意であることから高等工業を目指すこととし，その最難関校・東京高等工業学校（現・東京工業大学）機械科を受験するが，ここでも不合格となる。故郷の小学校で代用教員をしながら受験勉強に励み，翌1917（大正6）年，今度はトップで合格する。

　日本の工業教育の始祖といわれる手島精一が立てた東京高等工業学校の教育方針は，無試験，無採点，無賞罰である一方，机上の理論よりも「実践で役立つ技術」をというもので，作業服に身を包んだ土光も徹底的に鍛えられた。母・登美は，「一年に一反ずつ土地を売って，敏夫の学費に充ててやる」と言って送り出してくれたものの，周囲の抵抗もかなりあったらしく，3年間の高校生活は読書と実験とアルバイトに明け暮れるという慎ましいもの

だった。若き日の土光のささやかな楽しみは，ボートの応援と寄席通い，そしてその帰途に食べる桜もちと立ち食いのすしだった。

1920年，東京高等工業学校を卒業し，東京石川島造船所に就職する。ちょうど第一次世界大戦の好況の反動を受けた大不況期であったが，専門技術を持つ"蔵前"（東京高等工業学校の通称）出は引く手あまたであった。生長（級長）を務めていたという責任感から同級生の落ち着き先を見送った後の選択である。当時の学生に人気の満鉄の初任給が200円だったのに比べ，石川島の初任給は45円と低かったが，「技術屋としていかしてくれるなら，選り好みはしないつもりでいた」（土光［1982］369頁）と振り返っている。

東京石川島造船所は，当時としては非常にユニークな経営をしている会社だった。"造船所"という社名ではあったが，ボイラー，発電機，蒸気機関や製糸機械など機械製造の分野に多角化しており，土光が配属されたのもタービンの設計部門だった。「月給をもらうためだけなら来るな，仕事を趣味とする奴だけ来い」という雰囲気の職場は楽しかったものの，ドイツ語の科学雑誌や資料に向かいながらのタービン設計の毎日は睡眠時間が5時間しか取れない日々でもあった。入社から1年半後の1922年，土光はスイスのエッシャーウイス社への研究留学を命じられる。2年半に及ぶスイス滞在は現地の技師たちと議論し，現場で油にまみれて働くという充実したものであった。帰国後，土光は石川島の取締役・栗田金太郎の長女・直子と結婚する。

土光は，この頃からすでに日本の技術は優秀であると考えている。もちろん，それは言葉には尽くせない先人たちの研鑽のたまものであることを認識した上で，「外国製だって，驚くほど優秀なものは少ない」と感じていたのである。1930年，2万5千キロワット（八幡製鉄所），33年，5万3千キロワット（尼崎発電所）と，土光は次々に記録的な大型機を製作した。そして，芝浦製作所（現・東芝）との共同出資で石川島芝浦タービンが設立されると技術部長，後に取締役となる。

間もなく，第二次世界大戦が始まると，石川島芝浦タービンは軍需工場に指定され，航空機用の排ガスタービンや過給機などを製造する。戦況の悪化

とともに、工場は戦災で痛めつけられ、熟練工は召集され、作業能率も落ちていった。終戦を迎えて、工場再建に奔走していると、今度はパージによってトップが追放される。1946年、土光は石川島芝浦タービンの社長に就任した。50歳のときであった。鍋や釜の類を作って、まずは従業員の生活を確保したが、社長として土光が一番苦労をしたのは資金繰りだった。猛烈なインフレに加えて、ドッジ・ラインである。銀行には融資を、通産省（現・経済産業省）には補助金を求めて、目的が遂げられるまで引き下がらなかった。土光の努力の甲斐もあり、石川島芝浦タービンは親会社である石川島重工業（石川島造船所を改称）より早く立ち直ることが出来た。

転機は、1950年に訪れた。巨額の赤字を出し、経営危機に陥っていた石川島重工業に社長として呼び戻されたのである。就任は、6月24日。朝鮮戦争の始まる前日のことであった。エンジニアとしての合理性をもって提出された稟議書や企画書を徹底的にチェックする。すると、その過程で経費は大幅に削減されていったのである。"日本一のケチ会社"という評判に浴するほどの徹底したものであった。そして、特需ブームに乗って業績も急回復する。本人は幸運だと謙遜するが、石坂泰三をして「経営者はラッキーな男でなければならない」と言わさしめる所以である。

しかし、人生には落とし穴もあった。朝鮮戦争の休戦で造船不況が訪れると、政府からの利子補給をめぐって巨額のリベートが政界に還流したとする"造船疑獄"が発覚した。造船会社社長の1人として土光も逮捕されたのである。後に検事総長となる伊藤栄樹が担当検事として土光の取調べにあたったが、その質素な暮らしぶりと毅然とした態度には土光の無罪を直観しただけでなく、「あの人はもっと偉くなる」と予感させたという。結果はもちろん不起訴となったが、20日間の拘留生活を余儀なくされた土光は「つねに身ぎれいにし、しっかりとした生き方をしておかねばならない」（土光［1982］394頁）と自らを戒めている。

あらぬ嫌疑を受けて、疑獄事件に巻き込まれるという想定外のアクシデントもあったが、石川島重工業の社長としての土光の仕事振りは充実したものであった。造船不況に苦しむ石川島重工業を救ったのは、海外からの受注、特にブラジルとの取引だった。石川島重工業とブラジルとの関係は1950年

に始まったもので，まず「サルテプラン」というブラジルのプロジェクトの一環で3隻のタンカーを受注した。これらの船は翌年にかけて納入されるが，"船台に1隻も影なし"とまでいわれた状況の中で，貴重な注文であった。

これを機に，ブラジルとの関係も拡大する。海軍から貨物船兼輸送船2隻を受注，1954年に納入するが，この船が運航中に操船ミスから岸壁に衝突した。ところが，コンクリート製の岸壁が壊れたのに対して，船の方はビクともしなかったことから石川島重工業の技術が高く評価されることとなり，後にブラジル海軍工廠との技術提携や施設拡充工事の受注へと繋がる。これらはさらに発展して，ブラジル政府から造船所建設のプロジェクトが持ち込まれる。日・伯両国での反対運動もあったが，1958年，石川島ブラジル造船所（通称・イシブラス）が設立される。1961年に建造第一号船を送り出すことになるイシブラスは，やがて中南米一の造船所へと発展していくが，現地では「イシコーラ（石川島学校）」とも呼ばれて技術者養成という観点からもブラジルの発展に貢献した。このようなブラジルとのつきあいの中で，土光は自らの移住の夢を育んだのだった。

また，ゼネラル・エレクトリック（GE）社から航空機用ガスタービン，船舶用ガスタービンの技術を導入するなど，国外から最新式の技術を導入して技術力を向上させることにも積極的に取り組んだ。一方で，国内では大型合併を実現させることで競争力の強化にも努めている。1960年の播磨造船所との合併である。当時，石川島重工業では陸上部門が8割の売上を担っていたが，土光は造船会社として「ゆくゆくは十万トン以上の大型船必至とみていた」（土光［1982］400頁）。しかし，石川島重工業は隅田川河口というその立地条件から大型タンカー建造の設備を持つことが制約されていた。片や，造船比率が9割を超える播磨造船所は折からの造船不況で売上が半分以下に落ち込み，陸上部門への進出を図っているところであった。相互補完性の高い大型合併はこうして成立し，土光は新会社・石川島播磨重工業（IHI）の社長となったのである。

播磨造船所には，真藤恒（後に，IHI社長，NTT社長）という天才エンジニアがいた。戦時中に海軍艦政本部へと移籍し，戦後は広島にあるNBC呉

造船所で活躍していた真藤を，土光は合併と同時に東京へと呼び寄せた。真藤は船舶を球状にすることで鋼材の使用量を削減する"経済船型"という画期的な考案を実現した。また，船体をブロックごとにユニット化したり，配管パイプを曲げる角度を統一することで部品点数を減らしたりするなど，それまでの固定概念を打ち破ることで，低コストでの船舶建造を可能にした。1963年，石川島播磨重工業は，建造数20隻，45万9070総トンを進水させ，"造船世界一"の座を射止めることとなる。社長自らがトップ・セールスしたこともあって，土光が"ミスター・ダンピング"との異名を取り，あらぬ誤解を招いたのもこの頃のことであった。ちなみに，土光は，低コストの船を開発して受注競争に勝ったのであり「決して，赤字受注はしていない」（土光［1982］408頁）と反論している。

1964年，土光は「思い残すこともなく」14年間余り座りつづけた社長の椅子を田口連三に譲る。余生は，妻と2人で畑を耕しながら送ろうとブラジルに土地を探すのであった。

2. 東芝の社長として

新たな転機を土光敏夫にもたらしたのは，土光が「知識の深さ，人間の幅の広さ，人を見る目，すばらしい大局観など，学ぶことは，なにもかもであった」（土光［1982］419頁）と尊敬する第二代経団連会長で同時に東芝・会長を務めていた石坂泰三だった。業績が振るわず，減配が続く東芝の建て直しを懇請されたのである。

1965（昭和40）年，土光は東芝の社長に就任する。就任後すぐに，ややもすると名門意識が強く，覇気に乏しい東芝の社員たちに，「一般社員は，これまでより三倍頭を使え，重役は十倍働く，私はそれ以上に働く」と檄を飛ばす。実際に，自らは毎朝7時半には出社した。初出社の日には受付で「どなたでしょうか？」，「こんど御社の社長に就きました土光という者です」との珍妙なやり取りが交わされたというエピソードも残っている。

東芝での土光は，まず「チャレンジ・レスポンス経営」を標榜し社員の意識改革を求めるとともに，機構改革を行って権限委譲を行うとともに意思

表 3　東芝の売上高と当期利益

出所：東京芝浦電気［1977］より作成。

決定の迅速化を図る（東芝［1977］）。「チャレンジ・レスポンス」とは，権限を事業部に全面的に委譲するが，目標を達成出来なかったとき，なぜ出来なかったのかの説明を要求（チャレンジ）し，同時に素早い反応（レスポンス）を求める，というディスカッションのシステムである。土光はこのシステムを，社長と事業部間のものだけでなく，すべての社員間での関係にも応用することで，最終的な責任はトップがとるものの，仕事の上では社長も社員も同格なのだという意識付けをも狙っていた。

　そして，現場を重視した。当時の東芝は，全国に 30 を超える工場や営業所を持っていたが，実態を把握するためにと，仕事の合間をぬって夜行列車を利用して全国を行脚した。エンジニア出身の土光にとっては，現場の従業員と話し合うこと自体が，とても楽しみなことであったが，トップが訪れることなど滅多に無かった各工場からは熱烈に歓迎された。もっとも，現場が一番驚かされたのは，設計から製図，製品化に至るまで問題点を的確に把握する，あらゆる技術に通暁する土光の知識の豊富さであった。また，営業面では，社長も社員も皆同格であることを率先垂範して実行し，石川島播磨重工業時代と同様に社長セールスも続けた。要望があれば，「部下からのチャレンジなのだから，私は黙ってレスポンスする」（土光［1982］414 頁）と語っている。

　そうしていると，土光にまたもや幸運の女神が微笑む。社長就任後，間もなく「いざなぎ景気」が到来するのだった。この好況の波にも乗って，土光

率いる東芝の業績も急激に回復する。1967年3月期には当期利益33億円を計上し，増配を果たす。以後，2年連続で増配し，1969年9月期には1割2分配当（半期）を実現し，同下期には売上高が2869億円と過去最高となり，当期利益も102億円を計上する。ちなみに，年間売上高は5000億円を超え，半期決算では8期連続の増収増益を記録した。

1972年，本人曰く，「当初，考えていたよりは長い年月が経過した」が，「もう東芝は大丈夫という見通しが持てたので」（土光［1982］417頁），東芝社長を退任する。土光の再建は，またしても成功を収めたのだった。

3. 「メザシの土光さん」

1974（昭和49）年，土光敏夫は経団連・第四代会長に就任する。すでに，80歳であった。土光は，経団連会長退任時の石坂泰三から指示されてその6年前から副会長を務めていたが，経団連会長就任にあたっても東芝社長就任のときのように再び石坂の強い推薦があったと言われている。石坂本人は，公式には「ブラジルで牧場をやりたいといっているから好きにさせればいい」と発言しているが，土光のブラジル行きの夢はまたしても石坂の介入で叶わぬこととなる。会長就任前後，石坂と土光の関係を知る記者たちから「尊敬する人物は？」という質問がよく出た。「石坂泰三」という答を期待しての質問である。これに対して，土光は「特にこれといった尊敬する人物はこしらえないことにしている」とだけ答えている。「石坂は？」と聞かれれば，素直に「特別に好きな人で，私はこの人にどれだけ教わったか，はかり知れない」（土光［1982］418頁）と答えるのである。

土光が経団連の会長になったのは，前年に起きた石油ショックに加えてロッキード事件が発生するという経済乱世ともいえる時代であった。石油ショックに意気消沈する経営者とロッキード事件にかかりきりの政界を相手に，土光は"行動する経団連"の旗を掲げて全国を行脚し，「省エネルギー」，「省力化」経営を提唱するとともに自民党幹部や関係官庁にも精力的に進言と要望を繰り返す。当時，自民党副総裁で経済企画庁長官を務めていた福田赳夫は，「ドコウ（土光）さんではなくて，ドゴウ（怒号）さんだ」

と述懐している。政治献金についても、「保守党が正道を歩んでもらいたいがために，正論を」（土光［1982］423頁）吐く。政治献金を個人のレベルでという主張は、「政治オンチ」、「書生っぽ」との批判も浴びるが、少なくとも世論は土光を支持したのであった。

　1980年，土光は経団連会長の椅子を稲山嘉寛（当時・新日本製鉄会長）に譲り，退任する。しかしながら，「楽しい余生はまた遠い夢となった」のであった。経団連・会長として行政改革の必要性を訴えていた土光は，行政管理庁長官（当時）の中曽根康弘から臨調会長就任を口説かれる。格好のシンボルだったのである。鈴木善幸総理（当時）からも要請され，引き受けることとなる。"メザシの土光さん"を一躍有名にしたNHKのテレビ番組『八五歳の執念　行革の顔　土光敏夫』が放映されるのは，翌々1982年のことである。当時，行政改革は景気を悪くすると非難する声も大きかったことから，臨調会長の清新さをPRするためもあり，やむなく取材に応じたのであった。経済界の大物としての華麗な経歴とその慎ましい生活ぶりのギャップが反響を呼び，臨調，ひいては行政改革への国民からの大きな信頼を勝ち取るに至ったのだった（中曽根［1996］）。

　1986年，2年間の臨調会長とその後3年間の臨時行政改革推進審議会（通称・行革審）会長を勤め上げた土光は，「国民の皆様へ」と題するメッセージを添えて引退する。

> 「私自身は，21世紀の日本を見ることはないでありましょう。しかし，新しい世代である，私達の孫や曾孫の時代に，我が国が活力に富んだ明るい社会であり，国際的にも立派な国であることを，心から願わずにはいられないのであります。」

　土光には，ブラジルの牧場で2人暮らしの余生を送ろうという妻との約束を果たすことが最後まで許されなかった。しかしながら，引退の年の秋，土光は尊敬してやまない石坂泰三も没後になってしか成し遂げることができなかった栄誉に浴する。民間人としては初の生前受賞となる勲一等旭日桐花大授賞を受けるのであった。

おわりに

　財界とは，経済界全体を代表して政治に働きかけ，狭い個別企業の枠に留まらない経済界全体の利益を実現しようとする機関である。戦前までは，広く実業界や経済界全般をさすことも多かったが，戦後になると政治・経済に影響力を持つ大資本家等の権力エリートの集合体として認識されるようになった。

　石坂泰三と土光敏夫は，ともに東芝の社長経験者で経団連会長を務めた財界人である。石坂は昭和30年代を通じて第二代会長として経団連会長であり続けた。戦後の東芝の再建に立ちはだかった労働争議に目途をつけた後，戦後日本の新たな目標であった生産性向上と国際化を掲げて，日本の高度成長時代を実現なさしめた。また，土光は奇しくも石坂と同じ東芝を昭和40年不況後の経営不振から立ち直らせ，昭和40年代末から第四代会長を務め，オイルショック後の行政改革期の財界リーダーとして活躍した。2人は，豊富なビジネス経験とその能力ゆえに晩年には財界のリーダーとしてだけでなく，政財界への「ご意見番」としても戦後日本の経済成長や経営発展に重要な役割を果たした。ややもすれば，経営者としてのその経歴と政財界への大きな影響力ゆえ，ただただ偉大な人物であったとの前提でみなされることが多い両名であるが，実際には2人とも決して恵まれた出身や経歴の持ち主ではないことがわかった。

　出自や経歴についてだけ見るならば，東京出身と地方出身，帝国大学卒のエリート官僚と高等工業学校卒のエンジニア，であるなど大きく異なる点が多い。経営者としてのタイプという点においてもそのリーダーシップの発揮のしかたなど相違は大きい。ところが，より本質的な側面，すなわち人間的な部分に注目するならば，石坂，土光ともに，我執を離れて，誠実で，金銭的にも恬淡としていたところなど共通点も多い。2人はともに，企業の創業者でも，所有者でもない専門経営者であったが，経営危機に陥っていた東芝を再建することをきっかけにして，そのリーダーシップを確固としたものにし，後に財界の指導者として活躍するのである。

戦後財界は，政治や経済政策の決定に多大な影響力を持ち続けた。それを可能にしたのは，経済界内部で起きた紛争や問題を政治家や官僚の手を借りることなく解決し，かつ政治との一定の距離を保つことで政権と運命をともにする必要の無い立場に身を置きながらも，傘下企業の個別利害を超えた長期的な経済界の利益をかなえる政策を，とりまとめて政治に働きかけてきたことによるところが大きい（菊池［2005］）。石坂や土光は，その人格とビジネス経験を通してこうした日本の経営や経済社会の本質的な側面をよく理解していたからこそ，戦後日本の財界人の中でも代表的ともいえるリーダーシップを発揮し，その大きな業績を上げることができたのである。

財界という概念は，日本独特のものである。個別の企業や業界の利益を超えて資本主義や資本全体の利益のために政治に働きかける財界という存在は日本にしかない。石坂や土光の発揮したリーダーシップは，アメリカ的な"産業の統帥"としてのものでも，イギリス的な"誇り高き紳士"としてのものでもなかった。どちらかと言うならば，2人は日本の経営の伝統に即した，産業人としての強い人格の持ち主であることが，その特徴だといえる。

シュムペーターは，企業家とは「新結合をみずからの職能とし，その遂行に当たって能動的要素となる経済主体」と定義している。石坂や土光が東芝などの企業で専門経営者として果たした役割はもちろんのことであるが，戦後日本の経済成長と経営発展において2人が財界のリーダーとして果たした役割はまさに"企業家"の役割そのものであったといえよう。

参考文献

○テーマについて

Schumpeter, Joseph A. [1934] *The Theory Of The Economic Development*, Harvard University Press.
ヒルシュマイヤー，J.，由井常彦［1977］『日本の経営発展』東洋経済新報社。
ヴォーゲル，エズラ.F.［1979］（広中和歌子，木本彰子訳）『ジャパン・アズ・ナンバーワン』TBSブリタニカ。
中川敬一郎［1981］『比較経営史序説』東京大学出版会。
間　宏［1989］『日本的経営の系譜』文眞堂。
米倉誠一郎［1995］「共通幻想としての日本型システムの出現と終焉」森川英正，米倉誠一郎編『日本経営史5　高度成長を超えて』岩波書店。
松浦正孝［2002］『財界の政治経済史』東京大学出版会。
菊池信輝［2005］『財界とは何か』平凡社。

○石坂泰三について
　　石坂泰三［1957］『私の履歴書』日本経済新聞社。
　　石坂泰三［1970］『勇気あることば』読売新聞社。
　　石坂泰三［1981］『無事是貴人』。
　　城山三郎［1995］『もう君には頼まない―石坂泰三の世界』毎日新聞社。
　　安原和雄［1985］『経団連会長の戦後史』ビジネス社。
　　経済団体連合会編・刊［1978］『経済団体連合会三十年史』。
　　第一生命保険相互会社編・刊［1958］『第一生命保険五十五年史』。
　　東京芝浦電気株式会社編・刊［1963］『東京芝浦電気株式会社八十五年史』。
○土光敏夫について
　　小島英記［2006］『男の晩節』日本経済新聞社。
　　土光敏夫［1982］『私の履歴書』日本経済新聞社。
　　土光敏夫［1984］『土光敏夫　日本への直言』東京新聞出版局。
　　土光敏夫［1996］『経営の行動指針』産能大学出版部。
　　中曽根康弘［1996］『天地有情―五十年の戦後政治を語る』文芸春秋。
　　経済団体連合会編・刊［1999］『経済団体連合会五十年史』。
　　東京芝浦電気株式会社編・刊［1977］『東芝百年史』。

在来産業の改革者

2代茂木啓三郎と7代中埜又左エ門

はじめに

　本章は，キッコーマン（野田醬油）の2代茂木啓三郎とミツカン（中埜酢店）の7代中埜又左エ門を取り上げ，高度成長期から安定成長期にかけて，在来産業であった醬油醸造業と食酢事業を，彼らがどのような企業家活動を行って発展させていったのかを検討する。

　織物，生糸，酒，味噌，醬油，陶磁器に代表される在来産業は，明治維新以前に創業され，全国に数多く存在し，得てして小規模経営ながらも地方を地盤に伝統的な技術を受け継いでいく形で存続・発展し続けてきた。ただなかには，強力なリーダーシップを有するトップ・マネジメントによって，国際化や多角化などユニークな経営を展開する企業もいくつか存在した。その代表例が2代茂木啓三郎と7代中埜又左エ門の経営活動である。

　両者がトップ・マネジメントを努めた時期，すなわち高度成長期から安定成長期にかけてのわが国の食品産業をめぐる経営環境は，所得水準の向上，人口の都市集中化，輸入自由化，外資の進出などで大きく変化していた。すなわち，飽食化と洋風化に象徴される食生活の変革，そして製造技術の発達と量産体制の確立に伴う企業間競争の激化であった。とりわけ食生活の洋風化の進展は，食品のなかでも在来産業部門である醬油，酒，みそ，食酢などの存在意義を大きく脅かすものとなった。食に対する需要そのものが拡大していても，洋風調味料や洋酒に市場を奪われて，先行き不安な状況に追い込まれていったのである。

　以下では，キッコーマンとミツカンが在来産業として生成・発展してきた軌跡，2代茂木啓三郎と7代中埜又左エ門がトップ・マネジメントに就任するまでの経緯，そして両者がどのような経営理念を持ち，いかなる戦略を採って醬油醸造業や食酢事業をリードしていったかを中心に述べていく。また，キッコーマンとミツカンはともに長きにわたって家族企業として事業を存続・発展させてきた。それゆえ，両者がどのようにトップ・マネジメントを引き継ぎ，家族企業の体制を維持していったかという点についても若干触れておく。

2代茂木啓三郎
―キッコーマンの中興の祖

2代茂木啓三郎　略年譜

1899(明治32)年	0歳	千葉県に生まれる（飯田勝次）
1926(大正15)年	27歳	東京商科大学（現一橋大学）を卒業　野田醤油（現キッコーマン）に入社
1929(昭和4)年	30歳	茂木啓三郎の養子になる
1935(昭和10)年	36歳	茂木啓三郎を襲名
1942(昭和17)年	43歳	取締役に就任
1947(昭和22)年	48歳	常務取締役に就任
1962(昭和37)年	63歳	代表取締役社長に就任
1964(昭和39)年	65歳	キッコーマン醤油に社名変更
1972(昭和47)年	73歳	キッコーマン・フーズ・インコーポレーテッド（KFI）を設立
1974(昭和49)年	75歳	取締役会長に就任
1980(昭和55)年	81歳	取締役相談役に就任　キッコーマンに社名変更
1982(昭和57)年	83歳	相談役に就任（1985年退任）
1993(平成5)年	94歳	死去

（年齢＝満年齢）

1. 野田醤油の成立

　野田醤油は，1917（大正6）年，互いに婚姻関係にある千葉県野田の醤油醸造家一族8家の合同で設立された。8家とは，高梨兵左衛門家（本印：ジョウジョウ），茂木七左衛門家（クシガタ），茂木佐平治家（キッコーマン），茂木七郎右衛門家（キハク），茂木房五郎家（ミナカミ），茂木勇右衛門家（フジノイッサン），茂木啓三郎家（キッコーホマレ），堀切紋二郎家（フンドーマンジョウ）である。8家のうち，最も古くから醤油を作ってきたのは高梨兵左衛門家で，創業は1661（寛文元）年までさかのぼる。

　銚子とならぶ醤油の名産地である野田では，多くの醤油醸造業者がしのぎを削っていた。そのなかでも品質の優れた醤油をつくる茂木・高梨一族がその地位を高めていった。幕末・維新期には高梨・茂木一族だけで野田の生産量の8〜9割を占めていたという。茂木・高梨一族は競争と協調を繰り返しながら切磋琢磨し，野田醤油の評価を高めていった。そして一族合同して製造・営業の合理化・近代化を図ろうとしたのが，1917（大正6）年の野田醤油の成立であった。

　野田醤油発足に際して「キッコーマン」を本印にすることにしたが，「ジョウジョウ」「キハク」の生産も継続した。この3つは1864（元治元）年に幕府が物価引下げ命令を強行しようとしたとき，厳しい審査の結果，銚子の「ヒゲタ」「ヤマサ」らとともに最上醤油と認定され，値下げを免れたものであった。しかしながら，広告宣伝の際に3印を併記すると消費者が混乱してしまうなどの理由から，1927（昭和2）年に東京市場への出荷を「キッコーマン」のみに限定した。「キッコーマン」に商標が統一されるのは，1940年9月，戦時体制にともなって公正価格形成委員会が「一社一規格一マーク」の方針を打ち出したことによる。この間，野田醤油では1930年に壜詰め工場を設立，翌年には全製造工程を機械化した工場を次々に竣工して大型化と品質向上に努めた。

　野田醤油の特徴として，ユニークなトップ・マネジメントの選出方法を実践していることがあげられる。初代社長に6代茂木七郎右衛門（在任期

間：1917～29年）が8家当主の中から選出されたが，彼は野田の産業振興に功績があり，人格・識見ともに優れた人物であった。それゆえ七郎右衛門の社長就任に異論を唱えるものはなかった。その後，11代茂木七左衛門（1929～43年），9代茂木佐平治（1943～46年）と続くが，特定の家から固定的にトップを選出するのではなく，一族のなかで人格，能力，学歴などで優れた人物を，彼らの互選によって決定したのである。しかも一族のなかでトップ・マネジメントに就任するメンバーの決定は早めに行われ，以後順送りに昇進コースを辿らせるという慣行が確立された。こうして血縁関係に基づいた強固な経営体制が築かれていった。ときには一族以外にも社内に将来経営陣の一員となるよう見込まれた優秀な人物がいると，得てしてその人物は一族のなかに養子に迎えられて，その後トップ・マネジメントとして経営能力を発揮していったのである。6代目社長に就任した2代茂木啓三郎もそうした人物の1人であった。

2. 2代茂木啓三郎を襲名

(1) 野田醤油に入社

2代茂木啓三郎は，1899（明治32）年8月5日，千葉県海上郡富浦村（現在の旭市）で農業を営む飯田庄次郎，せきの次男として生まれた。本名は飯田勝次といった。茂木啓三郎を名乗るようになったのは，勝次が1929（昭和4）年に茂木家の養子になり，35年の養父初代茂木啓三郎の死去にともない二代目を襲名してからである（以下，養子になるまでを勝次とする）。

勝次は地元の中学校を卒業後，東京商科大学予科（現在の一橋大学）に入学し，イギリスの産業革命史を専門とする上田貞次郎教授のゼミで学んだ。上田教授には，学問もさることながら，人間的な指導を受けたことも大きかったようである。その上田教授から勝次は就職先として野田醤油を強く勧められた。

1920年代半ば，野田醤油では労使関係が極度に悪化し，経営陣もその対策に苦慮していた。そのため彼らは内々に上田教授から指導を仰いでいた。すなわち上田教授は野田醤油の非公式の顧問のような存在であり，勝次は野

田醤油側の労働組合対策要員として期待されたのであった。家族や親戚は野田醤油への入社に大反対したが、勝次は上田教授の好意を無にすることはできないと思い、大いに悩んだようである。そこで勝次は、ひとまず短期間だけ野田醤油に勤務することを上田教授に相談した。上田教授には、「労働組合を会社で公認して団体協約を結び、労使対等の立場で団体交渉を行い、理想的な労使関係をつくったら東京に帰ってもいい」と、これを了承してもらった。そして1926（大正15）年3月に勝次は東京商科大学を卒業すると、4月に野田醤油に入社したのである。

　勝次は、まず実務見習いとして勤務した。実務見習いといっても、工場見学者の案内をするぐらいで、とくにこれといった仕事はなかった。だが勝次は、仕事の合間に会社の労使関係の実態やその歴史等についていろいろ調べた。先述のように、野田醤油では労働運動が激しく行われ、経営陣はそれに悩まされていた。要求提出、ストライキは年中絶えることなく、その要求も出せば結局必ず通るという有様であった。会社側も様々な手段を講じてみても、ほとんど効果がなかった。たとえば会社側が工員寄宿舎をつくって工員の教育訓練、福祉施設を行おうとすれば、それがたちまち争議団の本部になることもあった。

　勝次はこの状況をみて、上田教授の教えとは異なるが、いったん労働組合をつぶして根本的に出直す以外に他に方法はないと確信した。そして会社側には労働組合との正面対決を進言し、自らこれを実践していった。

(2) 「産業魂」を提唱

　1927（昭和2）年9月16日、野田醤油で創業以来最も激しい労働争議が勃発した。争議は双方譲る気配は全くなく、長期化の様相を呈していた。会社側は農村から大量の臨時工を雇い入れて工場に籠城させるなどの措置をとっていたが、これに対し組合側は暴力をふるって反撃した。会社に寝返った職工長を刺殺したり、全工場の焼打ちを計ったりするなど、野田は一時無警察状態に陥った。

　勝次はこの間、組合対策だけでなく、「争議は争議、営業は営業」などとあらゆる宣伝文を書いて、経営がこれまで通りに行われていることを近隣住

民や取引先に訴え続けた。会社側には弱音を吐く者もいたが，勝次は断じて妥協しないよう励ました。とくに争議の解決を担っていた茂木佐平治常務の相談相手となって，彼を強力にサポートしていった。会社側は毅然とした態度を堅持し続け，翌年4月20日，開始から218日目にようやくストは解決した。

　労働争議が解決して，会社をどう立て直すかと経営幹部が腐心していたとき，茂木七郎右衛門社長は，「『産業魂』に徹すること」を社是に決定した。「産業魂」は，勝次が1925（大正15）年末頃に，「産業道の提唱」という一文をまとめて，会社経営の基本理念の確立を説いたものであった。その趣旨は，「経営の窮極の目的は国家の隆昌，国民の幸福増進であり，日本の社会組織の根帯は家族制度ゆえ，日本の産業もまた家族主義的精神が基調でなければならないとし，人間の互助・相愛の確立が経営の根本である」（キッコーマン株式会社［2000］）というものであった。

　勝次は労使間対立の理由について，1917（大正6）年の株式会社設立の際に形式的には近代的になったけれども精神面では必ずしもそうではない，すなわち個人経営時代にあった主従の人間関係が崩れたためそれに代わる人間関係が欠落している，と分析していた。経営に責任と道理とが欠け，労働に自覚と信条がない，つまり労使間に共通の理念がないことがここまで事態を悪化させた根本原因であると勝次は結論付けていたのである。なお「産業魂」としたのは，茂木七郎右衛門社長が勝次の意見を取り入れる際，「産業道」では少々堅いからとして表記を変えたからであった。

　ところで勝次は，争議解決後すぐに，過労がもとで休養を余儀なくされていた。郷里で静養しているとき，勝次は野田醤油を辞めるつもりでいた。もともと野田には長くいるつもりはなかったし，争議解決によって会社と上田教授への義理も果たせたと思ったからであった。しかしながら，そのような折，勝次は茂木七郎右衛門社長から結婚を勧められた。「キッコーホマレ」をつくっていた茂木啓三郎（野田醤油取締役）から養子に望まれたのである。勝次の仕事ぶりや行動力が見込まれたのだという。社長直々にこのような配慮をしたことは，勝次が今後野田醤油のトップ・マネジメントとして，辣腕を振るってくれることの期待の表れでもあった。勝次は悩んだが，上田

教授に相談した際，会社に新風を吹き込む自信があるのなら養子だって差し支えないと諭されたのであった。こうして1929（昭和4）年12月に茂木啓三郎の娘てい子と結婚した。そして1935年に養父啓三郎が死去すると2代啓三郎を襲名した。

1942年，2代啓三郎は野田醤油取締役に就任し，製造と労務を担当した。戦局の悪化にともなって大豆等の原料統制が厳しさを増しても，野田醤油は原料のもろみがなくなるほど出荷して醤油の供出に協力した。大量の出荷に反対する者も多かったが，2代啓三郎は「いまこそ産業魂の試練の時である」と説得して出荷を押し通した。また第二次大戦終結後の原料不足が続くなか，1948年に野田醤油では短期間醸造と高歩留まりを実現した「新式2号醤油」の醸造法を確立した。前年に常務に就任していた2代啓三郎は，このとき窮地に立つ醤油業界の要請に応えて，特許を独占することなくその醸造法を紹介した。さらに1955年には蛋白質の溶解利用率を飛躍的に向上させる「N.K.式蛋白質原料処理法」が発明された。これにより醤油の完全な工業製品化が可能になったが，2代啓三郎はその特許も公開した。ここでも「産業魂」を実践したのであった。

3. キッコーマン醤油の経営革新

(1) 野田醤油社長に就任

1962（昭和37）年2月，5代茂木房五郎社長（5代目：在任期間1958～62年）の退任に伴い，2代茂木啓三郎が常務から第6代社長に昇格した。5代茂木房五郎は「会社がしょうゆだけをつくっていればよい時代は終わった。今後の多角的な事業展開は新しい感覚の経営者に任せることにしたい」（同前）と退陣を決意して，2代啓三郎に後を託したのであった。

社長に就任した2代啓三郎は，前社長の掲げた「より良い品を，より安く，より多量に」という基本原則を踏襲しつつ，これから会社の進むべき方向性を，「大型化・多角化・国際化」と位置づけた。大型化とは，事業の大黒柱である醤油部門をより強大にすることを意味する。野田醤油では2代啓三郎のもとで経営の様々な部門において革新的な取り組みが行われていくよ

うになった。なかでも2代啓三郎は，多角化と国際化をとくに推進していった。

(2) 多角化事業への着手

2代啓三郎は，社長に就任する前から野田醬油における多角化経営の意義を認識していた。戦前からソース製造を行っていたものの，それはあくまで「副業」としてであり，それほど力点を置いているわけではなかった。高度成長期をむかえて，醬油の需要は伸張していた。しかしながら，その一方で食の洋風化の進展にともなって，ソース，トマトケチャップ，マヨネーズ，等の洋風調味料の需要も急増し，その勢いは醬油業を脅かすほどであった。2代啓三郎は，醬油事業のみに頼ることに危機感を抱き，ひとまず野田醬油がこれまで培ってきたノウハウを生かせるような事業への進出を企図した。その代表がトマト加工品とワインであった。

(a) デルモンテ事業

野田醬油がトマト製品製造に乗り出した原点は，副業のソース製造にあった。野田醬油はソースの主原料であるトマト・ピューレの供給を，長野県更埴市の唐木田稲次郎から受けていた。1960年，唐木田がソース事業を担当していた12代茂木七左衛門常務にトマトケチャップの事業化を勧めたのであった。これには役員の大半が賛成し，1961年7月，唐木田と合弁で吉幸食品工業㈱を設立した。そして翌年5月に更埴市に工場を設立して，トマトケチャップ，トマトジュースの生産を開始した。

1963年1月に社名を吉幸食品工業㈱からキッコー食品工業㈱に改めたが，同じ時期に2代啓三郎は，三井物産からアメリカのカリフォルニア・パッキング社との提携話を持ちかけられた。同社のブランドである「デルモンテ」は，果実および野菜缶詰の分野において世界各国でよく知られていて，日本でも戦前からなじみが深かった。検討した結果，2代啓三郎は合弁事業に参加することを決意した。

ただこのときカリフォルニア・パッキング社は三井物産と折半で日本カルパック㈱を設立していたので，野田醬油は三井物産の持ち株半分を譲り受ける形となった。これにより，同社のトマト部門の製造をキッコー食品工

業が，販売を野田醤油が三井物産と協力して担当することになった。そして 1963 年 9 月,「デルモンテ・トマトジュース」と「デルモンテ・トマトケチャップ」などのトマト加工品を発売し，当時国内市場を席巻していたカゴメ食品工業や「ハインツ」「ドール」などアメリカの有力食品メーカーに挑戦していったのである。

(b) ワイン事業

ワイン事業への進出も，トマト事業同様，ソース製造との関連からスタートしたものであった。野田醤油では 1961 年からバーベキューソースの製造・輸出を開始し，当初は原料の赤ワインを日清醸造㈱から購入していた。同社が別会社に吸収合併されると，購入先を山梨県勝沼町でワイン醸造を営む大村忠雄の工場に切り替えた。だが，小規模の個人工場ゆえ，ソースの輸出量が増えると赤ワインの供給が追いつかなくなってしまったのである。そこで 2 代啓三郎は，長期的な安定供給のためにもワイン事業に進出することを決意した。ワインは醤油と同じ農産加工品であり，醸造品であることから，野田醤油との体質に合う事業でもあった。1962 年 10 月，大村家との合弁で，勝沼洋酒㈱が設立された。

野田醤油が本来必要としたのはバーベキューソース用の原料ワインであった。しかしながら 2 代啓三郎は，本格的なテーブルワインの製造も行うべきだと考えていた。2 代啓三郎には，食の洋風化の進展にともないワインが日本にもっと普及していくとの読みがあった。野田醤油では「日本のぶどうによる日本のワインづくり」を目指し，ヨーロッパのワイン醸造技術を修得するとともに，「勝沼ワイナリー」の整備をすすめていった。1964 年 3 月には社名をマンズワイン㈱に改称，10 月に白と赤のワインを発売し，続けてロゼワインを市場に送り出した。とはいえ当時はまだワインそのものに対する一般消費者の関心は低く，販売活動には多くの困難が伴った。ワイン事業が軌道に乗ったのは，1970 年代初めに第 1 次ワインブームが到来してからであった。

(3) キッコーマン醤油の海外進出

2 代啓三郎が，海外市場，とくにアメリカ市場への進出を強く意識したの

は 1956（昭和 31）年 5 月に生産性本部の視察団の一員として渡米した時であった。アメリカの「人間幸福の資本主義」に感銘を受けるとともに，現地での醤油の評価が高いのに驚いたという。さらに，サンフランシスコの空港で，「Kikkoman は All-Purpose Seasoning（オール・パーパス・シーズニング：万能調味料）である」と書かれている新聞記事を偶然見かけた。2 代啓三郎はこれを醤油輸出のキャッチフレーズとして使用することを中野栄三郎社長（当時）に具申した。そしていつかアメリカで醤油を醸造してみたいという思いを募らせていった。

そもそもキッコーマン醤油の海外進出の歴史は古く，1868（明治元）年春，ハワイに渡った移民向けに輸出されたのが最初であった。とはいえ，第二次大戦前までの醤油輸出は，どちらかといえば海外に住む日本人向けに行われていた。戦後になって醤油がアメリカに広まっていったのは，進駐軍が日本料理を食べて，醤油の良さを認識して本国に帰ったのがきっかけであった。日本の食品を取り扱う現地の商社を通じて，食料品店や日本食レストランで販売されるようになり，徐々にではあるがその量も増加していった。

2 代啓三郎は，1956（昭和 31）年の訪米の際に，アメリカ大手のスーパーマーケット・セーフウエイに醤油を納入することに成功した。さらに同年 11 月の大統領選挙の際に，サンフランシスコのテレビ局を借り切ってスポット広告を試みた。これが大きな反響を呼んで，現地の食品業界に注目されるようになった。そして翌年 6 月には，同じくサンフランシスコに販売会社「キッコーマン・インターナショナル・インコーポレーテッド（Kikkoman International Inc.：KII）」を設立して，これまで現地の商社に委ねていた販売活動に直接乗り出していった。次いでロサンゼルス，ニューヨーク，シカゴに支店を置き，順次販売網を拡大していくと同時に，広告宣伝活動や醤油を使用した料理法を紹介するキャンペーンなど，販売促進活動を積極的に展開していった。

また海外に進出するうえで商号と商標を一致させることもあって，1964 年 10 月に社名を「キッコーマン醤油株式会社」に変更した。アメリカではキッコーマンと野田醤油が別物とみなされたこともあったという。事業の多角化に着手していたこともあって，「醤油」の 2 文字を残すのに役員の一部

表1 野田醤油のしょうゆ輸出量

(KL)

年	輸出量	年	輸出量	年	輸出量
1956	1,500	1962	3,400	1968	5,800
1957	1,700	1963	3,600	1969	6,500
1958	1,800	1964	4,000	1970	6,800
1959	2,300	1965	4,200	1971	9,000
1960	2,500	1966	4,200	1972	9,300
1961	3,200	1967	4,800	1973	6,200

出所：キッコーマン［2000］251, 312頁より作成。

から異論があったが，2代啓三郎は多角化を志向しつつも「いまこそ，当社事業の原点であるしょうゆ事業を重視すべきで，醤油の文字を残すことによって，社員のすべてがしょうゆ事業の将来に自信と責任を感ずるべきである」（同前）と訴えて，これを了承させたのであった。

アメリカへの醤油の輸出が増大するなかで，輸送コストの削減が課題になった。原料の小麦と大豆はアメリカとカナダから輸入していたから，これを加工して輸出することは運賃の二重払いとなり，輸出が増えるほどその額も増大することになっていたのである。そこで2代啓三郎は，1965年，社内にAP（アメリカプラント）委員会を発足させ，現地生産に対する調査・研究を行わせた。だが委員会は現地生産の最小採算ロットを年産9000klと算出したので，この年の輸出量4200klでは「時期尚早」との結論であった。それゆえ，ひとまず部分現地生産方式を採用することにした。大型容器（ドラム缶）に詰めた醤油をコンテナ船でアメリカまで輸送し，現地で小型容器に詰める方式であった。そうすれば輸送経費の低減と輸送の迅速化が図られると目論んだのである。そこで1967年12月に，カリフォルニア州オークランドの製塩会社レスリー・ソルト社と業務提携し，現地で醤油の壜詰めを開始した。

しかしながら，コンテナ輸送は合理的であるものの，アメリカからの戻りには空のコンテナを輸送するという無駄が生じた。アメリカでの販売量が順調に増加していることもあって，また新たな対応策―アメリカでの一貫体制の是非―の検討に迫られた。現地生産は，製品の海上運賃と関税がゼロになる，原料穀物の調達が容易になると同時に原料運賃と原料在庫量を減らすこ

とができるなどのメリットがある。しかしながら，工場の建設には巨額な資金が必要になるし，野田と同じ醤油がつくれるかという技術的な問題もあった。役員会でも意見が分かれた。最終判断は社長である2代啓三郎に委ねられた。もともと現地生産を強く推していた2代啓三郎は，1971年3月26日の役員会で「難事業ではあるが，アメリカ工場を建設しよう」と発言し，これに踏み切ったのであった。

工場用地は，全米候補地60カ所の中から，ウィスコンシン州のウォルワースが選ばれた。原料穀物の産地に近く良質の水があること，物流が便利なこと，豊かな自然に恵まれていること，などの理由からであった。1972年3月に工場の運営を目的とするアメリカ法人キッコーマン・フーズ・インコーポレーテッド（Kikkoman Foods, Inc. : KFI）を設立し，翌年6月にKFIの工場の操業を開始した。その落成式の席上，2代啓三郎は「この工場はキッコーマンのアメリカ工場ではなく，アメリカのキッコーマン工場である。今日からはウィスコンシン州のよき一員としてアメリカの地域社会の発展に協力したい」（前掲［2000］）と挨拶し，「経営の現地化」の経営方針を提唱した。醤油醸造業は基本的に地場産業であるので，アメリカで醤油を一般家庭に普及させるには，KFIもウィスコンシン州の地場産業として地域とともに成長しなければならないという2代啓三郎の思いが込められていた。

KFIは積極的に販売促進活動を展開した。とくに醤油を利用した料理を紹介することで需要を喚起させていった。KFIの出荷量は1973年は半年間の操業ゆえ2000klにとどまったが，翌74年に7200kl，76年には9100kl，そして78年には1万3200klへと順調に伸びていったのであった。

4. 2代啓三郎から10代茂木佐平治へ

KFIの企業活動は，日本にルーツをもつ食品メーカーがアメリカで成功したまれな例として，また摩擦をともなわない対米企業進出の例としても，日米両国で研究の対象になった。1974（昭和49）年9月にはハーバード・ビジネス・スクールで，キッコーマン醤油のアメリカ進出がケース・スタディーとして取りあげられた。「長い歴史を通じて醤油という日本の伝統的

な食品製造に携わってきた企業が，ある時期製品の多角化に踏み切り，さらに海を越えて市場の地域的拡大に挑んだ戦略に注目」（同前）したからであったという。このとき，ビジネス・スクールの講義にキッコーマン醬油代表として参加したのが，1974 年 2 月に社長を退いていた 2 代茂木啓三郎であった。

その前年に発生したオイルショックの影響で，醬油の出荷高は停滞し，キッコーマン醬油はその対応に追われた。経済は成熟化の段階に移行し，消費の多様化が進展していた。2 代啓三郎は「今日の事態は文字通り非常緊迫，お互い小異を捨て小我を投げ打って事にあたらねばならないときであり，そのための体制を実現したい」（前掲 [2000]）と社長退任を決意し，常務の 10 代茂木左平治にその後を譲って，自らは会長に就任していたのであった。10 代茂木左平治は 2 代啓三郎の社長就任と同時に常務に就任し，社長室長も兼ねて 2 代啓三郎を強力にサポートしてきた。2 代啓三郎も絶大なる信頼をよせていた。10 代茂木佐平治は，グループの結束を強化しつつ，2 代啓三郎が基盤を築いた「多角化」と「国際化」をさらに強力に推し進めていった。

なお，2 代啓三郎は，1976 年 7 月に「短期間に事業規模を拡大させ，すぐれた企業としての市民権を得た」「アメリカ人の雇用に貢献した」「楽しい食生活をもたらした」という理由で社長の 10 代茂木左平治らとともにウィスコンシン州議会から感謝状を贈られた。さらに 1984 年にはミルウォーキー・スクール・オブ・エンジニアリング・カレッジ（工科大学）から，アメリカへの工場進出を成功に導いた指導力などが評価されたことを理由に，名誉工学博士の称号を贈られたのであった。

7代中埜又左エ門

―中埜酢店の中興の祖

7代中埜又左エ門　略年譜

1922(大正11)年	0歳	愛知県に生まれる（中埜政一）
1946(昭和21)年	24歳	慶応義塾大学を卒業　中埜酢店（現ミツカン）に入社
1949(昭和24)年	27歳	取締役に就任
1952(昭和27)年	30歳	代表取締役社長に就任
1953(昭和28)年	31歳	食酢の全面壜詰化に着手
1960(昭和35)年	38歳	7代又左エ門を襲名
1964(昭和39)年	42歳	「味付けぽん酢」を発売
1981(昭和56)年	59歳	アメリカン・インダストリー社を買収
1982(昭和57)年	60歳	「おむすび山」を発売
1986(昭和61)年	64歳	酢の総合博物館「酢の里」開館
2002(平成14)年	80歳	死去

（年齢＝満年齢）

1. 中埜家と食酢事業

　ミツカンの歴史は，1804（文化元）年，初代中野又左衛門（中野勘次郎）が酒粕を原料に食酢を作ったことに始まる。勘次郎は愛知県半田で代々酒造業と海運業を営む中野（半左衛門）家から分家して，初代中野又左衛門を名乗っていた。初代又左衛門は，当時江戸で流行っている「握り寿司」に着目して，余っていた酒粕を利用して食酢を醸造したのである。

　当時，寿司といえば大阪の「押し寿司」が本流であったが，江戸両国の華屋与兵衛が新鮮な魚介類を早く食べさせる「握り寿司」を発明すると，これが大ブームとなった。「押し寿司」には米酢が使用されていたが，「握り寿司」には酒粕原料の酢（酒粕酢）が合っていた。そこで初代又左衛門は酒造業を廃止し，半田に食酢工場を設立して，本格的に製酢事業を開始したのである。その際彼は「酢屋勘次郎」と名乗り，〇に勘の字を入れた「マルカン」を商標にした。

　初代又左衛門のつくる酒粕酢は安価でかつ品質も優れていたため，売上げは順調に伸びていった。彼は江戸方面には清酒の廻船ルートを利用し，また尾張・三河などの地元売りにも積極的に取り組んで，事業基盤を築いていった。続く2代又左衛門は高級粕酢「山吹」を開発して高い評価を勝ち得た。そして3代又左衛門は，販路を広げるために数隻の千石船を建造し，さらに工場近くまで運河を開いて海運の便を良くするなど，工夫を凝らした事業活動を行っていった。1838（天保9）年には，出荷額が創業当初の約30倍にまでなったという。

　明治に入ると，中野家は事業を多角的に展開していった。4代又左衛門は進取の気性に富んだ人物で，本業の食酢事業を拡大させるだけでなく，ビール（丸三麦酒），金融（中埜銀行），鉄道（知多鉄道），紡績（知多紡），ガス（知多瓦斯），時計製造，牛乳製造等，様々な分野に進出していったのである。また4代又左衛門は「中野」から「中埜」と名乗るようになったが，これは彼が熱中していた易学によるものとされる。そして4代目から経営を引き継いだ5代又左衛門は，ビールなど採算の取れない事業を整理しつつ，

本業である製酢事業の拡大を企図した。彼は，工場設備の機械化・近代化を行うとともに，尼崎に工場を設立して，関西市場にも進出した。またそれに伴って，関西で主流だった米酢製造にも着手したのであった。

ところで「酢屋勘次郎」の名称とマルカンの商標は，食酢の製造業者の多くが使用していた。1887（明治20）年に商標条例が公布され，商標を自社専用にするには登録が必要になったが，中埜家はマルカンの商標登録を名古屋の製酢業者に先を越されてしまった。それゆえ中埜家は新たな商標を登録しなければならなかったが，そのときに考案されたのが「ミツカン」印であった。「ミツカン」は中埜家の家紋である○で囲まれた三の形を分解して，「三」を「ミツ」，「○」を「環（カン）」と読ませたのである。「三」の三本の線は酢の命ともいうべき「味，きき，香り」を表していて，この下に「○」をつけたのは，「天下一円に行き渡るように」という易学上の考えが込められていた。

また中埜家の当主は代々又左衛門を襲名していたが，それぞれが自分の子供へとスムーズに継承させたわけではなかった。実は2代目から5代目は，いずれも同じ知多半島常滑の酒造家・盛田家から迎えられた「婿養子」であった。男子に恵まれなかったというのが大きな理由だが，2代目のように長男がいながらあえて婿養子に3代目を継がせるケースもあった。いくら息子といえども，自分の跡を継ぐに値しないと判断したら，容赦なく他から跡取りが迎えられた。また養子を迎える場合には，その人物が中埜酢店のトップ・マネジメントを務めるに値するかどうかが重要となった。つまり，親戚筋を含めて有能な人物に又左衛門を継承させるようにしたのである。そして歴代の又左衛門は，経営能力を発揮して中埜家の事業を発展させていった。その過程で「ミツカン」ブランドの食酢は，全国に浸透していったのである。

そうしたなか，6代又左衛門（幸造，5代目の次男）は，中埜酢店史上初の嫡子相続人であった。彼は5代目の指示で，中埜酢店の従業員で慣習となっている「本家勤め」を経験した。「本家勤め」というのは，新入りの小僧が山崎にある中埜家本邸に1年間寝泊りし，ふき掃除，雑巾がけ，その他の雑用をつとめることをいう。その後は幸造は中埜家事業の様々な部門に従

事し，1919（大正8）年，5代目の死去とともに6代又左衛門を襲名した。6代目は第一次大戦ブームによる事業拡大を受けて，1923年6月にこれまでの個人商店から株式会社中埜酢店へ組織変更し，自ら社長に就任した。その後約30年にわたってトップ・マネジメントを務めたが，後継者に指名したのは彼の長男政一（7代又左エ門）であった。

2. 社長就任まで

6代又左衛門の長男政一は1922（大正11）年に生まれた。幼少のころはとにかく腕白で，両親にとっては心配の種だったという。中学に通うころになると，6代目と同様，「本家勤め」を経験し，行儀作法や掃除の仕方などを厳しく教え込まれた。その後，慶応義塾大学経済学部に進学したが，在学中の1943（昭和18）年に学徒出陣で名古屋の高射砲連隊へ入隊した。そして終戦後いったん大学に復学し，1946年10月，中埜酢店に正式に入社した。

中埜酢店での政一の初仕事は，戦時中に瓦礫の山となった工場の後片付けであった。倒壊工場の整理が終わると，政一は6代又左衛門の指示で資材係を担当するようになった。だが終戦後の物資不足で，主要原料である酒粕の入手は困難をきわめた。ヤミが横行して公定価格の10倍以上の価格で購入せざるを得ない状況であったが，公定価格で売っている相手先を何とか探して，かろうじて収支のバランスを保つように努めていった。あえてつらい資材係を任されたことは，政一にとって6代目から課された修行の意味もあったかもしれない。

さらに当時中埜酢店は原料以外にもさまざまな問題を抱えていた。倒壊した工場・支店の復旧作業，農地改革で中埜家所有の農地が安い価格で政府に買収されたこと，復員兵の仕事の確保におわれたこと，戦時中徴発された輸送船が戻ってこなかったこと，傾斜生産方式のなかで製酢業が丙種にランクされたため銀行からの資金繰りが困難だったこと，などである。政一は6代目をフォローする形でこれらの解決に携わっていった。

そうしたなか，1949年に6代又左衛門が病に倒れた。それゆえ政一が中

埜酢店の経営の舵取りを行わなければならなかった。政一自身は2年前に蒲郡の製油業者竹本長三郎の五女ふじと結婚していたが、家計は会社同様苦しく、いわゆる「タケノコ生活」を送っていた。6代又左衛門に委ねられ経営を引き受けたものの、2，3年は支配人や番頭らを頼ってばかりだったという。それでも徐々に慣れてくると、1952年、政一は6代又左衛門に代わって中埜酢店の社長に就任した。

3. 中埜酢店の経営革新

(1) 7代又左エ門を襲名

　社長就任直後、政一は酢の全面的な壜詰め化を実施するよう指示した。これまで中埜酢店では酢のほとんどを樽で出荷していた。だが、空き樽の回収が極端に遅くなっていること、「ミツカン印」の空き樽に安い合成酢を入れて販売する業者が存在したこと、そして酢と同様樽売りが中心だった日本酒や醤油に壜詰めの傾向が強まったことを理由に酢の壜詰めを決意したのであった。

　しかしながら、社内では反対の声があがった。樽売りが当たり前だと思っていた作業員は壜詰めに大きな抵抗を感じていたのである。まして大規模な設備投資が必要であるから、資金繰りの面で心配する幹部も多かった。これに対し政一は、高性能な壜詰め機やラベル貼付機を導入すれば長い目で見ればコストが低くなること、そして何よりも壜詰めによって自社ブランドや品質を徹底させることで消費者の信頼を得られることを従業員に説いて壜詰めを断行した。このことから政一は、これまで当たり前に行ってきたことでも、変えるべきことは変えていかなければという思いを強くしたのであった。

　慣習を打ち破るという点では、政一が社長に就任する前にも、酢倉の仕込み桶が丸いのを四角にできないかと提案したというエピソードもある。四角い建物の中で、桶が丸いのはスペースに無駄が生じているのではないかという素朴な疑問からだった。「桶は丸いものが当たり前」と思っていた作業員には失笑するものもいた。しかしながら四角の桶を作って試した結果、品質

に変化はなく，むしろ政一の言うように合理的であるとの結論に達した。結局中埜酢店の仕込み桶は全面的に四角に統一されたのであった。

1960年4月に6代又左衛門が死去すると，政一は同年5月に7代又左エ門を襲名した。ただ政一は，「又左衛門」と名乗ることに抵抗があったようである。従業員との距離を感じてしまうというのが大きな理由であった。周囲からの説得もあってこれを受け入れたが，政一は，又左衛門の「衛」を「エ」に変えて名乗ることにした（以下7代又左エ門と記す）。7代又左エ門は以下のように語っている。

「本当のことを言うと，襲名をするのは嫌だった。むりやりさせられたわけだね。仕方ないから襲名はしたが，『又左衛門』の『衛』を変えてくれ，『エ』にしてくれと言ったんです。『衛』は"守る"という意味で後ろ向きだ。それに比べて『エ』は片仮名のエですが『工夫』の工にも通ずるわけで，これは押し通し，そうしてもらいました。」（ミツカングループ創業200周年記念誌編集委員会［2004］93-4頁）

また，同年11月に行われた襲名披露式典で，7代又左エ門は「買う身になって，まごころこめてよい品を」という標語を掲げ，すべての従業員に顧客の立場に立って行動するよう呼びかけた。さらに1962年の年頭挨拶で，経営者は「働く身になって，まごころこめて良い経営を」心掛けなければならないこと，従業員も「経営者の身になって，まごころこめて良い能率を」発揮することが経営上不可欠であることを説いた。そこで又左エ門は「買う身」「働く身」「経営者の身」の3つの"身"を総称して「三身活動」と名付け，今後の会社の方針とすることを提唱したのであった。

(2) 「脱酢作戦」の実施

中埜酢店の食酢の生産高は，6代目から経営を引き継いだ1952年の約1万キロリットルから1967年の約5万4000キロリットルへと，日本経済の成長に歩調を合わせる形で順調に伸張していた。そのようななか，7代又左エ門を常に悩ましていたものに，中埜酢店の醸造酢よりもかなり安値で販売されている合成酢の存在があった。

合成酢は醸造酢に比べると風味が劣っていた。醸造酢には酢酸そのものの

ほか，50種類以上の有機酸類やアミノ酸が含まれているが，合成酢にはそれらは2, 3種類しか入っていないからである。その差を埋めるために各種の人工調味料や添加物を混ぜて味付けをしていた。ただ合成酢はアルコール発酵や酢酸菌を用いないですむため，コストがかからず，その分安値で販売されていた。さらに厄介なことは，合成酢を醸造酢のように偽ったり，なかには米酢のように装って製品を販売したりする業者が氾濫していたことであった。

1968年5月，表示の取締りに関する法律「消費者保護基本法」が制定されると，中埜酢店は，翌月から「100％醸造はミツカン酢だけ」をスローガンとする「純正食品キャンペーン」を開始した。ミツカン酢の確かな品質と安全性を消費者に強く訴えたのである。これには業界内，とくに醸造酢を製造する業者から強い反発があった。しかしながら消費者団体の後押しもあって，食酢の公正競争規約づくりが始まった。その結果，1970年から食酢の表示は7代又左エ門の思惑通り，「醸造酢」と「合成酢」の2つの区分となった。

合成酢の問題が解決すると，中埜酢店では7代又左エ門の指示で「需要創造キャンペーン」を実施した。消費者に食酢の利用方法を提案するとともに，増えた需要の大半を自ら獲得していこうとするものであった。その際に「『酢』は，スタミナの酢」というキャッチフレーズで，醸造酢の酢酸の身体への効果を消費者にアピールする活動を展開した。中埜酢店の食酢のブランドを育成するとともに，さらなる市場開拓を図って，業界トップメーカーの地位を確固たるものにしようと努めたのである。

その一方で7代又左エ門は，7代目を襲名してから「脱酢作戦」の構想を描いていた。本業である食酢事業を拡大させながら，食酢以外の製品の開発を積極的に行って，食酢とそれ以外の製品の割合を将来的には50対50以上にしようとするものであった。7代又左エ門は食生活の洋風化で食酢の消費量が減っていくのではないかと危惧していたので，食酢の関連商品の幅を広げるとともに，食酢以外の商品も手掛けようとしていた。またそうすることで本業の食酢の成功に安住することなく，社内にチャレンジ精神を醸成させていくことも意図していた。そこで7代又左エ門は中埜生化学研究所（1942

年に食酢の研究のために設置）を拡充し，新製品の開発を推進していった。

その第一弾が1964年発売の「味つけぽん酢」（1974年に「味ぽん」に改称）であった。ぽん酢は，オランダ語の「Pons＝ポンス（柑橘果汁）」に日本語をあてたもので，酢に柚子やかぼすなどの柑橘果汁，醤油，昆布だしやかつおだしなどを混ぜて作った調味料を称している。ぽん酢そのものは古くからあったが，まだ一般家庭にほとんど普及してなく，料理屋で鍋を注文したときだけ口にするような調味料であった。7代又左エ門は，ぽん酢を商品化すれば，一般家庭でもこれを気軽に楽しめるようになると考えたのであった。さらに7代又左エ門は，中埜酢店オリジナルのものを作るよう指示した。開発陣は料理の専門家の意見を聞いたり，料亭に通ったりなどしてぽん酢を研究するとともに，全国から醤油などの原材料を取り寄せて何度も試作を繰り返した。だが7代又左エ門が納得するぽん酢が完成するまで3年かかったという。

苦心の末発売に踏み切った「味つけぽん酢」であったが，当初は関西では広く普及していったものの，関東ではほとんど売れなかった。これは鍋文化の違いが大きな理由であった。水炊きの習慣がある関西ではもともとぽん酢が知られていたが，寄せ鍋に代表される味付け鍋が主流の関東では「味つけぽん酢」の入り込む余地がほとんどなかったのである。そこで7代又左エ門は関東を中心にスーパーをはじめ食品売場で試食販売を実施したり，テレビCMを利用するなど粘り強くPR活動を行っていった。こうした努力が実って「味つけぽん酢」が関東でも徐々に浸透していくと，今度は鍋料理以外での利用方法を提案することで需要の拡大を図っていった。

「味つけぽん酢」に始まった脱酢への取り組みは，まず本業の食酢に関連するものから始まりさらにその周辺へと広がっていった。ドレッシング，中華風調味料，みりん風調味料，鍋物用のつゆ・たれ類，そしてヒット商品となった「おむすび山」などの多彩な商品群がその成果となった（表2）。なかにはハンバーガー，飲料，カップサラダなど，長続きせず撤退したものもあった。食酢以外の商品の売上高に占める割合は，1980年には40％前後まで増加した。そして1982年に7代又左エ門はこの取り組みを「脱酢作戦」から「超酢（酢に発し，酢を超える）作戦」と名称変更した。一般加工食品

表1 中埜酢店の主な新商品

年	商品名	年	商品名
1964	味つけぽん酢、ドレッシングビネガー	1976	糸わかめ、梅こんぶ茶、おでんの素
1966	粉末すし酢	1977	ゆずぽん酢
1967	(乳化ドレッシング) フレンチ、トマト	1978	中華調味料 (7種)
1968	酢豚の素	1979	みりん風調味料 (ほんてり、だしいり)、しゃぶしゃぶのたれ
1971	サンキストドリンク、冷麺のつゆ、麻婆豆腐の素	1980	おにぎりの素、生ドレ
1972	ワインビネガー、金封米酢	1981	おでんの素
1973	中華スープ	1982	おむすび山 (4種)、梅ぽん
1974	ねり梅	1983	卓上酢、らっきょう酢、お茶づけ川、ぞうすい丸
1975	玉子炒飯の素、特濃味ぽん、土佐酢		

出所：ミツカングループ［2004］129-131頁より作成。

に進出を図るなど，新商品の開発に一段と拍車をかけて，総合食品メーカーへと脱皮させようとしたのであった。

(3) 中埜酢店の海外進出

7代又左エ門は，1960（昭和35）年にアメリカを視察した。そこで約2カ月間各地のビネガー工場を見学するとともに，アメリカでの食酢の販売状況を調査した。彼は，とくに現地工場での合理的かつシステマティックな大量生産システムに刺激を受け，ただちにこれを自社にも導入することを決意した。同時にアメリカ市場の大きさに魅力を感じ，海外進出への思いを強くしたという。

そもそも食酢の歴史は古く，紀元前5000年にメソポタミア地方でナツメヤシや干しぶどうを原料とした食酢が作られていたことが判明している。その後も食酢は世界各地で国情に合わせてさまざまな原料から作られていった。とくに肉食を主体とする欧米では，食酢製造がさかんに行われていた。動物性たんぱく質の摂取量が多くなると，人間は自然と酸っぱいものを要求するからであった。中埜酢店には，明治中期にハワイ・北米・中国などに初めて食酢を輸出したという記録がある。その後も欧米市場を調査したり，先進技術を取り入れようとしたりするなど，海外を意識した動きは見られたが，本格的な海外進出はまだ行われていなかった。

7代又左エ門は，1977年1月，ハワイにアメリカ現地法人ナカノUSAを

設立した（翌年にロサンゼルスに移設）。そして現地の調査機関と組んで綿密な市場調査を行うとともに，アメリカ進出の拠点となる地を探索させた。食酢は単価が安く，輸出したとしても現地での価格競争力が弱まってしまう。それゆえ7代又左エ門は，早い段階から現地生産を志向した。さらに地域の食酢事情に合わせた形で経営しなければならないと考え，まずは現地の食酢メーカーを買収することを企図した。自ら工場を設立するよりもスピーディーかつ確実な事業展開が可能であると判断したのであった。

　7代又左エ門の思いは，1981年11月にアメリカン・インダストリー社（American Industry Co,：AIC，本社：サンフランシスコ）の買収で結実した。買収のきっかけは，AICが事業の売却を希望しているという情報をナカノUSAが掴んだことであった。当時AICはブドウを原料としたワインビネガー「バレンゴ」などを生産し，全米では約8％，カリフォルニア州では約45％のシェアを持つ，食酢業界では全米第4位の大手企業であった。ロサンゼルスなど西海岸にいくつか工場があり，業務用・原料加工用の食酢を供給するほか，「ファンモンクス」「レディスチョイス」のブランドで家庭向けの食酢を全米のスーパーマーケットでも広く販売していた。

　ナカノUSAが現地の調査機関を使って徹底的にAICを調査すると，「急成長した会社だが，借入金が多い」という結果が出た。最終決断は7代又左エ門に委ねられたが，彼は「高金利で借金していても利潤をあげている。企業そのものは悪くなく，買収資金は十分に回収できるだろう」と買収を指示した。550万ドル（約12億円：当時）という多額の資金を要したが，今後の事業展開の潜在性を考慮してのことであった。そして1983年に，全米で人気のあるワインビネガー「バレンゴ」の商標権および発酵設備を取得するとともに，社名をAICからアメリカン・フーズ・コーポレーション（American Foods Corporation：AFC）に変更した。社名にフーズという言葉を盛り込んだのは，将来的には食酢以外の商品も手掛けたいという7代又左エ門の意欲の表れであった（実際に，食酢以外の商品は1990年の「みりん風調味料ほんてり」，1991年の「味ぽん」を皮切りに，次々と現地生産されていった）。

　アメリカの食酢市場は，ワインビネガー，りんごを原料としたサイダービ

ネガー，そして醸造用アルコールを原料としたホワイトビネガーが中心であった。AFC でもこれらの食酢を製造していた。しかしながら，7 代又左エ門は，現地での日本食に対する人気の高まりから，今後日本で最も使用されている米酢への需要が高まってくると予測し，商品開発および生産体制の確立に努めるよう指示した。事実アメリカでは 1980 年代に入って「すしブーム」が発生し，日本食レストランは繁盛していたのである。そこで 1984 年に，アメリカ人にも受け入れられるような「米酢」（Natural Rice Vinegar）と「すし酢」（Seasoning Salad Rice Vinegar）を商品開発し，「NAKANO ブランド」の酢として発売した。これらの製品は，日本から半製品を輸送し，現地工場にて壜詰めしたもので，その際にアメリカ人の嗜好に合わせてブレンドを施した。とくに AFC では，すし店や日本食レストランに向けて出荷していった。

　こうして AFC の経営を軌道に乗せていった結果，中埜酢店は生産量でアメリカのスタンダード・ブラウンド社に次ぐ世界第 2 位の食酢メーカーの地位を占めるようになった。その後も 1985 年に，発酵とボトリング設備を持つリンドンビルビネガー社（本社：ニューヨーク州）を買収し，東部地区での拠点とした。さらに 1987 年には中部地区にある，りんごジュース，マスタード，食酢を製造するインディアンサマー社を買収した。アメリカでは地域ごとに会社が林立していたため，アメリカ全土に展開していくにはこれらを買収していく手段が有効であった。この後も中埜酢店は次々と現地法人を買収して，拠点を拡げていった。なかには赤字の工場もあったが，マネジメントの改善を進めながら粘り強く投資を続けていった。

4．7 代又左エ門から 8 代又左エ門へ

　7 代又左エ門は三身活動を推進する一方で，1960 年代後半からは「脚下照顧に基づく現状否認」を従業員に強く訴えていた。「常に足もとを見直し，どこを変えていったらよいかを考えて，現状を果敢に変えていこう」というものであった。そこには「企業は現状に満足せず，永遠に伸び続けるべき」という彼の信念が込められていた。そうした 7 代又左エ門のもとでアイデア

に富んだ様々な製品が生み出されると同時に，海外に日本の食酢を広めていくのにも成功した。

ところで7代又左エ門には3人の息子がいた。3人ともそれぞれ中埜家の事業に携わっているが，7代又左エ門は長男和英に後を継がせようとした。だが和英には，「八代目は継いでもらうが，経営は別」と常に言い聞かせたという。和英に経営者としての能力がなければ別の人物に継がせることもあり得るということであった。和英は1973（昭和48）年に慶応義塾大学を卒業後，中埜酢店に入社し，他の従業員と区別されることなく業務をこなしていった。そして海外事業部をはじめ，7代目の指示で責任ある仕事を次々と担当するようになっていった。「手かせ，足かせを沢山つけて奴隷のように重荷をしょわせて働かせてやるんだ。私もやられたんだから」（『日経ビジネス』1984年4月2日号）と7代又左エ門が語るように，和英は後継者になるべく厳しく指導を受けたのである。

7代又左エ門は，後年，自身は抵抗感のあった又左エ門襲名に関して，「襲名という儀式も，中埜酢店の経営にとって必要なもの，人間の意思なんて弱いものだから，やはり重しがないと……」（同前）と語っている。さらに，襲名したとき歴代の又左エ門に負けてはいられないという気持ちがこみ上げてきたとも振り返っている。伝統の重みをしっかり受けとめて当主としての自覚を持ちつつ，何事にも果敢に挑戦すること，つまり「現状否認」が大事だという。そこには又左エ門を襲名する和英に，ぜひとも自分を越える当主になってもらいたいという思いも込められていた。

なお，和英が社長に就任したのは7代又左エ門の死去後の2002（平成14）年5月，8代又左エ門を襲名したのは2004年6月のことである。

おわりに

本章では，キッコーマン（野田醤油）の2代茂木啓三郎とミツカン（中埜酢店）の7代中埜又左エ門を取り上げ，彼らの企業家活動を通じて，両社が高度成長期から安定成長期にかけて，いかなる発展を遂げたかを叙述してきた。

トップ・マネジメントに就任した両者は，経営発展を企図して，大きく2つの戦略で経営改革を断行した。1つは多角化であった。彼らは本業である醬油や食酢の拡大を図る一方で，食の洋風化に対処すべく，将来を見据えて新たな成長分野を模索して，積極的に進出していった。ただそれは決して場当たり的なものでなく，醬油や食酢の関連事業から広げていったことが特筆される。

　もう1つは国際化であった。国内市場だけでなく，海外市場，とくにアメリカ市場に進出することで市場の幅を広げていったのである。食に対する嗜好はそれぞれの地域の独自性があり，食品産業の海外進出は困難である場合が多い。だが両社はこれに果敢にチャレンジし，日本独自の調味料である醬油と，もともと存在していた食酢で進出の方法こそ違いはあったが，現地での自社製品の製造・販売で成功を収めたのであった。

　つまり彼らは在来産業である醬油醸造や食酢製造を重んじながらも，革新の機会を見つけ出してこれを断行すること，すなわち時代の要請にあった経営を機敏に展開していったのである。そうした企業ビヘイビアは，かえって長年培ってきたブランドの醸成にもつながった。その背景には，2代啓三郎の「産業魂」，7代又左エ門の「三身活動」といった顧客志向の経営理念があった。さらに，経営理念を重視し，それを社内に浸透させることは，組織全体のモラールを高めることにもつながったのである。

　またキッコーマンとミツカンは，古くから家族企業として存続してきた。しかも単なる"継承"でなく，変動していく経営環境のなかで，トップが経営能力を発揮して企業を発展へと導いてきた。トップ・マネジメントの継承は，それぞれ長年にわたって工夫をこらしたものであった。本章で取り上げた2代啓三郎はもともと茂木・高梨一族ではなかったが，経営能力が認められて初代啓三郎の婿養子となり，その後トップ・マネジメントに抜擢された。7代又左エ門は父である6代又左衛門から又左衛門を継承すべく厳しい訓導を受けた。その姿勢は息子和英の育成の際にも受け継がれた。

　創業者家族という限られた母集団のなかから，家族企業のトップ・マネジメントとしてふさわしい人材を選び，確保していくのは簡単なことではない。本章で取り上げた2社は，家族企業として努力を積み重ねていったユ

ニークなケースである。

参考文献
○テーマについて
 日本食糧新聞社編・刊［1990］『昭和の食品産業史』。
 横澤利昌編［2000］『老舗企業の研究』生産性出版。
 船橋晴雄［2003］『新日本永代蔵―企業永続の法則』日経BP社。
 倉科敏材［2003］『ファミリー企業の経営学』東洋経済新報社。
○2代茂木啓三郎について
 吉村　昭［1976］『産業魂：茂木啓三郎の人と経営』日本能率協会。
 茂木啓三郎［1980］「私の履歴書」『私の履歴書』経済人14，日本経済新聞社。
 キッコーマン株式会社編・刊［2000］『キッコーマン株式会社八十年史』。
○7代中埜又左エ門について
 森川英正［1985］『地方財閥』日本経済新聞社。
 日本福祉大学知多半島総合研究所・博物館「酢の里」［1998］『中埜家文書にみる酢造りの歴史と文化』（全5巻）中央公論社。
 ミツカングループ創業200周年記念誌編集委員会［2004］『MATAZAEMON―七人の又左衛門』。

9

補佐役の企業家活動

盛田昭夫と藤沢武夫

はじめに

　第二次大戦後から1960年代にかけて，革新にとっての市場や技術的範囲という客観的条件は大きく開かれた。そのような時代に，自ら創業者として未知の技術開発に成功し，新しいブランドを確立した一群の企業家が存在した。これら戦後の革新的企業家活動の典型的なケースとして，ここではソニー（1946年設立の東京通信工業は58年にソニーに社名を変更した。煩を避けるため，以下ではソニーに統一する。）と本田技研工業を取り上げる。

　日本の経済発展や企業成長を専門経営者の進出によって説明しようとすれば，一方で，資本家経営者の歴史的意味づけが不明確になる。そこで，ソニーの井深大・盛田昭夫，本田技研の本田宗一郎・藤沢武夫の企業家活動の歴史的な意義を考察するに際して，彼らの革新的企業家活動の客観的条件と主体的条件に着目して，その解明が試みられている。

　大衆の可処分所得の増大によって，消費者は時間の有効活用や体験空間の拡張に対する欲求を強めていった。家電品が時間的欲求を，オートバイや乗用車が空間的欲求を充足させる製品として登場した。他方，上に見たような消費財市場の成長にともなうビジネス・チャンスの拡大は，既存の大メーカーによって享受されることはなかった。というのも，それらは，財閥解体，独占禁止，労働攻勢，燃料統制など他律的な要因によって，もしくは，従来製品の増産や品質改善に注力し，新たなビジネス・チャンスを活かす余裕が持てなかったからである。

　他方，以上のような歴史的背景のもとで，ソニーや本田がそのビジネス・チャンスを活かしえたのは，新市場の開拓と製品差別化による競争優位の確保，早い時期からの海外志向，自前のブランドと販路の確立，リスクテイキングな差別化投資などの条件を具備することにいちはやく成功したからにほかならない（橘川・野中［1995］）。

　ここでは以上の点を考慮して，ソニーと本田における盛田と藤沢の役割について再考を試みたうえで，補佐役の企業家活動について検討する。

盛 田 昭 夫
―ソニー・ビジネスの体現者

盛田昭夫　略年譜

1921(大正10)年	0歳	1月愛知県名古屋市生まれ
1944(昭和19)年	23歳	大阪帝国大学理学部物理学科卒業
1945(昭和20)年	24歳	海軍技術中尉，復員し東京工業大学専門部講師を務める。
1946(昭和21)年	25歳	5月東京通信工業設立に参加し，取締役に就任。
1947(昭和22)年	26歳	常務に就任
1950(昭和25)年	29歳	専務に就任
1959(昭和34)年	38歳	副社長に就任
1960(昭和35)年	39歳	米国ソニー社長を兼務
1971(昭和46)年	50歳	ソニー社長に就任
1976(昭和51)年	55歳	会長に就任
1994(平成6)年	73歳	ファウンダー・名誉会長に就任
1999(平成11)年	78歳	10月死去

(年齢＝満年齢)

1. テープレコーダーの開発とトランジスタの実用化

　設立趣意書が「経営規模トシテハ寧ロ小ナルヲ大経営企業ノ大経営ナルガ為ニ，進ミ得ザル分野ニ技術ノ進路ト経営活動ヲ有スル。……単ニ電気，機械等ノ形式的分類ハサケ，其ノ両者ヲ総合セルガ如キ他社ノ追随ヲ絶対ニ許サザル境地ニ独自ナル製品化ヲ行ナフ」（東京通信工業株式会社「設立趣意書」）と記しているように，ソニーは既存の電機メーカーとは異質の新製品を開発することにその存在意義を見出していた。とはいえ，設立間もないソニーは，ラジオの修理をするかたわら，お櫃にアルミの電極をつけた電気炊飯器，サーモスタットのついていない電気座布団などを試作・販売し，発展の機会を模索していた。飛躍の契機となったのが，テープレコーダーの発売であった。官庁や放送局の製品を仕様書に沿って作ることよりも，大衆に直結した製品を，しかも販路を広げられる製品を手がけてみたいという思いは，テープレコーダーの開発にいきついた。テープレコーダーの開発に直接尽力した木原信敏は，G型開発のメドがつくと井深はその小型軽量化を指示し，それがH型に結実した経緯について述べている。そこで，「形のないモノを現実のモノとしようと夢を語る方だった。その夢が叶えられるともう興味がない。熱しやすく醒めやすい性格で，次の夢に興味の対象が移る。だからこそ，ソニーでは新しい商品が次々と生まれていく」と，井深について述懐する（木原［2001］）。

　ソニーがめざす独自製品の自社開発と市場の開拓は，井深ひとりによって成し遂げられたものではない。井深大と盛田昭夫を中心に技術者集団を形成し，「多彩な技術者集団のナビゲーターとして，コンシューマ商品を世の中に送り出」していった（長谷川［2004］）。

　盛田は井深との関係について，次のように語っている。

　「わたしと井深さんと，仕事の見解では二人で大論争する。みんなの前で大論争するから，よく井深・盛田不仲説というのが世の中に流布してね。（中略）わたしと井深さんというのは，ほんとにお互いに信頼してるから，徹底的に議論をして，みんなの前で大げんかのようにやり合うから，仲が

悪くなったと思うけども，我々は議論できるぐらい仲がいい」(城山 [1988] 131 頁)。

井深と盛田は，活発な議論を通じてコミュニケーションを密にし，他の技術者をその渦のなかに巻き込んでいくことで，創造的な雰囲気を醸し出したのである。

井深大と盛田昭夫の出会いは，戦前にさかのぼる。1944 (昭和 19) 年に軍主宰の科学技術研究会で，民間技術者として参加していた井深と，海軍技術中尉として参加した盛田は初めて出会った。井深は盛田との出会いについて，次のように語っている。

「私と盛田君とは年こそ十年もの違いがあるが，二人はそのころからウマが合った。盛田君は阪大理学部出身のすぐれた技術将校だったが，そうした彼の教養に私の心を動かすものがあり，熱戦爆弾の研究を通じて心と心の結びつきを深めていった」(日本経済新聞社 [1980] 341 頁)。

一方，盛田は井深について，「井深さんとは年が十三歳も離れているんですが，初めから同じ年のように思えた。平気でものを言いましたし，井深さんも腹を立てずに聴いてくれました」と述べている (『経済界』昭和 64 年新年特大号)。2 人は，初対面の時からお互いに通じるものを感じていた。

戦後，井深は東京日本橋の白木屋デパートの 3 階に東京通信研究所を設立し，一般家庭のラジオを短波受信機に改造する商売を成功させた。これを伝える朝日新聞のコラム記事を読んだ盛田は，井深と再会を果たした。そして，初対面の時から気が合った 2 人は新会社である東京通信工業を 1946 年に設立した。その後のソニーは，後述するように，用途の限られていたトランジスタを一般消費者向け商品へ活用することによって，家電品のパーソナルユース化を達成して他社製品との明確な差別化を実践し，さらなる成長を遂げていくことになったのである。

2. マーケットの教育と販路の開拓

1950 (昭和 25) 年，テープレコーダー G 型を発売したが，重量が 45kg もあり，公務員の初任給が 5500 円であったこの当時，16 万円の価格では買い

手はつかなかった。代理店に八雲産業を指定したが事態は好転しなかった。顧客も代理店もテープレコーダーの用途や使い方を知らなかったのが理由である。盛田昭夫は，ソニーが開発した独自の一般向け商品の利用法について大衆に教育することの大切さを学んだ。画期的な技術を売り物にするより，自分にとってどれだけの価値があるかを理解させることに努力した。ようやく速記者が不足していた裁判所に 20 台を販売することに成功したが，市場の拡大を期して G 型を小型・軽量化した H 型を 51 年に発売した。H 型は，重量 13kg で価格も G 型の半額の 8 万円であった。H 型は，官公庁向け（ガバメント：G）から一般消費者向け（ホーム：H）へ，ソニーがめざした一般向け商品開発への第一歩となった。占領下の日本で，英語の学習に不可欠なヒアリングにはテープレコーダーは有益であったため，H 型は学校での聴覚教育用として使用された。盛田昭夫は，まだ一般に認知されていないテープレコーダーという新規の製品を認知させ，その有用性を認識させて市場を開拓することをめざして，自ら学校に出向いてテープレコーダーの操作方法を指導した。盛田自身，「テープ式磁気録音機―テープレコーダーとは何か」という解説書を書き，営業マンに持たせた。ソニーは従来から持っていた販売会社丸文，山泉に加えて東京録音を設立し H 型の販売に備えた。また，学校に有力なパイプをもつ日本楽器に東京録音からテープレコーダーを卸し，その代理店を通じて販売することにした。しかし，テープレコーダーという新規な製品を販売するには楽器店では畑違いであった。商品知識の不足とアフターサービスの不十分さは致命的でさえあった。こうして盛田は，マーケットを教育することの重要性と自社独自の販売網確立の必要性を学んでいったのである。

　一方，炭鉱不況で九州地域の景気が悪化するにともない，九州地域の売り上げが落ち込んだ。盛田は，リスク分散を考えて広いマーケットを持つことの大切さを学んだ。また，テープレコーダーでは高周波バイアス法の特許を有していたことによってソニーは市場で主導権を握っていたが，特許の期限切れを待って松下電器がテープレコーダー市場に参入した。この事態を恐れていたソニーにとって，ソニーの売り上げの飛躍的な増加は理解しがたい現象であった。マーケットは 1 社で作り上げるものではなく，多くの企業の参

加によって成長することを盛田は教訓として得ることとなった。

　1952年，アメリカにおけるテープレコーダーの使用状況を調査するため，井深は渡米した。テープレコーダーの市場調査とは別に，ベル研究所でトランジスタの開発が進んでいることを知り，それにつぎの新製品の芽を見出すことになった。翌年には盛田が渡米し，ベル研究所の親会社であるウエスタン・エレクトリック社と，トランジスタの特許使用権に関する契約を結んだ。トランジスタは旧来の真空管と違い，小型の電機製品の開発を可能にしたため，従来の補聴器への使用を超えて，新たな製品への使用を検討した。盛田は補聴器では大きなマーケットは期待できないという考えを持っていた。また，井深は，当時の電機メーカーの花形製品であったラジオの製造にソニーが乗り出しても，高い競争力を獲得する自信がなかった。しかし，トランジスタの使用により小型で電源コードが不要となれば，一家に1台から1人1台というファミリーユースからパーソナルユースへの道を開くことができると確信した。一般消費者向け商品の開発に向けてトランジスタの特許使用権を購入し，トランジスタ・ラジオの開発に投資を行った。三井銀行からの融資を取り付けて，1955年に日本初のトランジスタ・ラジオTR-55を，57年には世界最小のTR-63を発売し好評を博した。初めて本格的に輸出されたTR-63によって，ソニー・ブランドは世界に知られるようになった。

　アメリカでの代理店を通じた販売でも，先の日本楽器の場合と同様に，代理店はアフターサービスにもソニーのブランド管理にも非協力的であった。代理店を通じた販売に限界を感じたソニーは，1960年2月にソニー・コーポレーション・オブ・アメリカ（Sony Corporation of America）を設立し，独自の販売に乗り出した。日本の他の電機メーカーも経験のない，商社に代わっての自社販売への経緯を，盛田は「今のソニーの全般的状勢から見て，いささか時期尚早という気はする。しかし，好機をつかまえぬビジネスは事業ではない。計画的には手を拡げすぎた感もあるが，今をおいて好機はないと考えている。われわれは好機到来とあらば，あえて苦労を辞さないという精神を常に持っていただきたい」と社員に述べている（ソニー広報部[2001]）。また，日本国内での販売も，他メーカーの系列店や量販店の利用を経て子会社のソニー商事によって行われるようになった。

3. リスク・テイキングな差別化投資

　ソニーの成長のプロセスにおいては，敢えてリスクに挑戦した差別化投資として，トランジスタ特許の購入とクロマトロン方式カラーテレビの研究開発をあげることができる。アメリカで開発されたばかりで，あまり実用化の進んでいないトランジスタの技術を，当時のソニーが入手して一般消費者向け商品に活用するという考え自体が大きな賭けであった。しかし，多くの技術者を抱え彼らのエンジニアリングパワーを有効に活かすためには，テープレコーダーに続く製品開発が急務となっていた。困難な課題に技術者たちの意欲はかきたてられた。井深からトランジスタへの進出の意欲を聞かされた盛田は，「やるだけのことは，ありそうですね」「トランジスタができれば，わが社のチャンスとなるはずです。トランジスタを使って何かやりましょう」と応えている（ソニー広報部［2001］）。こうして当時のソニーの規模では不釣合いな大規模投資が，トランジスタを活用した一般消費者向け商品の開発に振り向けられることになった。三井銀行も新事業の将来性にかける井深や盛田の情熱に賛同し，融資を行った。もちろん，ソニー会長の万代順四郎が元帝国銀行会長だったということと，三井銀行にとって大口融資でなかったことも幸いした。ソニーは，トランジスタを自社技術として発展させるため，1952（昭和27）年にトランジスタ特許権を持つアメリカのウエスタン・エレクトリック（WE）社から実施権を取得した。技術のすべてを供与されるという性格のものではなく，製造ノウハウは供与されないため，ソニー独自で製造技術を確立することを余儀なくされた。当時のトランジスタは耳に聞こえる周波数帯であるオーディオ領域にしか使えず，用途としては補聴器ぐらいしかなかった。ラジオのような高周波領域での使用には，新規の技術が必要であった。高周波数でも使えるトランジスタづくりにソニーは挑戦した。最先端技術を取得して，ソニー独自の思想と技術でオリジナルな一般向け商品にしたてていくという革新性，創造性，独自性は，トランジスタ・ラジオ開発の中で培われていった。さらにこの研究開発のプロセスでは，エサキダイオードが開発され，開発者の江崎玲於奈は後にノーベル賞を

受賞した（特許庁［2005］）。

　また，ラジオからテレビの時代への趨勢を看取した井深は，1960年代に入ってカラーテレビの開発に向かった。当時のブラウン管は，シャドウマスク方式の3電子銃カラー受像機が多く用いられるようになっていたが，価格が高く調節が困難で故障が多いという欠点があった。その上画面が暗く，色ずれがおきやすいという問題を抱え，カラーテレビの普及を阻害することにつながっていた。イノベーターを自認するソニーが目指したのは，新しい方式のブラウン管の開発と実用化であった。その一つに，クロマトロンがあった。クロマトロンは，アメリカの原子物理学者アーネスト・O・ローレンス博士が1950年に考案した方式で，軍用などの特殊な用途に使われていた。シャドウマスクの6倍も明るいディスプレイをもつクロマトロンの可能性にかけたのである。原理的にも優れたものであったが，実用化にあたって多くの技術的問題にぶつかり，製品の欠陥に悩まされて失敗に終わった。しかしソニーは，並行して独自のブラウン管開発を進めた。従来のシャドウマスク方式に代わり，3本の電子銃を1つにまとめて3種類の電子ビームを発し，独自のトリニトロン方式ブラウン管に映写する仕組みをつくりあげた。シャドウマスク方式よりも明るさは2倍になり，消費電力は減少した。ソニーは，イノベーターとしての面目を保ったのである。1968年にテレビ界最高の栄誉とされ，テレビの送受信方式に関する画期的な技術開発に贈られるエミー賞にテレビ受像機として初めてソニーのトリニトロンが選ばれた。それは，民生用テレビの分野で他社に差をつけることになったし，超高解像度で明るい画面を誇るトリニトロンのブラウン管技術は，その後1980年代のコンピュータ・ディスプレイ用ブラウン管につながっていったのである。

4. 海外志向とブランドの確立

　1953（昭和28）年，盛田はオランダのフィリップス社を見学した。小国オランダのフィリップス社が，世界のエレクトロニクス産業に確固たる地位を築いていることに勇気付けられ，「オランダを見て非常にエンカレッジされた。私たちにも，わが社の製品を世界中に売り広めるチャンスがあると

いう決心，決意を持つに至った」と井深宛の手紙に記した（ソニー広報部[2001]）。リスク分散のための広いマーケットの重要性を考える盛田は，大いに勇気づけられた。1955年には，海外市場への進出を考慮して「SONY」マークを考案し，ブランドの育成に努力した。アメリカの時計会社ブローバー社からTR-52に対して10万台もの引合いがあったが，ソニーブランドの使用を拒否されたため，盛田は契約を拒絶している。自社ブランド確立の重要性を知る盛田ならではの対応であった。1957年には，世界最小のポケット・ラジオTR-63を本格的に輸出商品に仕立て上げた。タテ112ミリ，ヨコ72ミリ，厚さ32ミリのTR-63は，従来の製品よりもひとまわり小さくなっていた。価格は1万3800円で，サラリーマンの月収に匹敵した。日本国内で販売するには，よりいっそう値下げが必要であった。盛田はTR-63に「ポケッタブル」というキャッチフレーズを用いて，世界市場に投入した。アメリカでの販売は，デルモニコ・インターナショナル社に委託した。デルモニコ社の努力もあって，1957年の輸出額は3億2000万円を超え，55年の950万円から飛躍的に増大した。翌年には，ブランド名「SONY」を正式に社名に採用し，ソニー株式会社へ改称した。メインバンクの三井銀行からは，「創業以来十年間もかかって業界に立派に知られるまでになった東京通信工業という社名を，今さらそんなわけのわからない名前に変えるとは，何事だ」という趣旨のクレームがついた。しかし盛田は，社名の変更は「われわれが世界に伸びるためだ」と述べている。英語圏の外国人にとって「東京通信工業」「東通工」という社名を発音することは困難で，簡単な名前で，どの言語でも同じように読むことができ，発音できることが新社名の条件となった。そこで，音（SOUND, SONIC）の語源となったラテン語のSONUSと，小さい坊やという意味のSONNYを組み合わせて，SONYブランドは生まれたのである。ブランドの定着にあわせて，社名とブランド名は統一された。また，ブランド名の周知のために，1957年12月に銀座にネオンサインを設置し，1959年にはショールームを開設した。

　アメリカの販売代理店デルモニコ社は，競合品との競争に値下げを主張し，さらには，販売効率を考えて本社のあるニューヨーク周辺にのみ販売努力を集中するようになっていた。これは，盛田の当初の意図とは，明らかに

食い違う方向にデルモニコ社が向かい始めたことを示していた。盛田は，1つには，いい製品をそれにふさわしい価格で販売すること，2つには，全米にソニー製品を浸透させること，をめざし，それこそがソニー・ブランドを育てることにつながるという思いを持っていた。デルモニコ社との対立は，最終的に，アメリカでの自社販売網の設置，先に見たソニー・コーポレーション・オブ・アメリカの設立につながった。盛田昭夫は，1963年から1年間家族とともにアメリカで生活し，高級な卸売店や小売店，そしてデパートを自ら訪れてセールスを行うとともに，多くの上流階級の人々と知己になり，アメリカ人のニーズを吸収するとともに，ソニー・ブランドを広めることに尽力した。

ソニーの海外志向は，資金調達の面でも促進された。1960年代には貿易の自由化とともに外国為替管理法の制限が緩和され，ソニーは1961年ADR（American Depository Receipt：アメリカ預託証券）を発行し，アメリカからの資金導入に道を開いた。ADRの発行は，宣伝効果はもちろん研究開発や設備投資のための資金調達に大きな効果をあげた。慢性的な資本不足の日本の金融機関にのみ依存せず，盛田は世界中からの資金調達に可能性を求めた。アメリカでの株式発行は，ソニーにとってのアメリカ市場の重要性を意味するものでもあった。

この間，1960年代の前半期，ソニーは商標の問題で裁判闘争に大きなエネルギーを費やした。1958年10月にハナフジ製菓が，「菓子類・麺類」の分類で「SONY」の商標登録を行い，ソニーの利益を侵害する可能性が生まれた。ソニーからの異議申し立てに対し特許庁は，電気製品と菓子・麺類とでは，製造元の混同は生じないという趣旨で申し立てを却下した。そこで，1961年にソニーは特許庁に対してハナフジ製菓の商標登録の無効審判を請求した。その後，1962年3月，ソニーを原告，ハナフジ製菓を被告として，東京地方裁判所に商号商標使用禁止の仮処分を求めた訴訟が提起された。公判のなかで証人として出廷した盛田は，SONYというブランドを作り育てる過程での熱い思いと苦労について切々と訴えた。両社は一歩も譲らず，裁判所の判断で和解の手続きが行われた。盛田は，裁判の間もソニーというブランドが汚され続けることには我慢できなかった。和解によって，一刻も早く

そのような事態を終結させることを盛田は望んだ。一方，相前後して1965年11月，特許庁から商標登録無効の審決が出された。和解もソニー有利のうちに終了した。盛田昭夫は，ソニー・ブランドを守り抜いたのである。

5. 盛田昭夫の企業家活動

　盛田昭夫は，井深と同じ技術者経営者でありながら，特にマーケットの教育，販路の開拓，そしてブランドの確立に大きな貢献をなし，ソニーの創造的な研究開発活動を国際的なビジネスとして成功させる道筋をつくりあげた。盛田は，自らも述べているように，愛知県屈指の酒造家の後継者として生まれ，事業の厳しさを見て育ったことが，技術者でありながらビジネスで活躍する素地をつくっていた。

　「企業イメージは意識してつくるもの」という信念のもとで，新規の製品の用途や使い方を大衆に教育し，ブランド価値を高めるために自社流通網の確立に努力した。盛田自身，ソニーのビジネスについて，つぎのように述べている。

　「わが社のポリシーは，消費者がどんな製品を望んでいるかを調査して，それに合わせて製品を作るのではなく，新しい製品を作ることによって彼らをリードすることにある。消費者はどんな製品が技術的に可能かを知らないが，われわれはそれを知っている。だからわれわれは，市場調査などにはあまり労力を費やさず，新しい製品とその用途についてのあらゆる可能性を検討し，消費者とのコミュニケーションを通してそのことを教え，市場を開拓していくことを考えている。」（盛田［1987］91頁）

　高い技術力で未知の製品を開発し，ソニーサイドの製品に対する評価と大衆のニーズとのギャップを認識した上で，大衆を教育し説得してマーケットを創造していく先見性に裏打ちされたソニーのビジネスは，初期の製品を販売していくなかで，盛田自身が学んでいったものである。そのうえで，ブランド価値を傷つけないために，他者の思惑の介在しない「ソニー・スピリットの理解者」による自社流通網の構築に注力した。盛田の企業家活動は，自由闊達な理想工場で技術者が最高に技能を発揮する雰囲気を醸し出し，国民

生活に価値を有する製品を生産した際に、それらに市民権を与える役割を果たしたのである。

表1 ソニー略史

年　次	事　項
1945	10月　井深大，東京通信研究所創設
1946	5月　東京通信工業設立
	5月　盛田昭夫入社
1950	8月　テープレコーダー GT-3 発売
1951	3月　H型テープレコーダー発売
1952	4月　井深大，海外視察調査のため渡米
1953	7月　トランジスタの研究開始
	9月　盛田，フィリップス社訪問
	10月　WE社と研究援助契約締結
1955	8月　トランジスタ・ラジオ TR-55 発売
1956	2月　労働組合結成
1957	3月　ポケット・ラジオ TR-63 発売
1958	1月　東京通信工業からソニーに社名変更
	12月　東京証券取引所第1部に上場
1959	12月　トランジスタ・テレビ発表
1960	2月　ソニー・コーポレーション・オブ・アメリカ設立
1961	6月　日本企業初の ADR 発行
1962	9月　ショールームをニューヨーク5番街に設置
1964	9月　世界初のクロマトロン方式カラーテレビ完成
1968	10月　世界初のトリニトロン方式カラーテレビ発売

出所：橘川・野中［1995］170-172頁。

藤 沢 武 夫
―もう一人の創業者

藤沢武夫　略年譜

1910(明治43)年	0歳	11月東京生まれ
1928(昭和3)年	18歳	旧制京華中学校卒業
1934(昭和9)年	24歳	三ツ輪商会入社
1939(昭和14)年	29歳	日本機工研究所設立
1949(昭和24)年	39歳	本田技研工業株式会社に入社，常務取締役に就任。
1952(昭和27)年	42歳	専務に就任
1960(昭和35)年	50歳	技術研究所を分離独立
1964(昭和39)年	54歳	副社長に就任。役員室を開設。
1973(昭和48)年	63歳	本田宗一郎とともに退き，取締役最高顧問に就任。
1983(昭和58)年	73歳	取締役退任
1988(昭和63)年	78歳	12月死去

(年齢＝満年齢)

1. ドリーム号とN360

　戦後，日本の自動車産業は，乗用車メーカー9社の熾烈な競争の下で，国際競争力の強化に成功した。なかでも，1960年代に最後発メーカーとして二輪から四輪へ参入した本田技研工業は，二輪・四輪の各分野で時代に先駆けた革新的製品を開発して消費者ニーズを創造してきたユニークな企業である。

　戦後の復興期には，輸送のニーズは増加の一途を辿った。しかし，自動車はもちろん本格的なオートバイさえ高嶺の花であったため，本田宗一郎が開発した補助エンジン付き自転車（通称バタバタ）は，安くて便利な乗り物として好評を博した。宗一郎は発電用エンジンの再利用からオリジナルエンジンの製作に取り掛かり，A型自転車用補助エンジン（2サイクル，50cc，0.5馬力）を開発した。その後もエンジンのパワーを向上させる開発を続けるなかで，自転車をベースとした外注フレームとエンジンのパワーのミスマッチを解決するために，エンジンと車体の両方を手がけ，本格的なオートバイ生産に乗り出す。1949（昭和24）年にドリーム号D型（98cc，3.5馬力），51年にドリーム号E型が生まれ，とくにOHV（オーバーヘッドバルブ）を採用したE型エンジン（146cc，4サイクル）のオートバイへの搭載は画期的であった。燃焼効率に優れたOHV方式は工作技術の高さが求められ，小さなエンジンに使うのは困難であるとされていた。宗一郎は高い技術力を実証したのである。

　1966年に発表された軽乗用車N360も，独創的で画期的な製品であった。2気筒空冷エンジンを搭載し，31馬力，最高時速115キロ，燃費はリッター当り28キロで，競合製品を圧倒するとともに，空冷エンジンの欠点とされた騒音と振動を抑制し，FF（前置きエンジン前輪駆動）方式の採用によって居住空間を広くとることに成功した。67年3月に発売し，わずか3カ月で富士重工業のスバル360を抑え，軽乗用車販売台数トップに躍進した。

　ドリーム号E型の成功からN360による四輪への本格的参入の間に，本田技研を大きく発展させる製品となったのがスーパーカブである。1950年代

の終わり、いまだに通勤・通学用でなく、商用の軽運搬用途が大きな位置を占めた市場の特徴をとらえて、高出力で低燃費のエンジン（50cc、4サイクル、OHV、燃費はリッター当り90キロ）を開発した。さらに、車体にはプレスフレームを採用して量産性を高めるとともに、出前や新聞配達に利用されることを想定して片手運転ができるように機械式自動クラッチを開発した。市場のニーズを先取りしたスーパーカブは、発売当日に東京ショールームだけで1000台もの注文を記録する大ヒットとなった。

　ドリーム号、スーパーカブ、N360のすべてにうかがえるのは、「個性の入らぬ技術は価値の低い乏しいもの」とする宗一郎の、独創的な技術にかける情熱にほかならない。そして、独創的な技術開発と市場のニーズを結びつける役割を果たしたのが、藤沢武夫である。藤沢は、1949年、通商産業省（現経済産業省）に勤務していた竹島弘の仲介で本田と初めて出会った。本田技研工業を設立したばかりの宗一郎は、技術に対する自信とは裏腹に、営業や金融の分野についてはまったくの素人であったため、それらを任せることのできる人材の紹介を竹島に依頼していたのである。本田と藤沢は、初対面で意気投合した。お互いに自分にないものを相手が持っていることを認め、補い合って自らの夢を実現することを決めた。

　藤沢武夫は、1910（明治43）年11月、東京小石川区（現文京区）中富坂に生まれた。父秀四郎、母ゆきは、ともに結城紬で知られる茨城県結城市の生まれであり、秀四郎の生家は代々の漢方医で、名家として知られていた。しかし、藤沢の祖父が40歳で早世し、廃業に追い込まれている。父秀四郎は、上京して職を転々としながら起業する機会を窺い、藤沢が小学校のころ、実映社という映画館で映写するスライド広告を製作する会社を興した。しかし、藤沢が中学に入学した1923（大正12）年、関東大震災に罹災して会社は焼失した。その後、秀四郎は、映画館を賃借してその経営に乗り出したが、不景気の中で倒産した。藤沢は、チャレンジ精神を失わず、「男は、どんな逆境にあっても、自分の心を卑しくしてはならない」と語る父親を敬愛した。小中学校時代を通じて虚弱体質であった藤沢は、性格も内向的となり、読書することで自分ひとりの世界に入ることを好んだ。生涯を通じて、思索的でロマンチスト、そしてストイックな性格は、この頃から形成されて

きたものであろう。

　中学を出て，東京高等師範学校の入試に失敗した藤沢は，筆耕屋（宛名書き），鋼材小売の三ツ輪商会勤務を経て，切削工具をつくる日本機工研究所を設立した。三ツ輪商会の取引先であった丸二製鋼社長川崎晋雄の資金援助によるものであった。当時，日本機工の部品の納入先である中島飛行機の購買部にいたのが，竹島弘であった。竹島は，浜松高等工業専門学校の講師を務め，聴講生の本田を知っていたのである。これらのビジネス経験が，その後の藤沢を形づくっていった。

2. 自社流通網の形成

　ニーズをふまえた独創的な技術開発とあわせて，二輪産業で本田技研が地歩を固めるうえで必要であったのは，自前の販路を確立することであった。創業以来，本田技研は代理店を通じて販売していたが，「大きな流通網」の必要を感じ取った藤沢は，自転車販売店の活用を構想する。従来のように，少数の代理店に依存した販売を続けていたのでは，大量販売には限界があるという判断があった。1952年の自転車用50 cc補助エンジンF型カブの販売に際して，全国5万5000店の自転車小売店にダイレクトメールを送り，カブの販売店になることを勧めた。

　藤沢によれば，その文面は次のようなものであった。

　「あなたがたの先祖は，日露戦争のあと，チェーンを直したり，パンクの修理をしたりすることなど思いもつかないというときに，勇気をもって輸入自転車を売る決心をした。それが今日，あなたがたの商売になっている。ところで，戦後，時代は変わってきている。エンジンをつけたものを，お客さんは要求している。ホンダはいま，そのエンジンをつくった。あなたがたは興味があるだろうか。返事をもらいたい」（藤沢［1986］168頁）。

　その結果，1万5000店もの小売店がカブを取り扱うことになった。F型カブは，半年で2万5000台を販売するヒット商品となった。

　このとき藤沢は，自転車店からの振込みを確認してカブエンジンを送付する方式を採用し，生産資金を確保した。前金の振込みにあたって，藤沢は三

菱銀行京橋支店長名で「わたしどもの取引先の本田技研への送金は，三菱銀行京橋支店にお振り込みください」という手紙を別便で送り，自転車店の本田技研に対する不安を解消させた。当時，銀行が持っていた絶対的な信用力を利用したのである。こうして，資金調達と全国的な販売網の形成に成功した。三菱銀行京橋支店の片岡孔一支店長も，本田技研の将来性に賭けたのである。

1960年代における四輪車への参入に際しても，藤沢は全国のオートバイ販売店に販売を委託し，複数の販売店が共同使用する整備修理工場（ホンダ・サービス・ファクトリー）を各地に設置した。トヨタの地元資本を活用したディーラー展開や，日産の直営優位の方式を模倣することは，地元資本開拓の労力や資金力から考えて，最後発の本田技研には不可能だったためだが，結果的に，本田側にも販売店側にも投資負担を軽減させる意味を持った。

3. リスク・テイキングな大型設備投資

本田技研は，1952年から54年にかけて大規模な設備投資を行った。総額4億5000万円もの工作機械の輸入，約10億円の資金を投下しての埼玉県・白子，大和，静岡県・葵の3工場の建設がそれであり，資本金の25倍にあたる金額であった。エンジンと車体の自社生産とあわせて，鋳造や機械加工などの工程も自社で行い，外注に比べて加工の精度を上げることが目標とされていた。ドリーム号E型とカブ号の売り上げの好調がその背景にあったことはもちろんであるが，売り上げを前払いや現金払いで回収し，設備投資や原材料・部品購入費を延べ払いや手形決済とすることで，その時間差を利用した危険な資金繰りであった。この投資は，本田技研を「オートバイ業界の群雄割拠状況から抜け出させることを意図」した戦略的なものであった（宇田川［2001］）。

さらに，その後に行われた2つの大規模設備投資が，本田技研の発展に大きく関わっている。それは，1960年の三重県・鈴鹿製作所の建設と，64年の埼玉県・狭山四輪専用工場の建設である。ここでは，鈴鹿製作所の建設に

至るプロセスに目を向けておこう。

　1958年7月に発売されたスーパーカブは大きな反響を呼び，既存の工場の生産能力拡大だけでは追いつかない状況を生んだ。新たに浮上した鈴鹿製作所建設構想は，技術・市場・製品のあらゆる側面で，宗一郎と藤沢の考え方を忠実に表現したものとなった。欧州での四輪需要の高まりと二輪需要の縮小をみた主要二輪メーカーは，1950年代半ば以降二輪市場の斜陽化を想定し，55年の鈴木自動車工業のスズライト，58年の富士重工業のスバル360にみられるように，軽四輪事業に舵を切り始めていた。これとは対照的に，本田技研は二輪事業に資源を集中させた。本田と藤沢は，1956年から57年にかけての欧州視察の結論として，二輪斜陽論は二輪メーカー自身にその責任があり，魅力のない四輪の下級財としてではなく，「大衆二輪車というコンセプトとそれを実現する技術的可能性を追求」する方向性を打ち出した（太田原［2000］）。その結果として，「誰でも買え，誰でも使える，他の何処にもない新しい大衆の足の創造」（同前）というコンセプトの下でスーパーカブを誕生させ，爆発的なヒット商品となった。

　1959年末，宗一郎は「外国のほうで二輪車が非常に下火になって来ているところへ，日本が非常に育ちいい環境にあるということ，世界人口が40億あるそうだから，そのうち日本が一人占めになるんじゃないかな，二輪車は」と述べ，藤沢も「いい技術ならば絶対に勝てるかというと，やり方，考え方によっては必ずしも楽観は許せないと思う。……だから良い商品であっても，全く我々の考え方一つによっては，世界中にこれが売れていくというものをさえ，機会を失ってしまう。……今のチャンスをつかみ，量産をし，確立する基盤をつくり，そして世界に出ていくんだ，という事が，これがどうしても今をおいて二度とない。それだけに今度の鈴鹿製作所にかける期待は大きい」と述べている（同前）。

　スーパーカブの好調，欧州二輪市場の縮小，北米における新興二輪需要の出現が重なったこの時期に，鈴鹿製作所は世界市場をも視野に入れたものとして構想されていた。総投資額で70億円にものぼる鈴鹿製作所は，年産能力1000万台を有し，単品種大量生産方式によるスーパーカブの大量生産が始まった。高い量産能力とオートメーション化された一貫生産を行う世界初

の二輪工場であった。結果として、本田技研は二輪市場シェアの60％を獲得し、圧倒的な首位に立つことに成功した。

4. 海外志向とブランド・イメージの確立

　二輪と四輪を通じて成長を遂げてきた本田技研は、その成長の節目において、国際レースを大変うまく利用してきた。1954年の経営危機のさなかに出場宣言し、61年には125cc、250ccの2クラス制覇を遂げたTT（Tourist Trophy）レースへの参加、そして四輪参入後の64年に参戦し、翌年のメキシコで優勝を遂げたF1（Formula 1）グランプリは、本田のブランド・イメージを定着させた。スポーティーで若々しく、チャレンジングで高い技術力を持つという同社のブランド・イメージは、レースにおけるその後の活躍とともに浸透していった。「レースであるから勝ち負けはあるが、それらの原因を徹底的に追求することが大切だ。自分たちの品物の品質を高めて、より安全な交通機関をユーザーに提供する義務がある」とレース参加の意味を語る宗一郎は、TTレースとF1グランプリを通じて彼なりの技術者の良心を貫いた。

　1954年の経営危機による社内のモラールの低下を恐れ、TTレースへの参加を宗一郎に勧めたのは藤沢であった。また藤沢は、スーパーカブの輸出先として東南アジアを推す動きに対し、アメリカを選択した。国際商品として育てていくためには、世界の消費の中心であるアメリカで需要を開拓することが、二輪の市場を世界的に拡大する近道であるとの判断があった。従来のバイクユーザーの暴走族的なイメージを払拭するため、アメリカで64年から開始された「すばらしき人、ホンダに乗る」キャンペーンは奏功し、大衆の二輪需要を開拓することに成功した。

5. 藤沢武夫の企業家活動

　これまで述べてきたように、もう1人の創業者として藤沢武夫は、製品コンセプト、流通システム、設備投資、海外展開とブランド・イメージの各側

面で，大変重要な役割を演じている。技術開発以外は，ほとんど藤沢の影響を強く受けたものである。1950年代の経営危機の際にTTレース出場を宗一郎に促すことで社内のモラール低下を防いだり，大衆二輪というコンセプトでスーパーカブの開発を勧めたり，自社流通網の構築に先発各社との直接競合を回避する第3の途を構築したり，果てはブランド・イメージを確立するために国際レースをうまく利用する一方で，世界市場を視野に入れて最初にアメリカ市場に進出するなど，演出者としての藤沢の活動は創業期の本田にとって，まさにもう1人の創業者として評価されるにふさわしい。

　1954年の経営危機は，先に触れた膨大な設備投資に端を発していた。自転車の後輪の脇に取り付ける補助エンジンのカブが，規格の上で，すべての自転車に取り付けられるものではないことがわかって売れ行きは鈍化した。発売されたばかりのジュノウ号には，エンジン冷却上の問題があり，主力のドリーム号にもクレームがついた。ドリーム号の高速性能を向上させるために，排気量を200ccから225ccに引き上げたことで，不具合が起きていた。工場の在庫は累積し，手形決済に支障をきたす事態が切迫していた。窮地に立たされた藤沢は，1953年に結成されたばかりの労働組合に対して，会社の内情を包み隠さず打ち明けて，直近の手形の決済資金を捻出するために，増産体制への協力を要請した。売れ筋の200ccドリーム号だけ増産し，不具合のある225ccドリーム号は生産を見合わせた。225ccドリーム号の欠陥部分を突き止め，対応を講じた後，今度は200ccの減産を指示した。200ccドリーム号の緊急増産から減産へ，その動向を見ながらの225ccの増産へと，組合の協力を得た藤沢の打つ手は，きわめてタイムリーであった。

　また藤沢は，協力部品メーカーに対して，手形決済の先延ばしを要請した。藤沢は，誠意をもって窮状を訴え，危機打開に協力を求めた。新規の部品発注停止と手形決済の先延ばしという要請に，協力会社は全面協力の姿勢を示した。本田宗一郎の技術，藤沢武夫の経営者としての力量，そして彼らが率いる本田技研工業の将来性を信じた協力会社の意思の表明であった。さらに，藤沢は，三菱銀行からの融資や輸入機械の一部売却などで，資金調達にめどをつけ，組合との年末一時金交渉に臨んだ。藤沢は，提示した金額が組合の満足のいくものでないことを自ら認め，会社の状況を詳らかにして協

力を求めた。藤沢の真摯な説明に対して，組合員から拍手と声援が送られたという。

加えて藤沢は，本田技研工業のその後を規定する大きな財産を残している。それは，技術研究所の分離独立と大部屋役員室の導入である。

1954年の危機の原因が，本田宗一郎という天才的技術者1人に頼りすぎたことにあるという反省の上に立って，藤沢は本田宗一郎をカバーできる組織の必要性を感じた。そして，「好きで入ったその道の学校を出た人には，一生その技術で生きてもらいたい。そのために地位，名声，収入も十分に満足してもらえる仕組みをつくりたい」と述べているように，技術に向けるべき頭脳を不得手な管理などの方向に向けることで，技術者の能力を台無

表2 本田技研工業略史

年 次	事 項	
1946	10 月	本田技術研究所創設
1947	11 月	A型自転車用補助エンジン
1948	9 月	本田技研工業設立
1949	8 月	ドリーム号D型
	10 月	藤沢武夫入社
1951	10 月	ドリーム号E型
1952	6 月	F型カブ
	11 月	本田宗一郎が渡米，渡欧
1954	1 月	東京証券株式市場で株式店頭取引開始
	1 月	ジュノオ号
	3 月	T.T.レース出場宣言
1957	12 月	東京証券取引所1部上場
1958	8 月	スーパーカブ
1959	6 月	アメリカ・ホンダ設立
1960	4 月	鈴鹿製作所発足
	7 月	本田技術研究所独立・分離
1961	6 月	T.T.レース，125cc，250ccとも1位から5位独占
1962	12 月	アメリカでADRを発行
1963	8 月	軽トラックT360発表
	10 月	小型スポーツカーS500発表
1964	7 月	SF（サービス・ファクトリー）建設開始
1965	10 月	F1メキシコグランプリで優勝
1967	3 月	軽乗用車N360
1968	11 月	F1参戦一時休止
1969	5 月	小型乗用車1300セダン

出所：橘川・野中［1995］170-172頁。

しにしてしまうことを恐れた（藤沢［1986］）。そこで，採算性を重視するメーカーのなかに，採算性だけでは捉えられない研究開発部門を同居させることに矛盾を感じた藤沢の発案で，本田技研工業から本田技術研究所は1960年に分離独立する。そして，自由な立場で研究開発が進められるような仕掛けが出来上がった。研究所の組織は文鎮型とも表現されるように，資格制度による処遇が行われ，つとめて上下関係を業務に持ち込まないように配慮されたものである。言い換えれば，研究開発の現場に，上司と部下の関係は百害あって一利なしという藤沢の判断を表現した組織となった。自由な発想で，創造力を発揮する場として技術研究所は設立され，宗一郎引退後の本田技研工業の研究開発のセンターとしての役割を担うこととなった。また藤沢は，1964年に大部屋役員室を開設した。重役の存在の意味を改めて問い直した藤沢は，重役の担当部門をはずし，自らの専門知識を持ち寄って未知への探求をするためにこそ役員が存在するという考えの下で，大部屋で共通の話題を日常的に議論する集団思考体制を築き上げた。こうして，天才技術者宗一郎の「夢を追い求めるチャレンジ精神」を次代に継承させる仕掛けづくりまで行ったうえで，藤沢は宗一郎とともに現役を去った。

おわりに

　戦後日本の企業家活動にとっての客観的な条件と主体的条件を念頭に，戦後の日本経済発展のシンボルとなったソニーと本田技研工業のケースを検討してきた。特に，すべての企業に開かれた客観的条件のもとで，ソニーや本田はいかにして革新的な企業家活動を成功軌道に乗せることになったのか，換言すれば，冒頭で述べたように，新市場の開拓と製品の差別化による競争優位の確保，早い時期からの海外志向，自前のブランドと販路の確立，リスク・テイキングな差別化投資，の諸点にどのような経営判断が働いたのかを再考し，その上で盛田昭夫と藤沢武夫が，補佐役としてどのような役割を演じたのかを考えるのがここでの課題であった。

　ソニーも本田もツー・トップによる二人三脚型経営を通じて，短期間に飛躍的な成長を果たしたことを考慮すれば，特に両社の経営に大きな役割を

担った盛田昭夫と藤沢武夫の経営環境の認識と対応は重要な意味を持っている。したがって，その点に着目しつつ叙述することに心がけた。ただし，同じツー・トップによる二人三脚型経営とはいえ，本田宗一郎と藤沢武夫は技術と経営という自らの得意とする分野に専念し，お互いの受け持つ部門にはいっさい干渉しなかった。一方，井深大と盛田昭夫は，それぞれが技術者として技術に対する深い洞察の上に立ち，技術者集団の核となっていた。そのうえで，盛田は経営の節目において状況を見据えた経営判断を下し，井深と認識を共有していくことに努めた。

　二人三脚型の経営スタイルは，一人の経営者がオールマイティーの力量を持ち得ない以上，少なからず求められる経営の形ではあろう。しかし，ソニーや本田のように，見事にその成果が現れるケースは必ずしも多くはないと思われる。本ケースから学ぶべきことは，特に，トップ・マネジメント間での意思の疎通と信頼，従業員や協力会社との良好な関係，そしてメインバンクの支持などが成功の大きな要素であるということである。言い換えれば，ステークホルダーとの情報の共有が，相互信頼の醸成に大きな意味を持っていることを示唆している。

　つぎに，補佐役の企業家活動として窺えるのは，盛田も藤沢も主役を演じる井深と本田の夢の実現に最大限の貢献をなすとともに，他方，主役が傷つきそうになったときには，矢面に立って問題解決に陣頭指揮を執るという側面が指摘できる。ソニー・ブランドを守るための盛田の行動や，危機に際しての藤沢の対応がそれを如実に物語る。

　盛田は未知の製品に市民権を与え，ソニー・ビジネスを作り上げた。他方，藤沢は，技術を含むあらゆる経営機能に目配りしつつ，本田宗一郎のもつ「夢とチャレンジ精神」を現実の企業活動に吹き込んだのである。

参考文献
○テーマについて
　　橘川武郎・野中いずみ［1995］「革新的企業者活動の継起―本田技研とソニーの事例―」由井常彦・橋本寿朗編『革新の経営史　戦前・戦後における日本企業の革新行動』有斐閣。
　　青野豊作［1997］『番頭の研究』ごま書房。
○盛田昭夫について

長谷川信［2004］「廃墟の中から立ち上がった企業家Ⅱ　ソニー　井深大と盛田昭夫」『週刊エコノミスト　臨時増刊　戦後日本企業史』2月9日号，毎日新聞社。
　　日本経済新聞社編［1980］『私の履歴書　経済人6』日本経済新聞社。
　　盛田昭夫［1987］『MADE IN JAPAN　わが体験的国際戦略』朝日新聞社。
　　城山三郎［1988］『屈託なく生きる』講談社。
　　江波戸哲夫［2005］『小説　盛田昭夫学校（上・下）』プレジデント社。
　　木原信敏［2001］『井深さんの夢を叶えてあげた』経済界。
　　ソニー広報部［2001］『ソニー自叙伝』ワック株式会社。
○藤沢武夫について
　　太田原準［2000］「戦略的投資決定と経営者の役割―鈴鹿建設計画における藤沢武夫の意思決定を中心に」『経営学論集』（龍谷大学）第40巻第2号。
　　宇田川勝［2001］「藤沢武夫（本田技研工業）『世界のホンダ』を演出したもう一人の創業者」佐々木聡編『日本の戦後企業家史』有斐閣。
　　四宮正親［2004］「廃墟の中から立ち上がった企業家Ⅰ　本田技研工業　本田宗一郎と藤沢武夫」『週刊エコノミスト　臨時増刊　戦後日本企業史』2月9日号，毎日新聞社。
　　藤沢武夫［1974］『松明は自分の手で』産業能率短期大学出版部。
　　藤沢武夫［1986］『経営に終わりはない』ネスコ。
　　山本裕輔［1993］『藤沢武夫の研究』かのう書房。
　　山本　治［1996］『ホンダの原点―企業参謀・藤沢武夫の経営戦略』成美堂出版。
　　宮戸公明・三上勝久・田中　靖編［1998］『ホンダ50年史』八重洲出版。

パソコン黎明期のベンチャー・ビジネス 10

椎名堯慶と西　和彦

はじめに

　現代は情報化社会である。重化学工業化の発展による第二次産業革命に続く，「第三次産業革命」ともいわれている。この社会変革の原動力にはIT（情報技術）の発展がある。なかでもコンピュータのパーソナル化とネットワーク化による影響が大きい。

　パーソナルコンピュータの歴史は，1971（昭和46）年，米インテル社が世界初の4ビット・マイクロプロセッサ（MPU）「4004」の開発に成功したときから始まる。1974年，同社から汎用の8ビットMPU「8080」が発表されると，翌年これを組み込んだ世界初のマイコンキット「Altair（アルテア）8800」が米MITS社から発売され，全米でマイコンブームが生じた。そのアルテアに対して，プログラミング言語「BASIC」を移植し，ソフトウェア事業を始めたのがマイクロソフトのビル・ゲイツだった。

　1977年，米アップル・コンピュータ社の「AppleⅡ」をはじめ，コモドール，タンディ，日本のソードが，個人による机上利用が可能なデザインのマイコン＝パーソナルコンピュータを発表した。パソコン時代の幕開けである。そして1983年，IBMは16ビット・パソコンを市場投入した。「IBM The PC」は，開発期間を短縮するためにオープン・アーキテクチャを採用し，MPUをインテルから，OS（基本ソフト）をマイクロソフトから調達していた。これが，現在デファクトスタンダート（事実上の標準）の地位にある，いわゆる「ウィンテル」の始まりである。

　現在では「ウィンテル」の商業的成功ばかり喧伝されているが，パソコン黎明期には実に多くの個人や企業が，その発展に貢献していた。もちろん日本人も例外ではない。ここでは，パソコン黎明期に日本のパソコン産業をリードしながらも，歴史に埋もれていったソードの椎名堯慶と，90年代まで表舞台で活躍したアスキーの西和彦を取り上げる。以下，彼らが描いたパソコンの将来像と，それを実現するために行った主体的活動を検討していく。

椎 名 堯 慶
―国産パソコンの先駆者

椎名堯慶　略年譜

1943(昭和18)年	0歳	北京で生まれる。
1963(昭和38)年	20歳	防衛大学校入学。
1964(昭和39)年	21歳	東海大学工学部電子工学科入学。
1968(昭和43)年	25歳	東海大学卒業。株式会社理経へ入社
1970(昭和45)年	27歳	株式会社ソード設立。代表取締役常務に就任。
1973(昭和48)年	30歳	マイコンSMP80/08開発。
1974(昭和49)年	31歳	マイコンSMP80/20発表，SMP80/Xシリーズとして発売。
1977(昭和52)年	34歳	初代社長大野若松死去に伴い代表取締役社長就任。トッパンムーアと資本提携。オールインワンパソコン「M200」シリーズ発売。
1980(昭和55)年	37歳	「SORD-PIPS」発表。アイルランドに現地法人を設立。
1986(昭和61)年	43歳	ソード，東芝と資本提携し子会社化。
1987(昭和62)年	44歳	ソード社長退任，プロサイド株式会社設立。

(年齢＝満年齢)

1. 創業まで

(1) 企業家の起点

　椎名堯慶は1943（昭和18）年，中国の北京で生まれた。2歳のとき終戦によって，父の郷里の千葉県匝瑳郡野栄町（そうさぐんのさかまち。現，匝瑳市）に引揚げてきた。幼少年時代の椎名は「引揚者」と差別されながらも，勉強や運動などの面で努力し，実力で疎外感を克服するような少年だった。後に椎名は，ソードの経営理念に「自由，平等，公平，公正」を掲げるが，このような少年時代の原体験が基盤になっているのだろう。

　中学2年生になると教育上の理由から，東京都板橋区でカメラ店を営む母方の伯父・大野若松の家に寄宿しながら学校に通った。やがて，高校に入学した椎名は「軍人」になるか「企業家」になるか，二つの進路に悩むようになった。ただ，どちらに進んでも，将来「大物」になるという夢を持っていた。「軍人」になろうと考えたのは，終戦経験から「国防」に対して強い意識を持っていたからだった。また「企業家」になろうと考えたのは，中学生の時に岩崎弥太郎の本を読み，事業を通して国家，社会へと貢献する「財閥」を作り上げることを夢みていたからだった。

　高校卒業後，椎名は進路を「軍人」に定めた。そして，一浪しながらも防衛大学校へ進学した。ところが，防衛大入学後，自分よりも優秀な学生が多くいる事実を知った彼は，将来「大物」になれないことを悟り，僅か2週間で退学してしまった。「軍人」をあきらめた椎名は，もう一つの夢「企業家」を目指し，再度大学受験に挑むのだった。しかし，彼は浪人でありながら，受験勉強を満足にしなかった。勉強をさしおいて，自分が企業家になるべきかどうかという自己探求の毎日を送っていたのである。その結果，企業家になることが自らの「天命」であると確信し，同時に「ソード社は天命により発意したものとし，人生を価値あらしめんとする場である」で始まる11カ条の「創業の精神」の原型を作り上げた。

　1964年4月，椎名は東海大学工学部電子工学科に入学した。実は，椎名は大野から「これからはエレクトロニクスの時代だ」と勧められ，東京大学

をはじめ電気や電子関係の学科のある大学を軒並み受験していた。しかし，すべて不合格だった。やっとの思いで大学に合格したにもかかわらず，椎名は相変わらず「企業家」になるための準備に熱中していた。このときに得た仲間には，後にソードの発展を支えた佐藤信弘と佐久間剛がいた。しかし，大学時代の椎名はいくつかの事業を検討したものの，何をするか明確なものを見つけられなかった。当然，大学を卒業しても，直ちに創業することは不可能だった。大学4年生になった椎名は，就職活動をはじめた。

(2) コンピュータ事業との出会い

1967（昭和42）年4月，椎名は指導教授の紹介でエレクトロニクス関連の専門商社，理経産業（現在の理経）に就職した。そこで彼は自分の将来を決めるコンピュータと出会うことになる。当時，理経は米DEC（デジタル・エクイップメント）社の代理店をしていた。DECはメインフレーム・コンピュータの1/10の価格のミニコン（ミニ・コンピュータ）を開発し，米国で急成長していた。理経はそのミニコンを日本で，いち早く取り扱っていたのである。

椎名は採用面接のとき「3年経ったら独立します」と社長の前で宣言していた。それでも理経は彼を採用し，学生の身分のまま10月からの出社を命じた。営業部に配属された椎名は，自主的にミニコンのカタログとマニュアルの翻訳を始めた。日本で販売していながら，英文の販促資料しかなかったためである。おかげで，正式採用された4月には第一線の営業マンとして目覚ましい成績をおさめ，11月にはDEC社へ研修に派遣されるまでになった。当時はミニコンの普及が始まったばかりである。それだけに専門家は少ない。商品知識が豊富な椎名は，しばしば専門家としてユーザー企業から講演に呼ばれるようになった。どこの企業に行っても，自分より年上の重役や管理職が熱心に聞き入っている姿を見て，椎名はコンピュータ事業への確信を深めていった。

翌1968年，再度渡米の機会を与えられた椎名は，米国のコンピュータ事情を調査し，ハードウェアとソフトウェアが一体になった「誰でも使えるコンピュータ」の必要性を強く感じるようになった。当時のハードウェア・

メーカーや代理店は機器を売るだけで，必要なプログラムはユーザー自身が開発や調達をするのが常識だった。したがって，ミニコンを普及させるためにはハードだけではなく，ユーザーが必要とするソフトをセットにして販売しなくてはならない。そう考えた椎名は，会社に対してソフトの開発拠点の設立を提案した。この案は直ちに採用され「理経コンピュータ・センター」が設立された。会社は提案者の椎名に対して新組織の立ち上げを一任し，彼はその期待に応えるため，また自身が企業家になるための訓練として，組織作り，実績づくりに奔走した。新組織の要となるソフト部門のシステムエンジニア（SE）には，大学時代の親友である佐藤信弘を高千穂バロースからスカウトし，椎名自身も年間30億円の売上予算を達成するため販売部門を先導した。これだけの働きをしたのだから，椎名は当然，自分がセンターの責任者になるものと考えていた。しかし入社して数年の若者に組織のトップの地位を与えるほど会社は甘くはなかった。会社という組織に見切をつけた椎名は，企業家としての自分の能力を発揮する場を求め，独立への準備を始めた。

2. パソコン事業の展開

(1) ソードの設立

1970（昭和45）年4月，椎名は株式会社ソード（71年5月に「ソード電算機システム」，83年4月に再び「ソード」へと社名を変更するが，以下「ソード」に統一）を創立した。ソード（SORD）とは，ソフト（SOFT）とハード（HARD）を組み合わせた造語であり，ハードとソフトが一体になった「誰でも使えるコンピュータ」を開発するという事業目的をも表現している。資本金の65万円は椎名自身のほか，大野や大学時代の仲間たちが出資した。さらに大野は，請われるままソードの初代社長に就任し，最初の事務所も無償で貸すなど，椎名の独立を全面的に支援した。

創立後1年間は，椎名1人で測定器の販売をしていたが，1971年4月タケダ理研（現，アドバンテスト）からソフト制作の依頼を受けたことを契機に，ミニコンのソフト開発を始めた。このとき佐藤が椎名の後を追って理経

を辞め，ソフトウェア部門の責任者としてソードに加わっている。そして，6月には大学時代の親友，佐久間剛をシャープから引き抜き，ハードウェア部門の責任者に据えた。こうしてソードには，小規模ながらもコンピュータのハードとソフトを融合した開発体制ができ上がった。

　1971年8月，椎名は社内文章の中で「ミニコンピュータ・システムの製作・販売を行う」ことを宣言した（那野［1985］，10頁）。しかも従来の1/10の価格である「50万円のミニコン」をつくり，コンピュータを大衆向けに普及させようと考えたのである。しかし，この時点のソードは，ミニコン向けのソフトハウスとして，やっと頭角を現してきたに過ぎなかった。それも「納期は半分で品質は他社以上」という戦略で，椎名を筆頭に10人余りの社員全員が寝食を忘れ，無報酬で働いた結果だった。そこまでしても，1971年度決算では売上高1200万円，経常利益150万円を計上するのが限界だった。ソフト開発は製造原価である人件費を抑えれば利益を出すことができる。しかし，ハード開発は研究開発から製品化まで，人的資源の投入ばかりか，資材調達や設備投資など多額の資本を要する。ソードの低価格ミニコン開発には，多くの困難が待ち構えているのは明らかだった。それでも椎名はソフトハウスからコンピュータメーカーへの脱皮を目指して，ミニコン開発に取り組んだ。

(2)　画期的なマイコンの開発

　1972（昭和47）年4月，米インテル社から8ビット・マイクロプロセッサ（MPU）「8008」が発表された。ソードの「50万円のミニコン」開発は，ICやコアメモリーなど主要部品のコストダウンが壁となって立ち往生していた時だった。MPUのニュースを耳にした椎名は，この半導体部品を使えば，ミニコンよりも小型で低価格なマイクロ・コンピュータ（マイコン）ができると考えた。

　そして，開発から約10カ月，完成したマイコンは「SMP80/08」と名付けられた。SMPとはソードマイクロプロセッサの略である。ところが，このマシンは「データをインプットして，タバコを一本喫い終わっても，まだ答えが出ない」（宮内［1982］）くらいに処理速度が遅く，著しく実用性に劣る

ものだった。もともとインテルが日本の精工舎と開発した「8008」は，入力端末用に設計されており，汎用として使うには能力不足だったのである。椎名は「SMP80/08」の発売をあきらめ，より処理能力の高いMPUの出現を待つことにした。

1974年4月，椎名が期待して待ち続けていた，世界初の汎用MPU「8080」がインテルから発表された。運のいいことに，インテル日本支社の支社長・馬上義弘は，椎名の理経時代の同僚だった。馬上の配慮もあり，椎名は「8080」を優先的に入手することに成功した。そして1974年5月，東京国際見本市会場（晴海）で開かれた第48回ビジネスショウで，ソードはマイコン「SMP80/20」を発表した。会場ではソードという無名の零細企業が，発売間もない最新のMPU「8080」で，世界に先駆けてマイコンを開発したというので，大きな反響を呼んだ。

「マイクロ・コンピュータが出始めた当初は，制御用で，制御機の制御回路を置き換える，いわゆるロジックへ置き換えるものでした。ですから，このマイコンが汎用機になるとはだれも思わなかった。」（中村［1981］）と椎名が述べているように，富士通や日立などのメインフレーム・メーカーでも，MPUを組み込んだマイコンという発想を持っていなかった。しかし，ソードは「SMP80/08」で，既にこの構想を実現していた。だからこそ，ごく短期間で「8080」を使ったマイコンの開発に成功したのである。展示会に出品した「SMP80/20」の能力は，まだ貧弱なものだった。そこで10月から出荷を始めた量産用製品「SMP80/Xシリーズ」は4KビットDRAMを使うことでミニコン並の性能を確保した。それでいながら価格は，入力用のテレタイプも含めて，250万円程度とミニコンの半額に抑えられていた。椎名の目指す，「誰でも使えるコンピュータ」つまり「コンピュータの大衆化」の第一歩がここに始まったのである。

(3) 日本最初のパーソナルコンピュータ

「SMP80/20」の発表を境に，ソードはソフトハウスから，ソフトとハードを統合した，コンピュータ専業メーカーへと飛躍を遂げた。椎名は「コンピュータの大衆化」の次の段階として，マイコンの家電化を目標にした。そ

の第一歩となったのが，1977（昭和52）年9月に発売した，オールインワン・コンピュータ「M200シリーズ」である。「オールインワン」とは，マイコン本体とディスプレイ，外部記憶装置など，必要な周辺機器を一体化したデザインのことである。「M200シリーズ」は，小型化と操作性の向上を実現し，個人によるコンピュータの机上利用を可能にした。つまり，ソードは日本最初のパーソナルコンピュータ（パソコン：ソードでは「パーコン」と呼んでいた）を開発したのである。同機は，最新の3.5インチFDD（フロッピー・ディスク・ドライブ）を搭載していながらも，150万円という低価格なことから，発売と同時に人気を呼んだ。その後，「M200シリーズ」は1978年の「Mark II」から80年の「Mark V」まで発売され，ソードのベストセラー・シリーズになっていった。この間，同社の売上高も1977年の7億円から80年には49億円と7倍にまで成長した。

椎名が一体型コンピュータの開発を思いついたのは，1975年の第3回NCC（全米コンピュータ会議）ショーに「SMP80/Xシリーズ」を出品した時に遡る。当時のマイコンは全て，ミニコンのボディ・デザインを踏襲しており，箱形の筐体と，その前面パネルに入力用のスイッチとランプがついている素っ気ないデザインだった。プログラムの入力・実行はスイッチのON/OFFとランプの点滅で確認できたが，それでは実用性に乏しかった。そのため，ユーザーの多くはCRTディスプレイやテレタイプなどの出入力装置や外部記憶装置を接続して使っていた。ソードのブースでもマイコン本体と共に周辺機器も一緒に展示していた。訪れた見学者の多くは，本体だけでなく，周辺機器それぞれについても説明を求めてきた。1つ1つ丁寧に説明していては短時間ではとても対応しきれなかった。このときの経験から，椎名はすべてを一体化し，商品説明に時間のかからない「オールインワン」というアイデアを思いついたのだった。

この「M200シリーズ」が発売された1977年は，「パソコン元年」ともいえる年だった。米国では「Apple II」がアップル・コンピュータより発売されたほか，コモドールの「PET2001」やタンディの「TRS-80」が相次いで発表されていた。日米でほぼ同時期に，同様なベンチャー・ビジネスによって，パソコンの開発が進められていたのである。

また日本では1978年に日立「Basic Master Level 1」やシャープ「MZ-80K」が，79年には日本電気（NEC）「PC-8801」といったパソコンが発表され，コンピュータのパーソナル・ツール化の潮流が確かなものになっていた。ソードは，日本だけでなく世界のパソコン開発の先頭を走っていたのである。

(4) 「PIPS」の開発

1980（昭和55）年2月，ソードは「SORD-PIPS」という，画期的なソフトウェアを発表した。PIPS（ピップス）とはPan Information Processing System（汎用情報処理システム）の略である。このソフトの登場もまた，コンピュータ史上における革新的なできごとだった。

PIPSはアプリケーション・ソフトの嚆矢だった。初期のパソコンは，BASICなどの言語によるプログラミングなしでは何もできなかった。ところがPIPSは，これらの言語を知らなくても，簡単なコマンド操作だけで，データベースの構築や表計算を可能にしたのである。1980年当時，同様なソフトは世界中を探しても米ソフトウェア・アーツ社の「VISICALC（ビジカルク）」だけだった。ビジカルクの発表はPIPSの僅か4カ月前の1979年10月だったことから，コンピュータ業界におけるソードの先進性がわかる。なお当時わが国では，これらプログラム不要なソフトは，BASICやCOBOLなどのプログラム言語に対して「簡易言語」と呼ばれていた。ソードはPIPSを開発したことによってアプリケーション・ソフトの時代を開いたのである。

ところでPIPSはソード単独で開発したものではなかった。最初は，当時，日本銀行に勤務していた望月宏と千葉県館山市で葬儀会社「三和仏商」を経営していた長谷川郁祐という2人のユーザーによってつくられたソフトであった。日銀の望月は日常業務をすべて「表」で表すというアイデアを元に，個人用情報ツールとしてPersonal Information Processing System（個人用情報処理システム）つまりPIPSを開発した。そして長谷川が，望月の開発したPIPSを自社の業務で試験利用することによって，個人用から汎用のツールへと改良を進めたのである。もちろん，椎名も彼らによるPIPS開

発の情報を得てから完成するまでの間，ソード社内に専門チームを置き全面的な協力体制をしいていた。1979年10月，望月と長谷川，ソードの三者によって，汎用ソフトのPIPSが完成した。当初，ソード社内にもBASICなどのプログラム言語を捨てて，ユーザーにPIPSの利用をすすめることには異論があった。しかし，椎名はPIPSこそが「コンピュータの大衆化」を実現するツールだという確信を持っていた。そして，社内での試験利用を経て製品化が断行された。

　果たして，プログラムが不要なPIPSはビジネス用途として，大企業や中小企業を問わず広く普及していった。大企業では業務の分散処理用にPIPSとソード製パソコンの大量導入がおこなわれた。たとえば，立石電機（現，オムロン）などは，自社の「パソコン風土づくり」のために，315台ものソード製パソコンをOEMで導入していた。大企業以上にPIPSの恩恵を享受したのは，中小企業だった。PIPSには自動処理機能（現在のマクロ機能のようなもの）があり，それを使ってコマンドを組み合わせれば，給与計算や伝票発行などの業務用プログラムをつくることができた。そのため中小企業では，導入・保守に費用のかかるオフィス・コンピュータに代わって，安価で手軽なPIPSとソード製パソコンを基幹システムに活用するケースが増えていった。これは米国で「ビジカルク」を使いたいがために，ユーザーがアップル社のパソコンを購入したのと同様な現象だった。日本でも魅力のあるソフトによって，ハードの価値が決まる時代が到来したのである。この結果，ソードの売上高は1980年の49億円から，81年には100億円，82年には154億円と著しい成長を遂げた。

3. 東芝の傘下へ

(1) ソードの成長の頂点

　1982（昭和57）年，日本では第二次ベンチャー・ブームが始まった。1983年11月に予定されていた店頭市場の公開基準緩和を先取りし，ベンチャー・キャピタルが乱立した。その結果，投資対象としてのベンチャー・ビジネスに関心が集まった。当然，急成長を続けていたソードは，公開間

近な企業として注目された。この機会に乗じ，椎名は1984年中の店頭公開を目標に定め，資本や人員などの増強をすすめた。資本面では1982年8月，83年8月と2年連続して額面（500円）の70〜80倍の時価で第三者割当増資を実行し，ベンチャー・キャピタルなどから69億円もの資金を調達した。この2回の増資によって，ソードの資本金は2080万円から26億600万円へと増加した。人員面では毎年100人以上の採用を続け，1981年の190人から83年には2倍以上の549人まで増加した。さらに，製造面でも千葉県検見川にある本社工場を拡張し増産体制を整えた。

　海外展開も積極的に進められた。ソードは1970年代後半から欧米への製品輸出を始め，80年代には欧州を中心に自社拠点を拡張していった。1980年12月，アイルランドに生産子会社「ソード・コンピュータ・システムズ」を，81年11月，同国に販売子会社「ソード・コンピュータ・セールス・アイルランド」を設立，さらに82年9月イギリスに「ソード・コンピュータ・システム」を設立している。これら拠点は，すべてソードによる100％出資子会社であった。

　また，ソードのパソコン・システムは早くから多言語化が進められ，1984年までにフランス語をはじめヨーロッパ10カ国語に対応していた。米国市場では1978年に現地法人を設立していたが，契約問題から撤退を余儀なくされていた。しかし，1982年10月「ソード・コンピュータ・オブ・アメリカ」を設立し，再上陸を果たしている。さらに，東南アジア，韓国などへも現地生産拠点を持つなど，アジアでも積極的な展開が行われた。その結果，ソードは1983年までに40カ国に営業拠点を設置し，売上高の2割を輸出が占めるまでになっていた。

　一方，日本国内のパソコン総出荷台数は，ソードが「M200シリーズ」を発表した直後の1978年には1万台程度だったものから，PIPSの発売後の81年には28万台，そして83年には114万台と急伸していた。これと並行して，ソードの売上高も1978年の10億円から，83年の212億円へと，20倍以上もの急成長を遂げた。椎名は日本のパソコン市場はソードが作り上げたと自負している。その言葉どおり，日本のパソコン産業の成長と軌を一にしてソードは成長をしていた。第二次ベンチャー・ブームの代表的な企業と

表1 ソードの売上高および経常利益

年度	売上高 (百万円)	経常利益 (百万円)	従業員数 (人)
1970	1.5	0.02	2
1971	12	1.5	11
1972	35	5	15
1973	90	10	23
1974	150	15	28
1975	227	25	35
1976	493	50	45
1977	655	70	60
1978	1,054	102	80
1979	2,604	445	100
1980	4,939	940	150
1981	10,010	1,896	190
1982	15,406	1,547	401
1983	21,293	1,643	549
1984	18,761	-996	610
1985	11,859	-1,181	513
1986	11,307	-1,245	497
1987	13,459	-244	470

出所:日本経済新聞社編『会社総鑑』,中村[1981]より作成。

して,高い評価を集めたのも当然であった。

(2) パソコン業界の構造変化

1980年代のパソコン産業は,大手電機メーカーの参入による競争激化と技術革新の進展によって,大きな構造変化が訪れていた。16ビットパソコン時代が到来したのである。1982(昭和57)年10月,パソコンシェア1位のNECが「PC-9801」を発表したほか,同年中に富士通やシャープ,三菱など10社以上の大手電機メーカも16ビット機を市場投入してきた。決定的だったのは,1983年3月に日本IBMが「5550マルチステーション」を発表し,日本市場に参入してきたことである。これによって,16ビット機が日本のビジネス用パソコンの主流になっていった。

とはいえ,各社とも16ビット機への転換が簡単にできたわけではない。ユーザーの8ビット機用ソフト資産やデータを,滞りなく16ビット機へ移行させる,という問題があった。多くのメーカーでは,8ビットと16ビット

2つのMPUを搭載した「ブリッジ・コンピュータ」というパソコンで，漸進的に16ビット化を進める「ハードによる解決方法」をとっていた。ところが，NECは「互換性BASIC」を開発し，8ビット機「PC-8801」のソフト資産を「PC-9801」で使えるようにした。つまり「ソフトによる解決方法」をとったのである。さらに並行してNECはサードパーティーのソフトハウスと協調し，ソフトの16ビット化を一気呵成に進めた。「PC-9801」の発売と同時に，業務用からホビーまで200本以上もの専用ソフトを発表したのだった。

ソードも16ビット化を無策で放置していたわけではない。他社に先駆けて「M416」（1981年4月），「M343」（1982年9月）という16ビットパソコンを発表していた。しかし，これらはハイエンド機種として開発されたため，肝心のPIPSは動作しなかった。そこで1983年5月，16ビット化に本格対応するため，8ビット用ソフトであるPIPSが使えるブリッジコンピュータ「M68シリーズ」を発表した。しかし，時期的に遅れをとったばかりか，最下位モデルでも本体価格が70万円以上もしており，30万円を切る「PC-9801」とは価格競争面でも負けていた。8ビット機市場では高性能・低価格が魅力だったソード製パソコンの優位性は失われていた。

それ以上に致命的だったのはハードとソフト開発部門間の足並みの乱れだった。16ビット対応の「日本語PIPS」が発表されたのは，「M68シリーズ」の発表から1年遅れの1984年4月だった。さらに，パソコンの16ビット化の進展によってソフト開発の主役は，メーカーからサードパーティーへとシフトしていた。サードパーティーの協力なしでは，魅力的なソフト供給ができない状況になっても，ソードはあくまでもハードとソフト両方の自社開発に拘泥していたのである。結局，PIPS以外に魅力的なソフトのないソードの市場シェア低下は避けられず，1983年にはそれまでの2位から4位へと大きく後退した。

「先に行き着くか，引きずり降ろされるか，非常に正確にそう思っていました。81年の末です。そういう方向でいかざるをえない。そちら（独立ベンチャー）の道はふさがるだろう。それならば駆け抜けていってしまおう。リスキーではあるけれども，この道（引用者注：店頭公開）でしか助から

ないと思いました」（加藤［1987］）。椎名は大企業との競争を店頭公開と規模拡大によって乗り越えることが可能だと考えていた。しかし，現実に進みつつあった構造変化は，単なる規模拡大だけでは対応できるものではなかった。大企業との競争のなかで思考のバランスを失った椎名は「コンピュータの大衆化」に代わる，パソコンの新たな未来を示すことができなくなっていた。

(3) 東芝による買収

　1984（昭和59）年，椎名は販売不振を理由に，ソードの店頭公開の見送りを表明した。これと前後して，ソード・バッシングともいうべき現象が起こり始めた。1つは半導体の売り惜しみであり，もう1つは経営不安説の流布である。1983年に米国で発した半導体不足は，翌84年に日本へと波及した。国内の半導体の製造元である大手電機メーカーは，在庫の逼迫を理由に，ソードへのIC供給量を抑制した。そのため，ソードでは注文があっても製造ができず，数十億円単位の受注残と注文のキャンセルが続出した。また，経営不安説については，店頭公開の延期から「ソードが不渡りを出した」とか「倒産の危機にある」といった噂が広まった。この影響によって注文の取り消しや返品が相次ぎ，ソードは大きな損害を被った。その結果，ソードの1984年度売上高は，270億円という目標を100億円近く下回り，創業以来初めての赤字決算になることが見込まれた。なお，1984年度決算では売上高187.6億円，最終損失は47.8億円だった。

　1985年3月，椎名はソードの再建をかけて東芝との資本提携に踏み切った。東芝は株式の過半数を取得し，ソードを子会社化するとともに，副社長などの役員を派遣した。この資本提携はソードの経営不安による身売りとされているが，必ずしもそうではない。子会社化後の業績の低迷という結果から見れば，ソードがパソコンのオープン・アーキテクチャ化に乗り遅れたという理由も通る。しかし，1985年時点から見れば，創業以来初めての赤字決算であり，市場シェアもいまだ上位に位置していた。そのまま経営を続けても問題のない状態だったのである。それでも，椎名があえて大企業の傘下に入ることを選択したのは，半導体の安定供給や，複雑化・多様化する

パソコンの技術革新への対応など，ソードの将来を展望し，自社が生き残る最善の策と考えたからだった。椎名の弁を借りれば「ベンチャーとしてソードは十分に成功したし，次の飛躍のために，大企業の総合的な力をお借りする時期に来たと考えた」(『日経ビジネス』1985年4月1日号）結果，ベンチャー・ビジネスから「卒業」したということである。とはいえ，ソードが独立路線を放棄したことにより，パソコン・ハード分野におけるベンチャー・ビジネスの時代も終わりを告げた。これ以降，NECを筆頭にした大手電機メーカによる市場の寡占化が進んでいったのである。

　東芝による買収後も，椎名は新生ソードの社長として2年間会社の再建に尽力した。しかし，ソードが以前のような輝きを取り戻すことはなかった。1987年4月，椎名はソード社長の座を降り，佐藤信弘ら数名の役員とともに「プロサイド」という新たな企業を設立した。プロサイドというのは，ソード経営の反省から，「規模の拡大を追わず，知識を持ったプロフェッショナル側に立ってビジネスをする」という意味が込められている。IT業界で再起を図った椎名は，2007年現在も同社の経営者として活躍している。また，椎名退任後のソードは，東芝出身者が社長になるとともに，1999年「東芝パソコンシステム」に社名が変更され，現在に至っている。

西　和　彦

―パソコン・ソフトウェアビジネスの先駆者

西　和彦　略年譜

1956(昭和31)年	0歳	兵庫県神戸市に生まれる。
1975(昭和50)年	19歳	早稲田大学理工学部機械工学科入学。
1976(昭和51)年	20歳	月刊誌『I/O』創刊。
1977(昭和52)年	21歳	『ASCII』創刊。株式会社アスキー出版設立。
1978(昭和53)年	22歳	米マイクロソフト社の極東代理店として株式会社アスキーマイクロソフト設立。
1979(昭和54)年	23歳	マイクロソフト極東担当副社長に就任
1980(昭和55)年	24歳	マイクロソフト取締役新技術担当副社長に就任
1983(昭和58)年	27歳	「MSX」規格発表。早稲田大学理工学部機械工学科中途退学。
1986(昭和61)年	30歳	マイクロソフト副社長解任。同時にアスキーとの代理店契約も解消される。
1987(昭和62)年	31歳	アスキー代表取締役社長に就任。
1989(平成元)年	33歳	アスキー店頭公開。
1998(平成10)年	42歳	アスキー社長退任。アスキー，CSKの子会社になる。
2001(平成13)年	45歳	須磨学園学園長就任

(年齢＝満年齢)

1. アスキーの設立

(1) 東大受験の失敗

　1956（昭和31）年2月，西和彦は兵庫県神戸市にある学校法人須磨学園の創立者一族の長男として生まれた。父・邦大，母・都はともに同学園の教員であり，幼年時には学校を遊び場のようにして育ったという。西の両親は学園の経営者・教育者として忙しかったが，長男である彼の教育には熱心で厳しかった。その反面，西が「おばあちゃん」と呼んでいた学園理事長 野木勇 夫人で都の叔母，明子は西を自分の孫のようにかわいがり，彼の欲しがるものはなんでも与えていた。このような教育面・物質面で恵まれた幼少年期を過ごしたことが，「多才にして，多情」（滝田［1997］）といわれる西の性格形成の基礎となっている。

　中学校で成績優秀だった西は，兵庫県の進学校甲陽学院高校に進んだ。1年生の時は学内最下位の成績だったが，この結果に発奮した西は，3年生までに学内1位の成績を獲得した。はじめての大学受験では東大理科Ⅰ類一本に絞って受けたが失敗，上京して1年間の浪人生活後，ふたたび東大受験に挑むが，またも不合格だった。二浪はしたくはないと強く思っていた西は，「滑り止め」の早稲田大学理工学部機械工学科に入学した。

　大学に入った西は，東大をあきらめた代わりに，自分の知的好奇心を満たしてくれる対象を探した。それがコンピュータだった。それからというもの，西の生活はまさにコンピュータ一色に染まっていった。大学では幸運なことに，学生が日立製ミニ・コンピュータ「HITAC 10」を自由に使うことができた。西はミニコンのプログラムに夢中になり，2年の時には工学部電気工学科教授（当時）成田誠之助から卒論指導の手伝いを頼まれるまでになっていた。さらに，その知識を生かして，西は大学1年生のとき日本学生電子計算機連盟主催の論文コンクールに応募し，最優秀賞をとっている。それを契機にコンクールを後援していた，コンピュータ専門誌『コンピュートピア』に記事を書くようになり，コンピュータの世界に知己を増やしていった。日本のマイコン・ホビーブームに火をつけた東京電機大学助教授（当

時）安田寿明や，後にアスキー創業メンバーの1人となる塚本慶一郎ともこの時知り合っている。また，中野区野方にあった西の下宿部屋は，大量の書籍と海外の専門雑誌，さらに秋葉原で買い込んできた機械類で埋まっていた。やがて，それらの重みで部屋の床が抜け，西はそこを追い出されるのだが，この時の下宿屋の息子がアスキー創業メンバーの1人である郡司明郎だった。

(2) 『I/O』の創刊

　1976（昭和51）年11月，大学2年の西は，郡司，塚本，そしてCQ出版社の雑誌編集者だった星正明を誘い，月刊誌『I/O（アイオー）』を創刊した。『I/O』とはコンピュータ用語の「Input/output」の略号である。編集室は西のマンションに置かれ，出版責任者（発行人）には星，編集人には西がなった。創刊号は出版取次会社が扱ってくれるわけもないので，自主流通だった。全員で秋葉原の書店やパーツ屋などに足を運び，頭を下げて店頭に置いてもらった。意外にも，この流通戦略が功を奏した。マイコンの情報に飢えていたマニアたちが買い求め，3000部の創刊号は完売した。それからは口コミで『I/O』の存在がマイコン・ホビイストの間に知れわたり，発行部数は順調に伸びていった。しかし，刊行を重ねるごとに，雑誌の早期立ち上げという星の方針によって，当時人気のあったテレビゲームの関連記事に偏っていった。西はマイコン専門誌という本来の目的を外れて，ホビー色を強める星の編集方針に強い不満を持っていた。そして，ある時，彼は編集作業を途中放棄し，1人米国へと旅立ってしまった。

　1977年4月15日から17日まで，サンフランシスコで第一回ウエストコースト・コンピュータ・フェア（WCCF）が開催されていた。会場ではアップル社の「Apple II」やコモドール社の「PET2001」の試作品が発表され，パーソナルコンピュータ時代の幕開けを告げていた。西はそこに『I/O』のブースを構えていた。『I/O』の他に日本からは，ソード製のマイコンの出品があるだけで，あとは全て米国企業ばかりだった。会場で西の様子を見ていた安田寿明によると「西君はほとんどブースにはいなかった。会場を走り回ってはハンティングばかりやっていた」（滝田［1997］）という。西は自

分のブースを人任せにして、めぼしい人物や企業に声をかけて歩き回り、必要とあれば、あとで直接その会社に訪問するなど、最新の情報を貪欲に収集していった。このときの滞在期間は約1カ月、かかった約300万円の費用は「おばあちゃん」から出してもらったという。

　帰国後、西と星の対立は修復不可能なほどに広がっていた。しかも、西のいない間に、星は運営会社の経営の支配権を手に入れていた。結局、編集方針や会社運営上の不信、さらにお互いの感情的なしこりなどから、西は星と袂を分かつのだった。

(3) アスキー出版の設立

　1977（昭和52）年5月、西は郡司、塚本と3人で株式会社アスキー出版（1982年12月に社名をアスキーに変更、以下「アスキー」と呼ぶ）を設立する。「アスキー」という社名は、アメリカ規格協会の情報交換標準コード「American Standard Code for Information Interchange」の略称「ASCII」に由来している。西たちは5月中に新しいマイコン雑誌『ASCII』を創刊することを計画した。しかし、『I/O』では星が実務を全て取り仕切っていたため、誰一人として雑誌発行の手順を知らなかった。そこで、彼らは書店で購入した手引き書を片手に、編集作業をすすめた。並行して、印刷や写植の業者を探すなど、手探りで雑誌の発行作業に取り組んだ。その結果、当初計画からは少し遅れたが、何とか6月中に月刊『ASCII』の発行にこぎ着けた。創刊号は『I/O』同様に、秋葉原のマイコンショップや書店の店頭に置いてもらった。本格的なマイコン専門誌となった『ASCII』は評判を呼び、5000部の創刊号が瞬く間に完売した。『ASCII』は1978年2月には発行部数1万部を達成し、さらに10月には出版取次会社の取り扱いも決まり、部数も2万部へと伸びていった。

　『ASCII』創刊号で、西は「ホビーとの訣別」と題して巻頭言を書いている。

　「ここにホビーではない新しい分野、『コンピュータの個人使用：パーソナル・コンピューティング』が出現したと言うことができます。（中略）電卓の延長ではないと考えます。家庭や日常生活の中に入ったコンピュータは、

テレビやビデオ,ラジオのような,いわゆるメディアと呼ばれる,コミュニケーションの一手段になるのではないでしょうか。テレビは一方的に画と音を送り付けます。ラジオは声を音を,コンピュータはそれを決して一方的に処理はしません。誇張して言うなら,対話のできるメディアなのです。個人個人か自分の主体性を持ってかかわり合うことができるもの——これが次の世代の人々が最も求める解答であると思うのです。」(『ASCII』1977年7月号,3頁)

　西は,一般の個人がコミュニケーションの道具として,コンピュータを利用する時代の到来を見通していたのである。

2. マイクロソフト事業の展開

(1) マイクロソフトとの提携

　西が雑誌を創刊した目的は,常に最先端のパーソナル・コンピューティングの情報を手に入れるためだった。そして最終的には,自分の思い描く最高のパーソナルコンピュータを作りたいと考えていた。そんな西に発展の機会が訪れた。

　1978(昭和53)年5月,西は米国のエレクトロニクス専門誌で,ビル・ゲイツという人物がマイクロソフトという会社を設立し,パソコン用のBASICを開発しているという情報を目にした。マイクロソフトは,世界初のマイコンキット「Altair(アルテア)8800」に初めてBASICを移植した会社であり,現在は全米の主要なパソコンメーカーにBASICを供給しているという。マクロソフトBASIC(MS-BASIC)が米国で事実上の標準(デファクトスタンダート)になりつつあることを知った西は,さっそくビル・ゲイツに国際電話をかけ,面会の約束を取り付けた。1カ月後カリフォルニア州アナハイムで開催された全米コンピュータ会議(NCC)の会場で,西はビル・ゲイツと会った。2人は初対面でありながらも意気投合し,当初予定していた30分の会談時間を遙かに超え,3時間以上も話し込んだという。

　「この時わたし(西和彦:引用者注)は代理店にしてくれとはひと口もいいませんでした。マイクロソフトのBASICを買いたいといったわけです。

買って，私が改造してパソコンを作り売りたい，日本向きのパソコンを作って売りたいと申し出ました。だから，一緒にソフトウェアを作ろうみたいな話もしました。そうするとビルは，それを作ってどうするんだというから，それで日本のパソコン市場を席巻してやるといったのです」（那野［1988］，90頁）。

また，この一連のやりとりをビル・ゲイツは以下のように回顧している。
「ケイ（西和彦－引用者）は1978年にわたしのオフィスに電話をかけてきて英語で自己紹介した。マイクロソフトについての記事を読み，わたしたちといっしょにビジネスをやりたいという。話を聞いてみると，ケイとわたしとのあいだは共通点がたくさんあった。年齢はおなじだし，ケイもやはり，パーソナルコンピュータへの情熱のために大学を休学中の学生だった。数カ月後，わたしたちはカリフォルニア州アナハイムで開かれたコンベンションで会い，そのあとケイは私といっしょにアルバカーキへ飛んで，1ページ半の契約書にサインした。その内容は，マイクロソフトBASICの東アジア市場における独占販売権をケイの会社に与えるというもの。弁護士は介在せず，ケイとわたしのあいだだけの，血族同士で交わされるような契約だった。その契約書のもとで，1億5千万ドルを超える取引があった」（ビル・ゲイツ［1995］，79頁）。

最初，西はMS-BASICを買い取って，自分の考え得る最高のパソコンを作ろうと考えていた。しかし，ビル・ゲイツと話しているうちに，共同でビジネスをする方向に考えが変わっていったのである。そして，1978年10月，両社は正式に提携契約を交わし，西はマイクロソフトの極東代理店としてアスキーマイクロソフトを設立した。

(2) **マイクロソフト事業の展開**

アスキーのマイクロソフト事業は，日本電気（NEC）の「PC-8001」にMS-BASICが採用されたことによって離陸した。1979（昭和54）年9月に発売された「PC-8001」は，NECにとって初めての本格的なパソコンだった。NECは1976年8月にマイコンキット「TK-80」を発売し，多くのホビイストから支持を得ていた。しかし，パソコンの開発では東芝，シャープ，

日立などの電機メーカーのほか，ソードのようなベンチャー・ビジネスにも遅れを取っていた。西は，いずれ NEC がパソコン開発に乗り出すことを見越して，1978 年中に NEC のパソコン開発のキーマン・渡辺和也をビル・ゲイツに引き合わせるなど，早くから MS-BASIC の売り込みを巧みに行っていた。当初 NEC は「PC-8001」に自社開発の BASIC を搭載するつもりでいた。しかし，バグが多く，実用化にはまだ遠かった。その点，マイクロソフト製の BASIC であれば，既に米国の多くのメーカーで採用され，完成度も高かった。そのため NEC は自社開発を放棄して，MS-BASIC の採用に踏み切ったのである。また，「PC-8001」のハードウェア開発でも，西は古川亨（すすむ）とともに「PCX-01」という開発名で呼ばれていた試作段階から，アドバイスを行っていた。

　NEC の採用を皮切りに，MS-BASIC は日本の多くのパソコン・メーカーに採用されるようになっていった。そして，1980 年には日本市場におけるマイクロソフト製品の売上高は，米マイクロソフト社の総売上高の 40%を占めるまでになった。この功績によって西は，マイクロソフトの副社長の地位を得た。西は東京とシアトルを往復し，日本ではセールスマンとして MS-BASIC を売り込み，シアトルではエンジニアとして受注メーカーのパソコンに移植をするような生活を続けていた。もちろん，西の理想は，MS-BASIC の販売ではなく，自分の思い描く最高のパソコンを作ることだった。MS-BASIC は，パソコン・メーカーに足がかりをつくる道具でしかなかったのである。西は MS-BASIC を橋頭堡に，メーカーの開発の中核にまで侵入し，米国の最新情報をもとにソフトだけでなく，ハードも含めたパソコン全体のコンセプトを構成し，それを製品化させることで自分の理想を実現していった。

　業界のコンセプトメーカーとなった西は，パソコン界の「天才」と呼ばれ，彼の周りにはメーカーのみならず，多くのパソコン・ホビイストたちも集まるようになっていた。当時，アスキーは南青山のマンションの一室に本社を置いていたが，連日のように西に面会を求めるメーカー担当者が列をなしていた。そして，狭いオフィスの中にある，仕切られた動作試験用スペースでは，それぞれの会社の開発担当者が試作機の試験をしていた。さらに，

マニアたちが『ASCII』への掲載を狙って，自作のプログラムや記事の売り込みに来るといった状況だった。アスキーはパソコン黎明期に多くの情報を経由するネットワークの結節点となっていたのである。

(3) パソコン界のコンセプトメーカー

　西がコンセプトを構成し，今もパソコン史に残る機種は「PC-8001」のほか，1980（昭和55）年に発表された，ひらがな表示対応の日立「Basic Master Level 3」や，ディスプレイとFDD，プリンタまで内蔵したオールインワン・タイプの沖電気「if-800」，さらに83年に京セラと共同開発したポータブルコンピュータと16ビットパソコンがある。

　京セラとの共同開発は，1981年米国からの帰路の機内で，西が京セラ社長（当時）稲盛和夫と知り合ったことからはじまった。西は米国と日本との往復にはファーストクラスを利用していた。この費用はマイクロソフトが負担しており，後にビル・ゲイツとの仲違いの一因ともなるが，西は一流の人物と知り合うチャンスを得るという理由付けをしていた。ファーストクラスで西の隣にたまたま乗り合わせた稲盛は，西の語る「最高のパソコン」の話しに魅了され，その場で共同開発を約束したのである。

　共同開発によって完成したポータブルコンピュータは，OEMによって米タンディ社「TRS-80 model100」，伊オリベッティ社「M10」，そして日本のNECから「PC-8200」として発売された。このポータブル・パソコンは携帯性と長時間駆動という特長から，8ビットであったにもかかわらず，その後10年以上ジャーナリストらの間で愛用され続けた。また，16ビットパソコンはGUI（グラフィカル・ユーザー・インターフェイス）とマウスを備えるなど，斬新なアイデアによって設計されたパソコンだった。これも京セラのOEMによって，NECから「PC-100」として発売された。しかし，その後NECが「PC-9801」を中心とした販売戦略をとったため，「PC-100」は名機といわれながらも後継機の開発もされず，数年で市場から姿を消した。

　さらに，パソコン史における西の業績として忘れてはならないのは，1983年6月に発表された「MSX」である。「MSX」とは，8ビット・パソコンの統一規格であり，一家に一台の家電品（ホームコンピュータ）という位置

づけでつくられた。当時の MS-BASIC はデファクトスタンダートとはいえ，メーカー間の互換性がほとんどなかった。それぞれのメーカーの要求に合わせて，ソースコードの改変や機能の付加などを行っていたためである。そこで，家庭にパソコンを普及させるために，多くのメーカーで共通仕様のパソコンをつくり，スケールメリットによる低価格化を実現しようと考えたのである。

　MSX の開発は，西が MS-BASIC をもとに規格の基本をとりまとめ，ビル・ゲイツがそれを追認するという手順で進められた。当初，MSX 規格には，キャノン，京セラ，三洋電機，ゼネラル，ソニー，東京芝浦電気，日本楽器製造，NEC，日本ビクター，パイオニア，日立製作所，富士通，松下電器産業，三菱電機の 14 社が参加を表明していた。しかし，NEC は自社のホームコンピュータ「PC-6001」と競合するため，発表前にこの規格から撤退している。MSX パソコンは，同年 7 月に発売された任天堂の「ファミリーコンピュータ（ファミコン）」と競合したものの，1983 年の年末商戦ではヒット商品となった。MSX の権利はその後マイクロソフトからアスキーに移り，1985 年に「MSX2」，88 年に「MSX2+」が発表され，90 年には販売台数が累計 400 万台を超えている。

(4) MS-DOS の開発

　1981（昭和 56）年に発売された「IBM The PC」は全米のパソコン市場を席巻し，16 ビットパソコン時代を開いた。このパソコンに OS（基本ソフト）を提供したのがマイクロソフトである。1980 年 9 月マイクロソフトが IBM から OS 提供の打診を受けたとき，逡巡するビル・ゲイツやポールアレンを鼓舞し，決断を促したのは西だった。当初，IBM はマイクロソフトから BASIC のみ提供を受け，OS はデジタル・リサーチ社の「CP/M-86」を使う考えだった。しかし，IBM とデジタル・リサーチ社長ゲイリー・キルドールとの間の行き違いから，IBM はデジタル・リサーチとの契約を見送り，マイクロソフトに OS の供給を打診してきたのである。

　「80 年 9 月 28 日の日曜の夜，ゲイツと，アレン，西が，オールドナショナル銀行のビルの 8 階の隅にあるゲイツの部屋に集まり，オペレーティング

システムについて検討を行なった。これにコミットすべきか。突然，西が跳びあがって，短い，小さな腕を振り回して叫んだ。『やるべきだ。やろう！』」（ジェームズ・ウォレス，ジム・エリクソン［1995］）。西はシアトル・コンピュータ・プロダクツが16ビット用OS「86-QDOS」を開発しているのを知っていた。彼は，それを買ってくればいいと提案したのである。マイクロソフトは直ちに「86-QDOS」の権利を取得し，それに改良を加えIBM PCに移植した。「MS-DOS」の誕生である。IBM PCはオープンアーキテクチャ路線を取ったため，その後多くの互換機が登場した。その結果，MS-DOSは16ビットパソコンOSのデファクトスタンダートになったのである。

日本におけるMS-DOSのデファクトスタンダート化にも西の貢献があった。日本のパソコンのトップメーカーとなっていたNECは，米国におけるMS-DOSマシンの台頭を受けて，「PC-9801」をスタンドアロンBASICマシンからOSマシンへと転換することを検討していた。そこで，西はNECに対してMS-DOSのサードパーティ製アプリケーションへの無償バンドルを認め，「PC-9801」のOSマシン化を促した。そして，最大手のNECがOSにMS-DOSを採用したことによって，日本のパソコンメーカーでも同OSの導入が広まり，デファクトスタンダート化に成功したのである。

3. アスキーの失速

(1) マイクロソフトとの提携解消

1985（昭和60）年末，西とビル・ゲイツの関係に大きな転機が訪れた。マイクロソフトは1986年のNASDAQ公開に向けて海外戦略の見直しを迫られていた。同社の目論見書には極東地区に子会社を持つことが明記されていたのである。そのためビル・ゲイツは西に対して，アスキーをマイクロソフトの子会社にするか，西がマイクロソフトの社員になるかの決断を迫っていた。

実は両社の亀裂は1983年頃から徐々に生じていた。OSの販売では日本市場の売上シェアが大きかったので問題はなかったが，アプリケーションソフトの販売では両社の考えに行き違いがあった。アスキーは独自のソフト開

発部門を持っており，ビル・ゲイツにしてみれば「代理店」のアスキーがマイクロソフト製品を販売せずに，自社製品を販売していることが気に入らなかった。反対にアスキーにしても，英語版のままで製品販売を要求してくるマイクロソフトの主張に納得がいかなかった。最初ビル・ゲイツはアスキーのソフト部門の買収を打診してきたが，西は首を縦に振らなかった。そして株式の公開期限が迫ってきたマイクロソフトは，アスキーに対して最後通牒を突きつけてきたのである。

当然のことながら，西は自分やアスキーの行動を縛るようなマイクロソフトからの要求を受け入れることはなかった。1986年1月，ビル・ゲイツは，西のマイクロソフト副社長解任と，アスキーとの代理店契約の解消を一方的に告げた。その時，西はショックのあまりシアトルの自宅に戻ることなく，

表2 アスキーの売上高と経常利益の推移

年	売上高 (百万円)	経常利益 (百万円)
1977	40	-
1978	142	-
1979	353	-
1980	835	-
1981	1,634	-
1982	4,200	-
1983	5,047	-
1984	7,756	-
1985	13,884	654
1986	15,922	416
1987	19,431	502
1988	23,867	876
1989	27,236	1,074
1990	34,084	1,196
1991	34,513	1,233
1992	37,052	2,542
1993	38,941	1,177
1994	41,744	1,233
1995	51,428	2,062
1996	52,446	1,750
1997	47,531	-5,045

出所：東洋経済新報社『会社四季報』，那野［1988］より作成。

家財など一切の処分を友人に任せ，そのまま日本へと帰ってしまったという。

　そして，3月マイクロソフトはNASDAQの公開とともに，日本法人を設立した。新法人社長にはアスキー取締役で，西の右腕として働いてきた古川享が引き抜かれ就任した。同時に彼の部下だった17人もアスキーからマイクロソフト日本法人へと移籍してしまった。この大量移籍によって西の落胆はさらに深まったことは想像に難くない。しかも，アスキーとマイクロソフトの提携解消は2社間だけの問題では終わらなかった。これ以降，パソコンOSの分野で，日本は米国に主導権を奪われるのである。

(2) **アスキーの再出発と経営危機**

　マイクロソフトとの提携解消によって，アスキーは年間売上高の15％を失った。アスキーの1985（昭和60）年の売上高138億円のうち，マイクロソフト製品の売上高は20億円を占めていた。社内では西の責任を問う声もあったが，創業仲間である郡司と塚本は落胆している彼を非難することはなかった。むしろ1987年の創立10周年を機に，郡司は西に社長の座を譲り，代表権のある会長に退くことで，西が名実共にアスキーの顔として活躍できるような体制づくりを行ったのである。新体制のもと，アスキーはマイクロソフトとの提携解消によるイメージダウンを避けるために，前年度以上の売上高を目指した。その結果，前年度よりも13億円多い151億円を達成した。その4分の1は，西が米チップス・アンド・テクノロジー社と進めてきたIBM互換機用LSI開発によるものだった。この成功を機に，西はまるでソフト事業に集中するビル・ゲイツに対抗するかのように，半導体事業への投資を増やしていった。アスキーと西の再出発は，それまでの出版やソフト開発に加えて，半導体開発という新規事業に進出することで果たされたのである。

　1989（平成元）年9月21日アスキーは店頭市場への公開を実現した。33歳の西は当時史上最年少の公開企業社長として一躍，時の人となった。ビル・ゲイツとの訣別によって，西はパソコン業界のコンセプトメーカーとしての地位を失った。しかし，西は「パソコン文化の創造」を実現するため

に,パソコンの可能性を追い求めた。そして,店頭公開で得た資金と信用を背景に事業多角化を進めた。

多角化はアスキーソフトウェア開発センターを川崎市マイコンシティに建設したことを皮切りに,日米の半導体やマルチメディア・ソフトなどのベンチャー・ビジネスへの投資,果ては本業とあまり関連のないような不動産開発や映画事業,ヘリコプター運送事業など,さまざまな事業へと広がっていった。なかでも西が計画していた最大のプロジェクトは「築館エアー・ソフト・テレ・キャンパス」建設計画だった。総額2000億円を投資し,宮城県築館町(現,栗原市)にコンピュータ関連の研究開発団地を建設し,そこに飛行場を併設するという巨大プロジェクトだった。しかも,西は郡司や塚本に無断で,宮城県から56ヘクタールもの土地を約50億円で購入していた。このような西の独断による拡大路線に対して,創業仲間から異議が唱えられた。1991年7月のアスキー取締役会で,西に対する社長解任動議が会長の塚本から提案されたのである。ところがこの動議は,取締役12人中,賛成2人,反対10人という結果に終わった。動議の賛成に回った塚本と郡司はともに役員を辞職し,アスキーを去った。

創業仲間2人の退任によって,西は経営のフリーハンドを得たように思え

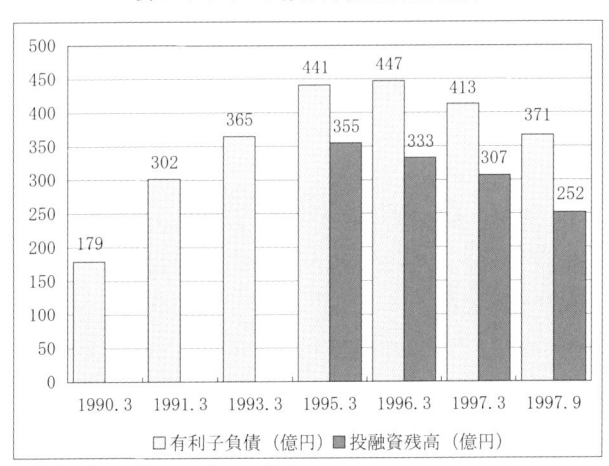

表3 アスキーの有利子負債と投融資残高

年月	有利子負債(億円)	投融資残高(億円)
1990.3	179	
1991.3	302	
1993.3	365	
1995.3	441	355
1996.3	447	333
1997.3	413	307
1997.9	371	252

出所:『日本経済新聞』より作成。

た。しかし，バブル景気の崩壊と放漫経営によって膨張した，有利子負債がアスキーの経営に重くのしかかってきた。アスキーの経営危機は1992年6月に計画していた，60億円分のスイスフラン建て転換社債の起債中止に伴い表面化した。さらに，翌年3月に期限が迫っていた120億円の転換社債の償還も危ぶまれていた。この時は日本興業銀行のほか5社による164億円の協調融資によって，危機を乗り越えることができた。その後，アスキーは不採算事業の撤退や投融資案件の見直しなど，銀行主導による再建に取り組むが，有利子負債は1996年3月期まで増加を続け447億円に達した。1996年5月には子会社への融資を巡る反発から，主要事業の出版・エンターティメント部門を担当していた3人の役員が退任するなど，アスキーの経営に対する不安要素は尽きなかった。そして，1997年12月ついにアスキーは恒常的な資金不足から，CSKグループに支援を求め，同グループの傘下で経営再建を目指すことになった。結局，アスキーは不採算事業の整理によって456億円もの特別損失を計上し，債務超過に転落した。その結果，西は経営責任を問われ社長の座を追われたのである。

おわりに

　パソコン産業史において，ソードの椎名堯慶は，本章で対比したアスキーの西和彦と遜色のない活躍をしていたにもかかわらず，意外にも適当な評価がされていない。本章で明らかにしたように，椎名の活躍によって，コンピュータの大衆化の端緒が開かれたのは事実である。椎名は，わが国最初のパソコンを開発し，アプリケーションソフトの嚆矢となる「PIPS」を発売している。とりわけ，PIPSは，パソコンをホビイストや専門家の手から解放し，一般的なビジネスツールとして普及させる原動力になった。

　その一方，西は90年代までパソコン業界の表舞台で活躍を続けていた。マイクロソフトとの提携やMSX構想，そしてパソコン業界におけるアスキーの活躍など，現在でも数多くの業績が語られている。なかでも，西が最も活躍をしたのは，8ビットパソコン時代のコンセプトメーカーとしての役割である。彼は自ら構築したネットワークを通じて日米の情報を収集し，そ

の時々において最高と信じるパソコンを創造してきた。

　両者共に共通することは，近い将来，パソコンが一般に普及し，パソコンを中心とした文化が形成されるという見通しを，確と持っていた点にある。彼らは，その一点に目標を据えて，椎名はソードという会社で，西は業界のネットワークを使って，「パソコン文化」の創造を図ろうとしていた。

　ところが，80年代の後半になると，それまで先を見通してきた椎名は，時代に追い抜かれていく。オープン・アーキテクチャを設計思想とする16ビットパソコンの登場により，サードパーティーとの柔軟な連携なしに，魅力的なソフト供給の継続が不可能な時代になったのである。PIPSによって魅力的なソフトがハードの価値を左右する時代を開いた椎名だが，ソフトとハードの統合を自社で完結させるという基本思想は，時代に取り残されていった。その結果，ソードは東芝への身売りを選んだのだった。

　一方，西はパソコン業界のコンセプトメーカーとして，マイクロソフト製品のデファクトスタンダート化とパソコンのオープン化を進める立場にいた。ところが，マイクロソフトとの提携解消によって，西はコンセプトメーカーの地位を失ってしまった。それからの西は，ビル・ゲイツと競うようにパソコンの持つあらゆる可能性を追い求め，彼の目以外にはパソコンとは無関係に見える分野にまで事業多角化を進めた。その結果，アスキーは多額の有利子負債を抱え，西は経営の責を問われ社長の座を追われたのである。

　おそらく，パソコンの黎明期と普及期とでは「パソコン文化」の意味が違っていたのであろう。黎明期においては，とにかく多くの人にパソコンを「所有」してもらうのが目的だった。それだけに用途も限られ，技術の多様性も低かった。しかし，普及期に至っては，「所有」よりも「利用」に重きが置かれるようになった。用途も技術も多様化し，細分化が進んだ。そのようなパソコン文化の変化の中で落伍していったのが椎名であり，全方位に対応しようとして方向を見失ったのが西だったともいえる。椎名も西も，黎明期にはパソコン文化の最先端を走っていたが，普及期へと転換した時点で，新たなビジョンの提示や戦略転換ができなかったのが挫折の理由であろう。

　とはいえ，パソコン黎明期には，日米ともに最先端を併走していたことは事実である。8ビットパソコンを第一世代，16ビットを第二世代，そして現

在の32ビットを第三世代とすると，日本人は第0世代ともいえるMPU開発から，第二世代まで大きな足跡を残している。現在では米国の独壇場となっているパソコン産業ではあるが，当時は日本の企業家や技術者もこの分野の技術革新を牽引していたのである。

椎名がソードの独立路線を放棄し，東芝の傘下に入ったのは1985（昭和60）年3月，1年後の86年3月にはアスキーがマイクロソフトから提携を解消されている。この期間を境にして，日本国内のパソコン・ハード市場からベンチャー・ビジネスが消え，NECや富士通など大手電機メーカーによる寡占体制が確立していった。同時期に，日本の第二次ベンチャー・ブームも終わっている。その後，パソコン産業ではIBM互換機市場の拡大による「ウィンテル」支配の進行，そして国産OS「TRON計画」の頓挫など，パソコン開発競争の主導権は米国へと移っていった。椎名と西が挫折した80年代の後半は，パソコン産業の中心が日米二極から，米国一極集中へと転換する画期だったともいえる。

参考文献
○テーマについて
　　富田倫生［1994］『パソコン創世記』ティビーエス・ブリタニカ。
　　関口和一［2000］『パソコン革命の旗手たち』日本経済新聞
　　米国商務省著，室田泰弘訳［1999］『ディジタル・エコノミー』東洋経済新報社
○椎名堯慶について
　　生方幸夫［1983］『ソードの挑戦』玄竜社。
　　那野比古［1985］『「ソード式」戦略経営』ダイヤモンド社。
　　宮内剛男［1982］『椎名堯慶のマイコンウォーズ』プレジデント社。
　　加藤勝美［1987］「ソードへの辞表とあらたなる起業」（『BIGMAN』1987年7月号，155-162頁）。
　　中村秀一郎［1981］「マイコンの大衆化を狙え」（『Voice』1981年7月号，230-240頁）。
　　中野英嗣［1998］「わが国のマイコンベンチャーの急成長と挫折1〜8」（『BCN This Week』vol.726, Vol.728〜732：http://www.computernews.com）。
○西和彦について
　　那野比古［1988］『アスキー新人類企業の誕生』日本経済新聞社
　　滝田誠一郎［1997］『電脳のサムライたち〜西和彦とその時代』実業之日本社
　　小林紀興［1998］『西和彦の閃き　孫正義のバネ』光文社。
　　ジェームズ・ウォレス，ジム・エリクソン著，奥野卓司監訳［1995］『ビル・ゲイツ増補改訂版』翔泳社。
　　ビル・ゲイツ著，西和彦訳［1995］『ビル・ゲイツ未来を語る』アスキー。

著者経歴

(執筆順,経歴は刊行当時のもの)

黒羽　雅子（くろはね　まさこ）　（第1章）
　1954年　栃木県に生まれる
　立命館大学経済学部卒業,
　法政大学大学院社会科学研究科経済学専攻博士後期課程単位取得退学
　現在　山梨県立大学国際政策学部教授

長谷川　直哉（はせがわ　なおや）　（第2章　第4章）
　1958年　三重県に生まれる
　法政大学法学部卒業,同大学院社会科学研究科経営学専攻修士課程修了
　早稲田大学大学院法学研究科民事法専攻修士課程修了
　高千穂大学経営学研究科博士後期課程修了
　横浜国立大学大学院国際社会科学研究科博士後期課程修了
　現在　山梨大学工学部准教授,経営学博士（高千穂大学）,経営博士（横浜国立大学）

上岡　一史（かみおか　かずふみ）　（第3章）
　1949年　東京都に生まれる。
　東京教育大学理学部卒業,埼玉大学大学院経済科学研究科修士課程修了
　大東文化大学経済学研究科博士後期課程修了
　法政大学大学院経営学研究科経営学専攻研究生を経て,
　現在　中国・南開大学濱海学院外国人教師,経営学博士（大東文化大学）

宇田川　勝（うだがわ　まさる）　（第5章）
　1944年　千葉県に生まれる
　法政大学経営学部卒業,同大学院社会科学研究科経済学専攻博士課程修了
　現在　法政大学経営学部教授,経済学博士（法政大学）

濱田　信夫（はまだ　のぶお）　（第6章）
　1945年　長崎県に生まれる
　神戸大学経営学部卒業,法政大学大学院社会科学研究科経営学専攻博士後期課程修了
　現在　九州ルーテル学院大学人文学部教授,経営学博士（法政大学）

太田　雅彦（おおた　まさひこ）　（第7章）
　1957年　東京都に生まれる
　国際基督教大学教養学部卒業　早稲田大学大学院社会科学研究科政策科学論専攻修士課程修了
　法政大学大学院経営学研究科経営学専攻博士後期課程を経て,
　現在　一橋大学大学院商学研究科博士後期課程在学

生島　淳（しょうじま　あつし）　（第8章）
　1971年　千葉県に生まれる
　法政大学経営学部卒業,同大学院社会科学研究科経営学専攻博士後期課程単位取得退学
　現在　横浜市立大学国際総合科学部講師,法政大学経営学部 T.A.

四宮　正親（しのみや　まさちか）　（第9章）
　1958年　熊本県に生まれる
　西南学院大学商学部卒業,同大学院経営学研究科経営学専攻博士後期課程単位取得退学
　現在　関東学院大学経済学部教授,経営学博士（法政大学）

山崎　泰央（やまざき　やすお）　（第10章）
　1968年　神奈川県に生まれる
　玉川大学農学部卒業,法政大学大学院社会科学研究科経営学専攻博士後期課程単位取得退学
　現在　松山大学経営学部准教授

編者紹介

宇田川　勝（うだがわ　まさる）
- 1944 年　千葉県に生まれる
- 1968 年　法政大学経営学部卒業
- 1975 年　法政大学大学院社会科学研究科経済学専攻博士課程修了
- 現　在　法政大学イノベーション・マネジメント研究センター所長，法政大学経営学部教授，経済学博士
- 主　著　『新興財閥』日本経済新聞社，1984 年
  『日本の企業間競争』有斐閣，2000 年（共編著）
  『ケース・スタディー　日本の企業家史』文眞堂，2002 年（共編著）
  『失敗と再生の経営史』有斐閣，2005 年（共編著）
  『日本経営史　新版』有斐閣，2007 年（共著）

（経歴は刊行当時のもの）

ケース・スタディー
日本の企業家群像

2008 年 3 月 31 日　第 1 版第 1 刷発行　　　　検印省略
2023 年 3 月 25 日　第 1 版第 3 刷発行

編　　者	法政大学イノベーション・マネジメント研究センター 宇　田　川　　勝
発 行 者	前　野　　　隆
発 行 所	東京都新宿区早稲田鶴巻町 533 株式会社 文　眞　堂 電　話　０３（３２０２）８４８０ ＦＡＸ　０３（３２０３）２６３８ http://www.bunshin-do.co.jp 郵便番号（162-0041）振替 00120-2-96437

印刷・㈱キタジマ　製本・㈲ヨシヒロ製本
Ⓒ 2008
定価はカバー裏に表示してあります
ISBN978-4-8309-4613-4　C3034